Cuisinez comme
un grand chef

Paru dans **Le Livre de Poche** :

Le Meilleur et le plus simple de la France
Le Meilleur et le plus simple de la pomme de terre
Le Meilleur et le plus simple de Robuchon

Joël Robuchon

Cuisinez comme un grand chef

Tome 1

proposé par Joël Robuchon
et Guy Job

CUISINEZ COMME UN GRAND CHEF

TF1 EDITIONS

Quand Guy Job m'a proposé de faire une émission de télévision sur la cuisine, je suis resté dubitatif, pensant que ce n'était pas mon métier. Je ne suis ni comédien, ni animateur, et ma première réaction a été de refuser.

Après réflexion, je me suis dit : « Si jamais j'y arrive, voilà une bonne occasion de m'adresser directement à mes compatriotes pour transmettre des tours de main, des conseils d'achat et des idées de recettes sur les produits.»

Alors j'ai accepté.

Une émission, certes, mais pas n'importe laquelle. Je l'ai centrée d'abord sur les produits, élément déterminant de toute bonne cuisine. J'ai tenu aussi à suivre le rythme des saisons. Et enfin à inviter à mes côtés mes amis les grands cuisiniers pour leur permettre de nous faire découvrir leurs meilleures recettes, le plus souvent simples et économiques.

Il n'y avait plus qu'à se jeter à l'eau. C'est ce que j'ai fait.

Mais la télévision, c'est l'art de l'éphémère. Une émission chasse l'autre. Voilà pourquoi, quand TF1 Éditions m'a proposé de faire un livre de mes émissions, j'ai tout de suite accepté avec enthousiasme.

N'est-ce pas le souhait bien légitime de tout homme de vouloir laisser une trace aux générations futures, de vouloir transmettre son savoir ?

J'espère que ce livre qui colle aux saisons vous apportera au jour le jour d'immenses bonheurs gourmands. Afin que chacun de vos repas soit une vraie fête de la gourmandise toujours réussie.

Laissez-moi, lecteur, vous souhaiter pour toute la vie un formidable « Bon appétit, bien sûr ».

Joël Robuchon

Sommaire

Alain Ducasse

« Alain Ducasse »
(Paris, XVIe)

Véritable chef d'orchestre de la gastronomie, Alain Ducasse est aujourd'hui au sommet de son art, il sait mettre en valeur les produits, fixer les parfums et exalter les saveurs.
On pourrait aller jusqu'à dire que, lui, le Landais, a réinventé la cuisine de la Riviera. S'il règne toujours en maître sur le célèbre restaurant le *Louis XV* de Monte-Carlo, il s'est imposé maintenant avenue Raymond-Poincaré. Il est tout désigné pour me remplacer dans ce restaurant que j'avais créé.
Nous allons évoquer ensemble des recettes simples à faire avec des tomates et des légumes de printemps.

La tomate

• Les tomates sont plus ou moins grosses, plus ou moins rondes, plus ou moins rouges. Au marché, avant de les acheter, commencez par vous demander comment vous voulez les accommoder. Si, par exemple, vous souhaitez faire des tomates farcies, choisissez des tomates de la taille d'une belle mandarine (100 g environ), bien rouges avec la peau tendue sans crevasses et sans meurtrissures ; éliminez les tomates trop grosses qui auraient l'inconvénient d'avoir la chair blanche et de contenir trop de graines.
• En dehors de l'aspect, le parfum de la tomate est déterminant, n'hésitez pas à retirer le pédoncule et à le humer : l'odeur doit être celle de la tomate et sûrement pas celle du citron vert.
• Les tomates se conservent assez bien, mais il faut toujours avoir à l'esprit que ce sont des fruits du soleil et qu'elles n'aiment guère le froid. L'idéal est de les entreposer, bien alignées, dans une pièce fraîche (12/14 °C) ou de les mettre dans le bac à fruits du réfrigérateur.
• Les tomates étant relativement indigestes, il est toujours préférable de les peler avant de les manger.

▶ Le tour de main de Robuchon

Pour peler facilement une tomate, piquez-la sur une fourchette et passez-la sur la flamme du gaz jusqu'à ce que la peau éclate. Elle se retire alors sans problème.

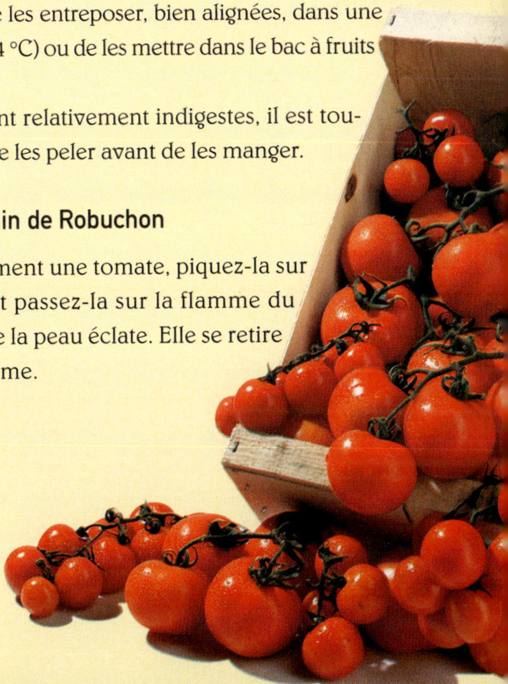

Coulis de tomates ou Passato

Pour 3 bocaux de 50 cl

2 kg de tomates mûres et fermes

1 moulin à légumes traditionnel avec une grosse grille

① Lavez les tomates, retirez leur pédoncule et coupez les tomates en deux. Disposez-les au fond d'une grande casserole et recouvrez-les d'eau froide.
Attention de ne pas assaisonner, cela vous permettra de pouvoir le faire à votre goût lorsque vous utiliserez le Passato.
② Portez doucement à ébullition en remuant de temps en temps. Au bout de 5 minutes de cuisson, égouttez les tomates.
③ Pendant ce temps, lavez — sans détergent — et ébouillantez les bocaux, puis essuyez-les soigneusement avec un linge qui ne peluche pas.
④ Passez les tomates égouttées au moulin à légumes, puis remplissez les bocaux jusqu'au collet. Ajustez le caoutchouc du couvercle et verrouillez en basculant le levier métallique.
⑤ Installez les bocaux dans une grande casserole ou un faitout. Intercalez un linge entre chaque bocal, pour éviter les chocs pendant la cuisson – c'est important – et déposez un poids dessus de façon à ce que les bocaux ne se soulèvent pas pendant l'ébullition. Recouvrez d'eau bouillante.
Portez à nouveau à ébullition et dès lors comptez 35 minutes de cuisson en maintenant à bonne ébullition.
Laissez refroidir lentement dans l'eau de cuisson.
⑥ Datez les bocaux et stockez-les dans un endroit bien frais. Ils peuvent se conserver pendant un an.

Pour conserver le coulis quelques jours une fois que vous avez ouvert le bocal, couvrez-le d'une bonne cuillerée d'huile d'olive.

Tomates confites

Pour 24 copeaux de tomates

12 tomates moyennes Roma, bien mûres, bien fermes • **6** cuil. à soupe d'huile d'olive • **6** gousses d'ail avec la peau • 8 brins de thym • **2** pincées de gros sel

① Plongez les tomates dans de l'eau bouillante (non salée) pendant un court instant (10 à 15 secondes en fonction de leur maturité), puis dans de l'eau glacée. La peau se détachera alors toute seule. Quand elles sont refroidies, sortez-les, égouttez-les, pelez-les et retirez leur pédoncule.
② Coupez les tomates en deux dans le sens de la verticale, enlevez la pulpe et les graines à l'aide d'une petite cuillère.
③ Préchauffez le four à 80 °C (thermostat 1-2). Aplatissez les gousses d'ail entières, avec leur peau, en vous servant de la paume de la main. Badigeonnez largement la plaque du four avec de l'huile d'olive.
④ Rangez les tomates les unes contre les autres sur la plaque du four, sans trop les serrer, nappez-les du reste d'huile d'olive, ajoutez les gousses d'ail et les brins de thym entre les tomates, parsemez de gros sel, et glissez au four.
Laissez-les confire 3 heures au four en les retournant deux fois pendant la cuisson.
⑤ Disposez-les, refroidies de préférence, dans un bocal, recouvrez-les d'huile d'olive et fermez le bocal. Vos tomates se conserveront ainsi pendant une quinzaine de jours.

Ces tomates confites seront délicieuses dans un plat de pâtes, par exemple.

Tomates farcies

Pour 4 personnes

5 belles tomates bien mûres d'environ 180 g chacune • 1/2 gousse d'ail • 1 échalote grise • 1/2 poulet rôti désossé (et, si possible, son jus de cuisson) • 1 belle tranche de jambon à l'os • 1 beau cèpe de Bordeaux • 1 cuil. à soupe de persil plat concassé • 2 cuil. à soupe de chapelure • 4 cuil. à soupe d'huile d'olive • 100 g de beurre • le jus d'1/2 citron • sel fin et poivre blanc du moulin • sel gris de Guérande

1 plat en terre allant au four

① Découpez un chapeau au sommet de 4 tomates puis, à l'aide d'une cuillère à café, enlevez la pulpe et les graines.

② Assaisonnez l'intérieur de sel gris de Guérande, puis déposez-les retournées sur une grille afin que l'excédent d'eau qu'elles contiennent s'échappe. Ne rincez pas les tomates.

③ Pelez l'ail, ôtez-en le germe, puis hachez-le finement ; pelez et hachez finement l'échalote, la chair du poulet rôti et le jambon. Réservez ces différents ingrédients séparément.

④ Pelez et épépinez la cinquième tomate, coupez-la en dés.

⑤ Nettoyez le cèpe vivement sous l'eau, sans le faire tremper, taillez-le en dés et faites-le sauter doucement dans un peu l'huile d'olive avec l'ail et l'échalote. Il faut éviter de trop colorer l'ail qui prend alors un goût amer.

⑥ Égouttez les dés de cèpes. Mélangez le poulet et le jambon hachés avec les dés de cèpes, ajoutez le persil plat concassé et assaisonnez cette farce en sel et poivre.

⑦ Préchauffez le four à 180 °C (thermostat 5). Beurrez copieusement un plat en terre allant au four.

⑧ Remplissez les tomates de la farce, rangez-les dans le plat en terre, parsemez de chapelure, déposez une noisette de beurre sur chacune d'elles et arrosez-les d'un filet d'huile d'olive.

⑨ Enfournez. Au bout de 25 minutes environ, ajoutez les chapeaux sur chaque tomate et un cordon de jus du poulet rôti (facultatif). Arrosez sans cesse les tomates pendant la cuisson avec le jus rendu.

⑩ Lorsque la cuisson est terminée (comptez 1 petite heure en tout), versez le jus de citron sur les tomates. Cette saveur légèrement acidulée les rend meilleures. Ce goût aigrelet aiguillonne l'appétit et donne une touche d'originalité à cette recette.
Laissez tiédir et servez ces tomates tièdes ou froides (mais pas réfrigérées).

Panzanella

Pour 4 personnes

8 tomates très mûres de grosseur moyenne • 150 g de pain blanc rassis • 1 gros oignon rouge • 1 cœur tendre de céleri en branches avec les feuilles • 12 feuilles de basilic frais • 25 cl d'huile d'olive extra-vierge • 3 cuil. à soupe de vinaigre de vin vieux • sel fin et poivre blanc du moulin

① Faites tremper 15 minutes dans de l'eau bien fraîche les morceaux de pain rassis. Essorez-les ensuite entre les mains pour en ôter toute l'humidité. Émiettez-les dans un saladier.
② Plongez les tomates 15 secondes dans de l'eau bouillante, puis dans de l'eau glacée afin de les peler facilement. Épépinez-les à l'aide d'une petite cuillère et coupez-les en gros dés.
③ Lavez le céleri et coupez les feuilles. Pelez l'oignon. Émincez très finement le cœur de céleri et l'oignon. Lavez huit feuilles de basilic, essorez-les et pilez-les dans un mortier avec un peu d'huile d'olive.
④ Mélangez tous les ingrédients, y compris les dés de tomates, à la mie de pain, assaisonnez généreusement de sel et de poivre blanc du moulin, mélangez encore, recouvrez de film étirable et laissez refroidir 2 heures au réfrigérateur.
⑤ Au moment de servir, arrosez la Panzanella de vinaigre de vin vieux et d'huile d'olive, remuez délicatement pour mélanger et servez dans des assiettes creuses parsemées du reste de basilic coupé en chiffonnade.

D'origine toscane, la Panzanella était autrefois le plat du pauvre. Aujourd'hui, on la sert plutôt en entrée.

Les légumes de printemps

• Le printemps est la fête des couleurs et des saveurs. Flâner sur un marché en observant les étals est un véritable plaisir pour les yeux et quel régal en perspective ! Tous ces petits légumes composeront une succulente jardinière.

• Les carottes nouvelles affichent un bel orangé, signe d'une carotte bien sucrée. Les navets rose violine s'étalent comme un bouquet de fleurs. Les petits oignons tout blancs et bien ronds se serrent les uns contre les autres. Les petits pois se blottissent encore fragiles dans leur cosse vert tendre. Les fèves gonflent leur cosse presque jusqu'à les faire éclater. Les pommes de terre nouvelles ont l'air d'avoir été astiquées. Les asperges blanches ou vertes dressent leurs têtes et les poireaux ont leurs feuilles bien lustrées.

• N'hésitez pas à mélanger tous ces légumes ensemble, en suivant ma recette je vous garantis de servir la plus délicieuse des jardinières.

Mes petits légumes de printemps

Pour 2 personnes :
3 carottes nouvelles • 3 blancs de poireaux nouveaux • 3 navets nouveaux • 3 oignons blancs • 3 pointes d'asperges vertes • 2 cuil. à soupe de petits pois écossés • 2 cuil. à soupe de fèves écossées • 1 bonne cuil. à soupe de beurre • 1 pointe de sucre en poudre • 1 louche de bouillon de volaille • 1 filet d'huile d'olive • fleur de sel

• Épluchez et nettoyez les petits légumes. Faites-les cuire séparément dans de l'eau bouillante salée. Ils doivent être encore croquants, sauf les oignons qui doivent être plus cuits. En fin de cuisson, plongez-les dans de l'eau glacée (pour garder leur couleur) et, dès qu'ils sont froids, égouttez-les tout de suite. Retirez la peau blanchâtre qui recouvre les fèves.

• Faites fondre le beurre à feu doux dans une cocotte, ajoutez les carottes, les poireaux, les navets, les asperges et les oignons. Mettez une pointe de sucre sur les carottes, les navets et les oignons (les primeurs manquent parfois de sucre). Faites-les colorer légèrement et, dès qu'ils sont juste blonds, versez le bouillon de volaille par-dessus. Laissez étuver à couvert.

• Lorsque les légumes ont absorbé le bouillon, retournez-les, ajoutez les fèves et les petits pois, assaisonnez avec de la fleur de sel, arrosez d'un filet d'huile d'olive et servez aussitôt.

Si vous n'avez pas de bouillon de volaille, vous pouvez le remplacer par du bouillon de veau ou de bœuf, ou simplement de l'eau.
Ces petits légumes accompagneront délicieusement de l'agneau ou des côtes de veau.

Cocotte verte

Pour 4 personnes

1 kg de petits pois • 8 asperges vertes • 12 petites pommes de terre nouvelles • 4 oignons nouveaux • 20 cosses de fèves • 12 côtes de salade (romaine, par exemple) • 20 feuilles de persil plat • 1 petite poignée de mesclun ou d'un mélange de salade amère • 4 cuil. à soupe d'huile d'olive • 30 cl de bouillon de volaille • sel et poivre • gros sel • fleur de sel

① Épluchez, pelez, nettoyez et lavez tous les légumes séparément. Écossez les petits pois et les fèves.

② Plongez les asperges dans de l'eau bouillante salée, portez à ébullition et laissez cuire pendant 6 minutes. Quand elles sont cuites, plongez-les dans de l'eau glacée et égouttez-les dès qu'elles sont froides.

③ Mettez 2 cuillerées à soupe d'huile d'olive dans une cocotte. Quand l'huile est chaude, faites rissoler pendant 6 à 8 minutes les pommes de terre et les oignons jusqu'à ce qu'ils soient colorés, salez avec une pincée de gros sel.

④ Ajoutez ensuite les petits pois et mélangez bien. Puis les fèves, une pincée de sel et laissez cuire pendant 2 minutes tout en mélangeant. Mouillez avec 10 cl de bouillon de volaille et laissez mijoter pendant 8 à 10 minutes.

⑤ Au bout de 3 à 4 minutes de cuisson, versez le reste du bouillon de volaille. Il doit toujours rester du liquide dans le fond de la cocotte ; au besoin ajoutez un peu d'eau.

⑥ Au bout de 7 à 8 minutes de cuisson, mettez les feuilles de salade, les pointes d'asperges et remuez délicatement avec une spatule. Ajoutez encore les pluches de persil et une pincée de fleur de sel.

⑦ Ajoutez enfin la poignée de mesclun, un filet d'huile d'olive, de la fleur de sel et un tour de moulin à poivre. Servez directement dans la cocotte.

Ce plat peut se déguster seul. Il accompagnera agréablement un rôti de veau ou un carré d'agneau.

Soupe de petits pois

Pour 4 personnes

2 kg de petits pois frais à écosser • 2 oignons blancs • 10 cl d'huile d'olive • 1 l de bouillon de volaille • 2 tranches de pain de campagne • 1 branche de sarriette • sel et poivre

1 mixeur • 1 chinois

① Écossez les petits pois et réservez les cosses.
② Lavez les cosses de petits pois et faites-les cuire dans de l'eau bouillante salée pendant 3 à 4 minutes. Rafraîchissez-les dans de l'eau glacée pour fixer la chlorophylle et, dès qu'elles sont froides, égouttez-les.
③ Pelez et hachez finement les oignons. Faites-les suer dans une cocotte avec 2 cuillerées à soupe d'huile d'olive et salez. Puis ajoutez les petits pois, mélangez et mouillez avec le bouillon de volaille. Portez à ébullition à feu vif, baissez le feu et laissez cuire pendant 8 minutes.
④ Prélevez 3 à 4 cuillerées à soupe de petits pois pour la décoration et mettez le reste dans un mixeur. Ajoutez les cosses et les 3/4 du bouillon de volaille et mixez.
⑤ Passez cette soupe au chinois (pour retirer les fils des cosses) au-dessus d'une casserole. Portez à ébullition, ajoutez du bouillon en quantité variable selon l'onctuosité désirée. Rectifiez l'assaisonnement si nécessaire.
⑥ Coupez les tranches de pain en petits croûtons et faites-les blondir dans l'huile d'olive restante.
⑦ Mettez les petits pois entiers dans le fond d'une soupière, versez la soupe par-dessus, parsemez-la des feuilles de sarriette et servez-la accompagnée des petits croûtons.

Bagna cauda

Pour 4 personnes

4 artichauts violets • **1** botte de radis • **1** cœur de céleri en branches • **1** concombre épineux • **8** carottes nouvelles • **2** bulbes de jeunes fenouils

Pour la sauce :
24 filets d'anchois à l'huile • **4** gousses d'ail frais • **30** olives vertes dénoyautées • **30** cl d'huile d'olive • **6** cuil. à soupe de vinaigre de Xérès • sel et poivre

1 mixeur

① Épluchez et lavez les radis, le céleri, le concombre, les carottes et le fenouil. Coupez le concombre en bâtonnets (après avoir retiré les graines), le fenouil en quatre et laissez les carottes entières si elles sont petites (sinon coupez-les en bâtonnets). Divisez également les artichauts en deux, ou en quatre selon leur grosseur, et coupez les extrémités pointues et dures des feuilles.
② Préparez la sauce : pelez les gousses d'ail et ôtez-en le germe. Mettez dans un mixeur les filets d'anchois, les gousses d'ail, les olives et mixez. Ajoutez l'huile d'olive en filet et le vinaigre. Salez et poivrez.
③ Versez la sauce dans une casserole et faites-la tiédir sans la faire bouillir. Servez-la juste tiède en accompagnement des petits légumes que les convives tremperont dans la sauce.

Bagna cauda signifie sauce chaude (aux anchois) en provençal.

Carottes nouvelles en cocotte

Pour 2 personnes

12 carottes nouvelles (avec leurs fanes) • **4** gousses d'ail • **4** oignons nouveaux • **1** bouquet de persil plat • **10** cl de bouillon de volaille • **10** cl de jus de poulet • **5** cuil. à soupe d'huile d'olive • **1** pincée de sucre • sel et poivre du moulin • fleur de sel

① Épluchez et lavez les carottes en conservant 5 cm de fane verte. Pelez les oignons. Équeutez la botte de persil et ciselez-le.

② Faites chauffer 3 cuillerées à soupe d'huile d'olive dans une cocotte, ajoutez les gousses d'ail non pelées, les carottes et les oignons. Parsemez les carottes d'une pincée de sucre, salez à la fleur de sel et ajoutez 1 à 2 cuillerées à soupe de bouillon de volaille. Couvrez et laissez cuire sur feu doux pendant 4 minutes environ.

③ Après 4 minutes de cuisson, versez le reste de bouillon de volaille et laissez cuire pendant 2 minutes, toujours à couvert. Versez le jus de poulet et laissez cuire encore 1 minute à couvert.

④ Ajoutez le persil ciselé, un peu de fleur de sel, un filet d'huile d'olive et un tour de moulin à poivre avant de servir directement dans la cocotte.

Servez ces carottes en accompagnement d'un poulet rôti.

Bernard Loiseau

« La Côte d'Or »
(Saulieu, Côte-d'Or)

Bernard Loiseau est un monstre sacré de la cuisine française. Quittez sans hésiter l'autoroute du Sud pour passer à Saulieu, un arrêt à *La Côte d'Or* vaut vraiment le détour. Bernard Loiseau a ce talent exceptionnel de savoir magnifier les plats les plus simples et de sublimer les goûts des produits qu'il a méticuleusement sélectionnés. Il s'était rendu célèbre avec « la cuisine à l'eau », belle image de simplicité ; aujourd'hui il aime encore réinventer avec un modeste potage poireaux-pommes de terre. Il m'est donc apparu comme le meilleur partenaire pour vous présenter des préparations à base de pommes de terre.

La pomme de terre

• Il existe de nombreuses variétés de pommes de terre et chacune d'elles s'adapte mieux à l'une ou l'autre des préparations. Ainsi la bintje qui se « défait » facilement est parfaite pour la soupe ; la roseval à peau rose se cuit très bien à l'eau ; la ratte avec son arrière-goût de châtaigne se transforme en délicieuse purée, la charlotte bien ferme se fait sauter ou rissoler, la BF 15 (cousine de la trop rare belle-de-Fontenay) est idéale pour les frites, et les petites grenailles font de délicieuses pommes rissolées.

• Quelles que soient les pommes de terre que vous achetez, choisissez-les toujours fermes, à peau lisse et sans germe apparent et, dès que le printemps arrive, précipitez-vous sur les pommes de terre nouvelles.

▶ Le tour de main de Robuchon

Ne conservez surtout pas les pommes de terre à la lumière, car elles deviennent vertes.

Quand elles sont pelées et coupées en morceaux, mettez-les dans l'eau pour qu'elles ne noircissent pas et sortez-les à la main : ainsi l'amidon reste au fond du récipient et non pas sur les pommes de terre.

Pour faire des frites bien dorées et croustillantes, plongez-les d'abord dans l'eau bouillante. Égouttez-les, puis mettez-les dans la friture.

Salez en fin de cuisson, avec du sel fin pour l'assaisonnement en profondeur et du gros sel qui croquera sous la dent.

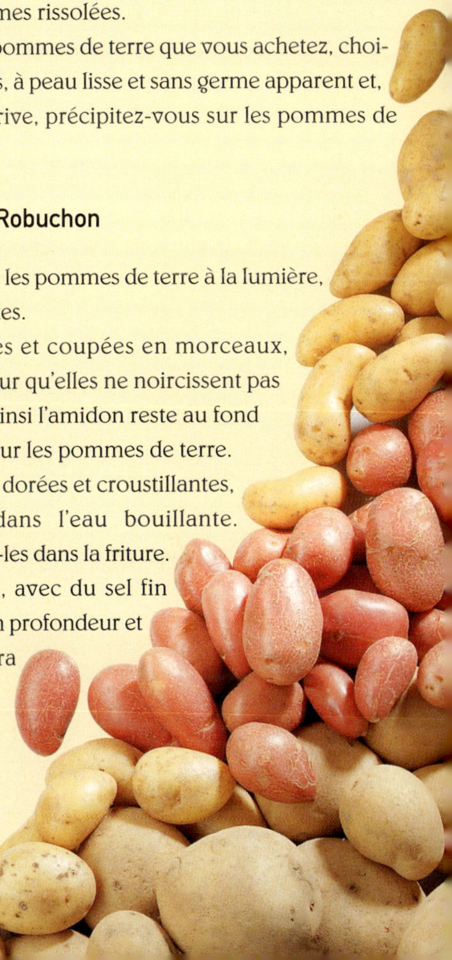

Galettes de pommes de terre à la fondue d'oignons

Pour 4 personnes

5 grosses pommes de terre (charlotte) • 100 g de beurre

Pour la fondue d'oignons :
5 oignons moyens • 15 g de beurre • 20 cl de bouillon de volaille • sel, poivre du moulin

1 poêle allant au four • 1 mixeur

① Préparez les oignons. Coupez 2 des oignons en deux, plongez-les dans une casserole remplie d'eau froide salée et portez à ébullition pendant 30 minutes.
Émincez les 3 autres oignons et faites-les suer dans du beurre pendant 30 minutes jusqu'à coloration blonde. Commencez la cuisson à feu doux, pour éviter qu'ils ne se colorent brutalement.
② Pour les galettes de pommes de terre, commencez par faire un beurre clarifié : faites fondre le beurre au bain-marie. Retirez la pellicule qui se forme à la surface et récupérez le beurre fondu en laissant de côté la substance blanchâtre qui s'est déposée au fond (le petit-lait). Vous aurez obtenu environ 40 g de beurre clarifié. Réservez-le.
③ Pelez les pommes de terre et coupez-les en tranches très fines (à la mandoline si vous en avez une). Essayez de former des rondelles assez régulières. Mettez-les dans de l'eau froide au fur et à mesure pour évitez qu'elles noircissent.
④ Préchauffez votre four à 180 °C (thermostat 5).
⑤ Assaisonnez les pommes de terre de sel et de poivre et arrosez-les de beurre clarifié.
Sur un plan de travail, formez 4 rosaces avec les rondelles de pommes de terre. Superposez plusieurs couches de rondelles pour chaque rosace, badigeonnez-les de beurre clarifié au fur et à mesure pour les graisser de façon à ce que les tranches restent collées entre elles. Mettez un peu de beurre clarifié chaud dans une poêle allant au four. Posez les rosaces dans la poêle.

⑥ Sur feu vif, saisissez les galettes de chaque côté, de façon à les colorer, pendant 5 minutes environ. Glissez ensuite la poêle dans le four et laissez-les cuire pendant 10 à 15 minutes.
⑦ Terminez la fondue d'oignons : égouttez les oignons qui cuisaient à l'eau et passez-les au mixeur. Réchauffez le bouillon de volaille et laissez-le réduire pendant 3 minutes. Mélangez les oignons mixés et le bouillon de volaille puis assaisonnez de sel et de poivre.
⑧ Pour servir, nappez le fond des assiettes avec la fondue d'oignons chaude. Disposez dans chaque assiette un petit tas d'oignons revenus au beurre et ajoutez les galettes de pommes de terre coupées en deux.

Ces galettes se servent en garniture d'un poisson.

Salade de poireaux à la vinaigrette de jaunes d'œufs et à la purée de pommes de terre

Pour 4 personnes

6 bottes de poireaux nains

Pour la purée :
500 g de pommes de terre (bintje) • 10 cl de lait • 50 g de beurre • 10 cl d'huile d'olive • le jus d'1/2 jus citron

Pour la vinaigrette :
6 jaunes d'œufs • 1 cuil. à café de moutarde • 1 cuil. à soupe de vinaigre de Xérès • 3 cuil. à soupe d'huile de pépins de raisin • quelques brins de ciboulette ciselée • 1 échalote grise • sel fin, gros sel, poivre du moulin

1 moulin à légumes

① Portez beaucoup d'eau salée à ébullition. Il est important de prévoir une grande quantité d'eau pour garder la couleur verte des poireaux. Plongez-y les poireaux et faites cuire à gros bouillons, sans couvrir, pendant 5 à 7 minutes. Égouttez-les et mettez-les sans attendre dans de l'eau glacée de façon à fixer leur couleur verte.
② Pelez les pommes de terre et mettez-les dans une casserole d'eau froide salée (7 g de gros sel par litre d'eau). Portez à ébullition pendant 20 minutes environ jusqu'à ce que les pommes de terre soient cuites.

③ Préparez la vinaigrette : mélangez le vinaigre avec une cuillère à café de moutarde, du sel et du poivre, puis avec l'huile de pépins de raisin. Pelez l'échalote et hachez-la.
④ Faites chauffer doucement au bain-marie les jaunes d'œufs, en les remuant avec une spatule, ils doivent être juste tièdes. Versez la vinaigrette dans les jaunes d'œufs avec la ciboulette ciselée et l'échalote hachée, mélangez et réservez .
⑤ Terminez la purée. Chauffez le lait avec le beurre.
Égouttez les pommes de terre puis passez-les en purée à l'aide d'un moulin à légumes. Incorporez le lait chaud, l'huile d'olive, le jus de citron, du sel et du poivre du moulin et mélangez vigoureusement.
⑥ Pour servir, nappez la moitié de l'assiette avec la vinaigrette de jaunes d'œufs, déposez-y les bottes de poireaux et disposez la purée de pommes de terre dans l'autre moitié.

Ce plat se sert en entrée.

Purée de pommes de terre aillée avec un coulis de persil plat

Pour 4 personnes

800 g de pommes de terre (bintje) • **60** g de beurre • **20** cl de lait • **650** g d'ail nouveau non pelé • **1** bouquet de persil plat • sel fin, gros sel, poivre du moulin

1 mixeur • 1 moulin à légumes

① Dans une casserole d'eau froide salée, faites cuire les pommes de terre. Portez à ébullition et comptez dès lors 30 minutes de cuisson.
② Plongez les gousses d'ail non épluchées dans de l'eau froide, portez à ébullition. Égouttez-les, recommencez cette opération encore trois fois. Le germe et la peau des gousses d'ail se retirent alors sans difficulté. L'ail sera bien tendre et plus facile à mixer.
Pelez l'ail, enlevez les germes, puis mixez-le afin d'obtenir une purée. Grâce aux opérations précédentes, cette purée aura le goût de l'ail mais sera très digeste.

③ Équeutez le persil plat, lavez-le et séchez-le. Plongez-le dans une grande quantité d'eau salée pendant 2 à 3 minutes et portez à ébullition. Sortez-le de l'eau et plongez-le immédiatement dans de l'eau glacée pour bien fixer sa couleur verte.
④ Faites chauffer le lait avec le beurre. Égouttez les pommes de terre et passez-les au moulin à légumes. Incorporez-y le lait et le beurre, puis la purée d'ail. Mélangez bien.
⑤ Égouttez le persil et séchez-le dans un linge, passez-le au mixeur, versez-le dans une petite casserole. Ajoutez un peu d'eau pour le détendre et chauffez quelques minutes à feu doux, salez et poivrez.
⑥ Dressez la purée en dôme au centre du plat de service et versez le jus de persil tout autour. Servez aussitôt.

Embeurrée de pommes de terre au jus de mer

Pour 4 personnes

600 g de pommes de terre (BF15) • 8 huîtres grosses et grasses • 2 échalotes • 1 petit bouquet de persil plat • 80 g de beurre • le jus d'1/2 citron • 2 petites cuil. à soupe d'huile d'olive • sel fin et poivre du moulin • fleur de sel

1 mixeur • 1 chinois

① Plongez les pommes de terre non pelées dans une casserole remplie d'eau froide salée, portez à ébullition pendant 30 à 35 minutes.
② Passez les huîtres et leur eau au mixeur pour obtenir un coulis, ajoutez une pointe d'huile d'olive. Passez ce jus au chinois au-dessus d'une petite casserole et faites-le tiédir à feu très doux.
③ Pelez les échalotes, lavez le persil. Hachez finement les échalotes et le persil. Faites fondre le beurre.
④ Épluchez les pommes de terre, écrasez-les à la fourchette pour garder des morceaux. Ajoutez le beurre chaud fondu et continuez à bien mélanger à la fourchette pour que les pommes de terre absorbent le beurre. Incorporez ensuite le citron, les échalotes et le persil. Salez, poivrez et mélangez bien.
⑤ Disposez la purée en dôme dans un plat de service, puis nappez le coulis d'huîtres tout autour. Ajoutez une pointe de fleur de sel et servez aussitôt.

Vous pouvez servir ce plat en garniture d'un poisson.

Les œufs

• Lorsque vous achetez une boîte d'œufs, lisez le texte sur l'emballage : il vous indique la fraîcheur des œufs. S'ils sont « extra-frais » la boîte porte une bande rouge, cette dernière doit impérativement être retirée sept jours plus tard, les œufs sont alors dits « frais ». En revanche, les appellations « œufs coque », « œufs du jour » ou « œufs de ferme » n'ont aucune valeur officielle.

• Si vous achetez des œufs à l'unité, choisissez ceux dont la coquille est brillante et presque veloutée. La couleur de la coquille varie selon la race de la poule mais n'a aucune incidence sur le goût.

• Conservez toujours les œufs dans leur emballage ou dans le compartiment spécial du réfrigérateur car, la coquille étant poreuse, le contact avec certains aliments risque de leur donner un goût.

▶ Le tour de main de Robuchon

Comment faire les œufs pochés ? Versez 10 cl de vinaigre d'alcool par litre d'eau dans une casserole, ne salez pas : le sel liquéfie l'albumine du blanc d'œuf. Portez à ébullition. La méthode classique consiste à casser les œufs dans des ramequins avant de les plonger dans l'eau vinaigrée.

J'ai un autre procédé infaillible : plongez l'œuf entier, avec sa coquille, pendant 2 à 3 secondes dans de l'eau bouillante, le blanc se coagule le long de la coquille et adhère mieux ensuite autour du jaune. Puis cassez les œufs un à un, pas plus de 3 ou 4 à la fois, directement dans l'eau vinaigrée non salée. Avec une écumoire, ramenez le blanc sur le jaune pour bien l'envelopper. Laissez cuire 3 minutes. Sortez-les et trempez-les dans de l'eau glacée pour stopper la cuisson. Retirez-les dès qu'ils sont refroidis et ébarbez-les. Pour les réchauffer, trempez-les 2 à 3 secondes dans de l'eau frémissante, salée cette fois puisque le blanc d'œuf est cuit.

Œufs au plat

Pour 2 personnes

4 œufs • 10 g de beurre • 3 gouttes de vinaigre balsamique • sel et poivre du moulin

4 ramequins ou 4 bols • 2 plats à œufs allant au four

① Cassez les œufs un à un. Pour chacun d'eux, séparez délicatement les blancs des jaunes. Mettez 2 jaunes dans un ramequin et 2 blancs dans un autre ramequin, puis encore 2 jaunes dans un troisième ramequin et 2 blancs dans le dernier ramequin.
② Préchauffez le four à 250 °C (thermostat 8-9).
③ Mettez 5 g de beurre dans chaque plat à œufs, laissez-le fondre sans coloration sur feu moyen, ajoutez une cuillerée à soupe d'eau (avec le beurre, cela va bouillir doucement pour cuire le blanc), assaisonnez de sel et de poivre. Versez les blancs d'œufs (2 blancs par plat) dans les plats et laissez chauffer jusqu'à ce qu'ils soient mi-cuits.
④ Quand les blancs sont mi-cuits, ajoutez les jaunes (2 jaunes par plat) délicatement pour ne pas les casser et mettez les plats au four pendant 1 minute 30.
⑤ À la sortie du four, versez quelques gouttes de vinaigre balsamique sur les blancs d'œufs et servez directement dans les plats.

Accompagnez de mouillettes beurrées que vous parsèmerez de fleur de sel.

Œufs en meurette

Pour 2 personnes

4 œufs • 20 cl de vin rouge puissant (vin du Midi ou d'Algérie) • 2 oignons • 100 g de beurre • 1 verre de vinaigre d'alcool blanc • 4 fines tranches de poitrine demi-sel • 1 cuil. à café de graisse d'oie • 1 pincée de sucre • sel et poivre

4 ramequins ou 4 bols • 1 écumoire • papier absorbant • 1 fouet

① Dans une casserole, faites réduire le vin rouge jusqu'à en obtenir 2 cl. La réduction obtenue, retirez du feu.

② Pelez et émincez les oignons. Faites-les suer sur feu doux dans une casserole avec 40 g de beurre. Salez et poivrez. Quand ils sont cuits, égouttez-les pour en extraire l'excédent de beurre.

③ Cassez les œufs et mettez-les séparement dans des ramequins. Portez 1,5 litre d'eau à ébullition et versez-y le vinaigre d'alcool. Dès que l'eau frémit, transvasez délicatement les œufs, un par un, à fleur d'eau. Avec une écumoire, ramenez les blancs qui s'éparpillent vers les jaunes de façon à bien les envelopper. Laissez-les cuire pendant 3 minutes.
④ Quand les œufs sont prêts, retirez-les de l'eau avec l'écumoire, ébarbez-les (retirez le surplus de blanc tout autour pour rendre les œufs plus nets) et plongez-les dans de l'eau tiède pour les maintenir au chaud et leur enlever leur goût vinaigré.
⑤ Coupez les tranches de poitrine demi-sel en carrés de 1,5 cm de côté. Faites fondre la graisse d'oie dans une poêle, faites-y dorer sur feu doux les morceaux de poitrine des deux côtés. Dès qu'ils sont colorés, baissez le feu pour bien faire ressortir toute la graisse. Retirez-les de la poêle avec une fourchette et égouttez-les sur du papier absorbant.
⑥ Remettez le vin à chauffer sur feu doux et ajoutez le sucre. Toujours sur feu doux, ajoutez le reste de beurre et fouettez doucement pour faire monter la sauce. Ne faites surtout pas bouillir, salez et poivrez.
⑦ Mettez les oignons au centre du plat de service, disposez les lardons par-dessus, versez la sauce tout autour et posez les œufs harmonieusement sur le dessus. Servez aussitôt.

Œufs brouillés aux asperges

Pour 2 personnes

6 œufs • 2 petites bottes de pointes d'asperges vertes • 60 g de beurre • sel et poivre • gros sel

① Pelez les asperges, lavez-les et ficelez-les en 2 bottes. Plongez-les dans de l'eau bouillante salée (à raison de 15 g par litre d'eau). À la reprise de l'ébullition, faites-les cuire pendant 4 à 5 minutes. Retirez-les de l'eau avec une écumoire, plongez-les dans de l'eau glacée, égouttez-les dès qu'elles sont froides et déliez les bottes.

② Cassez les œufs dans un récipient, assaisonnez-les de sel et de poivre et battez-les bien à la fourchette pour que le jaune et le blanc soient bien mélangés.
③ Mettez 30 g de beurre à fondre à feu très doux dans une casserole. Aux premiers frémissements, versez les œufs, faites-les cuire, toujours sur feu très très doux, pendant 15 minutes environ en remuant bien tout au long de la cuisson. Les œufs doivent être cuits, mais pas secs. Maintenez-les chauds en les remuant de temps en temps.
④ Mettez le reste de beurre à fondre dans une poêle. Aux premiers frémissements, mettez les asperges à réchauffer quelques minutes, en les faisant bien rouler dans le beurre. Poivrez et salez au gros sel.
⑤ Dressez un lit d'œufs brouillés sur un plat de service chaud, disposez les asperges dessus et servez bien chaud.

Vous pouvez faire les œufs brouillés au bain-marie car plus la cuisson est lente, plus les œufs sont onctueux et meilleur c'est.

Champignons à l'œuf cassé

Pour 2 personnes

4 œufs • 250 g de petites girolles • 30 g de beurre • 10 petits cl de vinaigre d'alcool blanc • sel et poivre • gros sel

1 mixeur • 4 ramequins ou 4 bols • 1 casserole à bord haut

① Lavez rapidement les girolles sous l'eau courante et égouttez-les. Faites fondre 15 g de beurre dans un poêlon, ajoutez les girolles dans le poêlon et roulez-les bien dans le beurre. Arrosez d'une petite louche d'eau, assaisonnez de sel et de poivre, couvrez et laissez cuire à ébullition pendant 1 minute.
② À l'aide d'une écumoire, prélevez la plupart des girolles et égouttez-les dans une passoire. Laissez l'équivalent de 2 ou 3 cuillerées à soupe de girolles dans le jus de cuisson et faites-les cuire encore 5 minutes à couvert.

③ Au bout de 5 minutes de cuisson, versez-les dans un mixeur avec le jus de cuisson et mixez-les. Réservez cette sauce.
④ Cassez les œufs et mettez-les séparement dans des ramequins. Dans une casserole à bord haut, portez 1 litre d'eau à ébullition et versez-y le vinaigre d'alcool. Dès que l'eau frémit, versez délicatement les œufs, un par un, à fleur d'eau. Ramenez les blancs qui s'éparpillent vers les jaunes de façon à bien les envelopper. Laissez cuire pendant 3 minutes.
⑤ Quand les œufs sont prêts (les blancs bien pris et les jaunes à peine mollets), retirez-les de l'eau avec l'écumoire, ébarbez-les (retirez le surplus de blanc tout autour pour rendre les œufs plus nets) et plongez-les dans de l'eau tiède pour les maintenir au chaud et leur enlever leur goût vinaigré.
⑥ Faites fondre le reste de beurre dans une poêle et faites-y sauter vivement les girolles, juste pour les réchauffer. Assaisonnez-les d'une pointe de gros sel et d'un tour de moulin à poivre.
⑦ Réchauffez dans une casserole la sauce de girolles, sur feu doux, sans porter à ébullition. Vérifiez l'assaisonnement de sel et de poivre.
⑧ Disposez les girolles au milieu du plat de service, nappez de sauce tout autour, dressez les œufs sur les girolles et parsemez de quelques grains de gros sel. La dernière opération consiste à fendre les œufs en deux avec un couteau, le jaune s'écoule alors sur les girolles, d'où le nom de la recette : ***Champignons à l'œuf cassé.***

Georges Blanc

« Georges Blanc »
(Vonnas, Ain)

Georges Blanc est un homme épatant. Auprès de sa mère et de sa grand-mère, il a appris la grande cuisine, puis il a su transformer l'auberge familiale de Vonnas en une des tables de France les plus réputées. Bien avant la mode, il est devenu le chantre de la cuisine du terroir.

À côté de *L'Ancienne Auberge*, *Georges Blanc Relais et Châteaux* et la *Résidence des Saules* ne sont que d'autres expressions de l'art de vivre de notre ami. Président de l'Inter Profession de la Volaille de Bresse, le créateur du poulet de Bresse façon grand-mère Blanc était tout désigné pour réaliser avec moi des recettes à base de poulet.

La volaille

• Comment choisir une belle volaille ?

• Une belle volaille doit être bien grasse, avec une peau satinée presque soyeuse sans aucune trace jaune. La meilleure façon de repérer un bon poulet est de glisser les doigts sous l'aile juste à la jointure, la chair doit être sèche ; si elle est humide la volaille a trop attendu ; si elle est poisseuse, il faut alors l'éviter.

• Le nec plus ultra des poulets est sans aucun doute le poulet de Bresse (Appellation d'origine contrôlée). Vous êtes sûr d'avoir ainsi un vrai poulet de ferme qui a grandi en liberté.

▶ Le tour de main de Robuchon

Quand vous sortez un poulet rôti du four, laissez-le reposer un minimum de 10 minutes posé sur le dos. Les sucs se répartiront ainsi dans toute la volaille.

Pour découper un poulet cuit, posez-le sur le dos et fendez le ventre en deux à l'aide d'un grand couteau de cuisine. Retournez-le et découpez l'épine dorsale, des deux côtés, avec des grands ciseaux de cuisine. Découpez ensuite les cuisses.

Salez et poivrez toujours un poulet après cuisson, même si vous l'aviez déjà fait auparavant.

Lorsque vous pochez une viande ou une volaille pour qu'elle prenne du goût, plongez-la dans un liquide bouillant. Si vous souhaitez au contraire qu'elle donne du goût au bouillon, mettez la à l'eau froide.

Poulet de Bresse à la crème

Pour 4 personnes

1 poulet de 1,8 kg • **50** g de beurre • **1** oignon moyen • **10** champignons de Paris moyens • **2** gousses d'ail en chemise (non pelées) • **20** cl de vin blanc sec • **1** bouquet garni • **1** l de crème fraîche • sel • poivre du moulin

1 chinois • 1 mixeur

① Découpez le poulet et assaisonnez les morceaux avec du sel et du poivre.

② Dans une poêle, faites fondre un bon morceau de beurre et faites-y revenir les morceaux de poulet de chaque côté. Commencez par le côté peau. Sortez-les de la poêle et déposez-les dans une cocotte.

Pelez l'oignon, coupez-le en quatre et ajoutez-le dans la cocotte.

③ Nettoyez les champignons de Paris, coupez-les en 4 morceaux et faites-les revenir à leur tour dans une poêle avec le reste de beurre. Ajoutez les gousses d'ail légèrement écrasées, le bouquet garni et le vin blanc sec. Faites réduire légèrement.

④ Versez cette garniture aromatique dans la cocotte. Incorporez presque toute la crème et laissez cuire 30 minutes à découvert.

Après 20 minutes de cuisson environ, retirez le gras formé en surface, puis laissez finir la cuisson.

⑤ Disposez les morceaux de poulet sur un plat de service et réservez au chaud.

⑥ Passez la sauce au chinois au-dessus d'une casserole, ajoutez un peu de crème fraîche afin de blanchir la préparation, passez un coup de mixeur, puis nappez le poulet de cette sauce onctueuse au moment de servir.

Poulet de Bresse au vinaigre

Pour 4 personnes

1 poulet de Bresse de 1,8 kg à 2 kg • **150** g de beurre • **5** petits oignons • **3** échalotes • **3** gousses d'ail en chemise (non pelées) • **3** carottes • **10** cl de bon vinaigre de vin à l'estragon • **20** cl de bouillon de volaille • **1** cuil. à soupe de concentré de tomate • **1** cuil. à soupe de farine • **1** petite cuil. de moutarde • **50** cl de crème double • **2** branches d'estragon frais • sel et poivre

1 cocotte allant au four • 1 fouet • 1 chinois

① Préchauffez le four à 230°C (thermostat 7-8).

② L'une des originalités de cette recette réside dans la découpe du poulet : les blancs cuiront sur la carcasse. Découpez les cuisses du poulet en 4 morceaux. Pelez les oignons et les échalotes. Écrasez les gousses d'ail entières avec la paume de la main. Épluchez les carottes et coupez-les en gros tronçons.

③ Faites dorer les cuisses de poulet dans une poêle avec la moitié du beurre, ajoutez les petits oignons, les échalotes, l'ail et les carottes. Faites fondre le reste de beurre dans une cocotte. Posez-y la carcasse et ajoutez les cuisses avec leur accompagnement. Enfournez.

④ Au bout de 15 minutes, mouillez le poulet avec le vinaigre ; la vapeur du vinaigre pénétrera les chairs. Remettez au four pendant encore 15 minutes, puis sortez le poulet de la cocotte et réservez-le au chaud.

⑤ Mélangez le concentré de tomate avec la farine. Ajoutez ce mélange dans la cocotte au jus de cuisson, afin de bien lier la sauce, ainsi que la moutarde et le bouillon de volaille. Mélangez au fouet sur feu vif et incorporez la crème tout en continuant à mélanger. La quantité de crème dépendant du jus de cuisson rendu par votre poulet, 20 à 25 cl pourront suffire amplement.

⑥ Passez cette sauce au chinois au-dessus d'une casserole et maintenez la sauce au chaud sur feu très doux. Lavez l'estragon et coupez-en grossièrement les feuilles.

⑦ Découpez le corps du poulet et détachez les blancs, disposez-les dans un plat de service avec les cuisses, nappez de sauce et parsemez d'estragon frais.

Pot-au-feu de volaille de Bresse en vinaigrette

Pour 4 personnes

1 poulet de 1,8 kg • 6 litres de bouillon de poule (on peut utiliser des cubes de bouillon de poule) • 1 assortiment de légumes de saison : 8 carottes, 4 navets, 8 poireaux, 1 cœur de céleri en branches • 200 g de fèves fraîches (facultatif) • 1 cuil. à soupe de vinaigre de vin • 3 cuil. à soupe d'huile d'olive • fleur de sel • sel et poivre du moulin

1 chinois

① Préparez les légumes. Lavez et épluchez les carottes, coupez-les en tronçons si elles sont grosses ; épluchez les navets ; enlevez le vert des poireaux, lavez-les soigneusement ; lavez le céleri et coupez-le en tronçons.

② Portez à ébullition 6 litres de bouillon de poule et plongez-y le poulet avec les légumes. À partir de la reprise de l'ébullition, comptez 30 minutes de cuisson. Rajoutez un peu d'eau si nécessaire de manière à immerger totalement le poulet. Vérifiez la cuisson du poulet en piquant la cuisse, si le jus en ressort blanc, c'est que la cuisson est terminée.

③ Épluchez les fèves. Plongez-les 1 à 2 minutes dans de l'eau bouillante salée, elles en ressortiront cuites et pratiquement pelées, égouttez-les et finissez de les peler.

④ Prélevez 1 louche de bouillon de cuisson du poulet et passez-le au chinois, incorporez-y le vinaigre de vin et l'huile d'olive.

Assaisonnez cette vinaigrette de sel et de poivre du moulin.

⑤ Débridez le poulet et posez-le dans un plat de service creux. Égouttez les légumes, disposez-les autour du poulet, arrosez de vinaigrette et terminez avec une pointe de fleur de sel.

La garniture de légumes peut varier selon les saisons et selon votre inspiration.

Foies blonds sautés aux épinards

Pour 3 personnes

300 g de jeunes épinards • 300 g de foies blonds (si possible de poularde de Bresse) • 100 g de beurre • 1 cuil. à soupe de mousse de foie gras • 1 trait de porto • 1 noix de muscade • 1 gousse d'ail pelée • 1 filet de vinaigre de vin ou de vinaigre balsamique • sel et poivre du moulin

1 fouet • 1 chinois

① Lavez les feuilles d'épinards. Dans une poêle, faites fondre une noix de beurre et ajoutez les épinards. Assaisonnez légèrement avec un peu de sel, de poivre et de noix de muscade. Cette cuisson va permettre aux épinards de perdre leur eau de végétation.
Piquez la gousse d'ail sur une fourchette et promenez-la sur les feuilles d'épinards afin de les parfumer en surface.
② Quand l'eau de cuisson s'est évaporée, passez les épinards au chinois afin d'en retirer tout excédent d'eau et de gras.
③ Assaisonnez modérément les foies blonds avec du sel et du poivre du moulin, puis faites-les revenir dans une poêle avec 60 g de beurre pendant 2 à 3 minutes. Retirez-les délicatement et réservez-les au chaud, en laissant le beurre et le jus de cuisson dans la poêle.
④ Toujours dans la poêle, ajoutez un trait de porto et un peu d'eau, mélangez énergiquement avec un fouet pour déglacer les sucs déposés dans le fond de la poêle.
⑤ Filtrez au chinois au-dessus d'une casserole hors du feu. Incorporez la mousse de foie gras et une noix de beurre. Mettez sur le feu sans faire bouillir et continuez de remuer, tout en incorporant un bon filet de vinaigre.
⑥ Sur un plat de service chaud, disposez les feuilles d'épinards au centre. Entourez-les des foies blonds, nappez de sauce et servez le reste en saucière.

Cette recette est très intéressante : elle est simple, économique, rapide et pourtant très savoureuse.

Reine Sammut

« La Fenière »
(Lourmarin, Vaucluse)

Au cœur du Lubéron, à proximité du village de Lourmarin, la maîtresse de maison de *La Fenière* porte bien son prénom de Reine. Reine Sammut est une cuisinière sincère, elle a cet amour du beau et du bon qui lui permet de faire chanter les traditions provençales. Les parfums de la garrigue, les produits de la mer, les spécialités locales sont mis en valeur avec un tour de main rare. Reine, qui a la grandeur de la simplicité, était toute désignée pour présenter avec moi le meilleur et le plus simple des poissons.

Le rouget

• Le rouget barbet est l'un des poissons les plus recherchés pour la délicatesse de sa chair et la finesse de son goût.

• Malheureusement, sur l'étal du poissonnier, il est malaisé de faire la différence entre un rouget barbet de roche ou de vase et un rouget importé du Sénégal car ils se ressemblent comme des frères. Pour vous aider, disons que le rouget de Dakar est moins coloré, avec un profil plus allongé, et des dents à la mâchoire supérieure. Sa chair est plus sèche et moins savoureuse. Quant au rouget grondin, souvent plus gros, vous méprendre serait cause d'une belle déception car son goût est sans rapport puis la différence de prix est sans ambiguïté !

• La fraîcheur d'un rouget se repère à sa belle couleur rose (elle peut être plus ou moins soutenue), à sa peau bien tendue sur une chair ferme, à son ventre dur et à son œil clair et saillant.

• Inutile de demander à votre poissonnier de vider les petits rougets : leur surnom de bécasse de mer donné par le grand Carême indique que, comme l'oiseau, cela n'est pas nécessaire.

► Le tour de main de Robuchon

Bien qu'il soit plein d'arêtes, je préfère le rouget entier. Pour le cuire tout simplement, je mets des aromates dans une poêle avec de l'huile : thym, fenouil, romarin... J'incise la peau des rougets, je fais chauffer l'huile et j'installe les rougets dans la poêle en posant d'abord la tête. La saveur des aromates va imprégner la chair des rougets en surface. Rien n'empêche de servir les aromates avec les rougets.

Rougets marinés au vin blanc

Pour 3 personnes

6 rougets de 100 g en filets • huile d'olive

Pour la marinade :
1 oignon • 2 petites carottes • 3 échalotes grises • 1 branche de thym • 1/2 l de vin blanc sec • 3 cuil. à soupe d'huile d'olive • 1 petit bouquet de persil plat • 20 grains de poivre • sel et poivre

① Salez les filets de rougets et mettez-les dans un peu d'huile d'olive. Réservez au frais pendant que vous préparez la marinade.

② Préparez la marinade : pelez l'oignon, les échalotes et les carottes, taillez-les en petits dés.

Dans une casserole à fond épais, versez 1 cuillerée à soupe d'huile d'olive, salez les légumes et faites-les suer, sans coloration, 2 à 3 minutes jusqu'à ce qu'ils deviennent mous en surface. Ajoutez le vin blanc, le thym et les grains de poivre. Laissez cuire 20 minutes à petit feu.

Lavez et hachez le persil que vous ajouterez en fin de cuisson.

③ Salez et poivrez les filets de rougets. Faites chauffer un peu d'huile d'olive dans une poêle antiadhésive et posez-y les filets, côté peau vers la poêle. Posez le bout le plus épais vers vous et laissez tomber doucement le reste du filet dans la poêle. Vous éviterez ainsi les éclaboussures. Saisissez rapidement les filets à feu vif, sans les cuire.

④ Sortez les filets de la poêle et rangez-les dans un plat creux. Recouvrez-les de la marinade chaude qui finira de les cuire.

⑤ Laissez-les refroidir à température ambiante puis mettez-les au frais pendant 1 journée.

Servez les rougets tels quels, en entrée.

Papillotes de rougets farcis à la tapenade

Pour 2 personnes

4 rougets de 100 g pièce, écaillés, vidés et en filets • 4 cuil. à café de tapenade • 10 cl d'huile d'olive

4 feuilles de papier sulfurisé de 14 x 24 cm • 1 pinceau

① Réservez les filets de rougets au frais.

② Préchauffez votre four à 200 °C (thermostat 6).

③ Posez les feuilles de papier sulfurisé à plat, huilez-les à l'aide d'un pinceau et disposez un filet de rouget sur chaque feuille, côté peau sur le papier. Étalez sur chaque filet 1 cuillerée à café de tapenade, poivrez et recouvrez d'un autre filet. Poivrez un peu mais ne salez pas car la tapenade est déjà très salée. Fermez les feuilles de papier sulfurisé en pliant les deux bouts en forme de « bonbon ».

④ Enfournez et laissez cuire 3 à 4 minutes. Servez 2 papillotes par personne. Chacun les ouvrira dans son assiette et libérera ainsi le parfum. Suggérez à votre convive d'ajouter un filet d'huile d'olive et un peu de poivre avant de déguster.

Vous pouvez aussi faire une seule grande papillote. Repliez bien les bords pour qu'ils soient parfaitement hermétiques. La papillote gonflera au four. Fendez-la d'un coup de couteau au moment de servir et vous aurez tous les parfums de la Provence.

Filets de rougets en salade mesclun et brick de foie

Pour 2 personnes

4 rougets de 130 g en filets et leur foie • 100 g de salade mesclun • 4 cuil. à soupe d'huile d'olive • 1 cuil. à soupe de vinaigre balsamique • 1 feuille de brick • 40 g de beurre • sel et poivre

① Préparez d'abord la salade : lavez-la et essorez-la. Mettez-la dans un saladier. Faites la vinaigrette : versez le vinaigre dans un bol, ajoutez le sel et faites-le dissoudre, poivrez, incorporez ensuite 3 cuillerées à soupe d'huile d'olive. Versez la vinaigrette sur la salade et tournez.
Un petit truc : à l'aide d'une fourchette, faites tomber quelques gouttes de vinaigre sur la salade avant de servir.

② Préchauffez votre four à 200 °C (thermostat 6).

③ Posez les foies de rougets sur un plan de travail. Salez-les et poivrez-les. Coupez la feuille de brick en quatre et pliez chaque feuille pour former un carré d'environ 10 cm de côté. Posez un foie sur chaque feuille. Pliez à nouveau les feuilles de brick en deux en forme de triangle. Beurrez pour aider à coller. Enfournez et laissez cuire pendant 2 minutes.

④ Pendant ce temps, salez et poivrez les filets de rougets, poêlez-les très rapidement à l'huile d'olive, le côté peau d'abord.

⑤ Dressez la salade dans le centre d'un plat de service, rangez les filets de rougets sur la salade et disposez les bricks de foie autour. Servez immédiatement.

Le mesclun est une salade mélangée. Son nom vient du latin *mesclare* : mélanger.
Le mesclun était surtout composé de salades sauvages du Midi : roquette, séneçon, cerfeuil, pourpier, feuille de chêne, etc. Aujourd'hui, il se compose généralement de scarole, trévise, chicorée, mâche et pissenlit.

Rougets en salmis façon bécasse

Pour 2 personnes

4 rougets avec les intérieurs et les foies • 2 échalotes • 50 g de lard fumé • 4 cuil. à soupe d'huile d'olive • thym • laurier • 1 l de vin rouge • 2 petites tranches fines de pain de campagne • sel et poivre

1 écumoire • 1 chinois • 1 mixeur

① Préparez la sauce : pelez et hachez grossièrement les échalotes. Levez les filets des rougets et conservez les intérieurs, les foies et les arêtes. Coupez le lard en gros dés. Dans une casserole, faites revenir les échalotes dans 1 cuillerée à soupe d'huile d'olive, ajoutez le lard, les arêtes, les têtes et les intérieurs (sauf les foies). Salez et poivrez. Mouillez avec le vin rouge, ajoutez le thym et le laurier et portez à ébullition, puis baissez le feu pour maintenir une cuisson à petits frémissements. Laissez cuire 40 minutes à feu doux, en écumant régulièrement.
② Huilez les tranches de pain sur chaque face et toastez-les. Assaisonnez les foies avec une pointe de sel, de poivre et d'un filet d'huile d'olive. Tartinez-les sur les tranches de pain.
③ Au terme de sa cuisson, passez la sauce salmis au chinois et émulsionnez-la au mixeur, avec 1 cuillerée d'huile d'olive.
④ Salez et poivrez les filets de rougets, poêlez-les à l'huile d'olive (juste un « aller-retour » en commençant par le côté peau). Dressez-les dans un plat de service.
⑤ Mettez les toasts de foies de rougets au four, position gril, à peine 1 minute.
⑥ Nappez les rougets de sauce salmis et accompagnez des toasts.

Alain Dutournier

« Le Carré des Feuillants »
(Paris, 1er)

L'élégant restaurant de la rue de Castiglione reflète bien la personnalité du maître des lieux, Alain Dutournier.
Natif de la Chalosse, il a gardé un amour prononcé pour le Sud-Ouest. Plus que tout autre, il a le talent de faire des merveilles avec les produits du terroir. Ce cuisinier exceptionnel maîtrise aussi bien les techniques de cuisson que les subtilités imposées par la tradition. Défenseur de la vraie cuisine française, il n'en est pas moins ouvert à la créativité. Évoquer avec lui l'aubergine me semblait un choix illustrant parfaitement sa personnalité.

L'aubergine

• Qu'elles soient rondes ou longues, noires ou violettes, peu importe, préférez toujours les petites aubergines, les aubergines trop grosses ont l'inconvénient d'être remplies de graines. Choisissez vos aubergines bien fermes d'une belle couleur avec la peau tendue, brillante et sans taches. Pour apprécier leur fraîcheur, regardez le pédoncule, il doit être vert et légèrement épineux.

• Les aubergines ne s'épluchent pas, mais on peut si l'on veut, avant de les cuisiner, les faire dégorger quelques heures en les saupoudrant de gros sel.

• L'aubergine est l'un de mes légumes préférés. Si vous faites bien attention en les mangeant, vous leur trouverez un léger goût de cèpe.

▶ Le tour de main de Robuchon

Une recette simple et savoureuse, c'est le caviar d'aubergine. Voici comment je le prépare.

Prenez 3 aubergines. Faites-y des encoches dans lesquelles vous glissez des éclats d'ail. Pour faire ces éclats, pelez une gousse et séparez les éclats en forme d'amandes effilées. Enveloppez chaque aubergine dans une feuille d'aluminium et mettez-les au four à 220 °C (thermostat 7) pendant 40 minutes. Ensuite, retirez les pédoncules et coupez les aubergines en gros tronçons. Mettez-les dans le bol du mixeur, ajoutez 75 cl d'huile d'olive. Assaisonnez de sel et de poivre, ou encore de cumin ou de curry. Mixez longuement. C'est prêt. Servez tiède ou froid.

Gâteau d'aubergines aux anchois frais

Pour 2 personnes

3 aubergines • 20 anchois frais, levés en filets • 2 poivrons rouges moyens • le jus d'1/2 citron • 20 cl d'huile d'olive • fleur de sel • sel et poivre

papier absorbant • film étirable • 1 petite terrine • 1 couteau électrique

① Rangez les filets d'anchois dans un plat. Salez-les et poivrez-les, arrosez-les du jus de citron et d'un filet d'huile d'olive et recouvrez-les de film étirable. Laissez mariner 1 heure.

② Flambez la peau des poivrons pour qu'elle se détache plus facilement, pelez-les, videz-les de leurs graines et coupez-les en quatre, égalisez de façon à obtenir 4 rectangles réguliers.

③ Essuyez les aubergines sans les peler et enlevez les queues. Taillez-les en tranches de 5 mm d'épaisseur dans le sens de la longueur.

④ Poêlez les aubergines avec un filet d'huile d'olive, en plusieurs fois ; puis égouttez-les sur du papier absorbant, salez et poivrez généreusement : quand on prépare un plat qui sera dégusté froid, il faut le relever plus.

⑤ Garnissez une terrine de film étirable en le laissant déborder pour faciliter le démoulage. Badigeonnez le tout d'huile d'olive.

⑥ Tapissez le fond de tranches d'aubergines, puis de poivrons et ajoutez 1 couche d'anchois (en les mettant tête-bêche), dans cet ordre. Assaisonnez d'une pointe de fleur de sel et de poivre.

Recouvrez d'une deuxième couche d'aubergines, puis de poivrons, puis d'anchois, jusqu'à épuisement des ingrédients, en terminant par une couche d'aubergines. Tassez sans écraser.

⑦ Rabattez les bords de la bande de film qui dépasse sur la couche d'aubergines. Posez une planchette sur la terrine et recouvrez d'un poids afin de presser l'ensemble. Mettez la terrine au réfrigérateur pendant 12 heures.

⑧ Démoulez la terrine en vous aidant de la bande de film. Tranchez ce gâteau d'aubergines avec un couteau électrique.

Accompagnez d'une vinaigrette à base de citron et d'huile d'olive et de pain de campagne grillé. Parsemez de fleur de sel au moment de servir.

Œufs en cocotte au caviar d'aubergine

Pour 4 personnes

2 aubergines • 4 œufs • 2 échalotes grises • 10 bons cl de crème fraîche • 1/2 botte de ciboulette ciselée • le jus d'1 citron • noix de muscade • cumin • 10 cl d'huile d'olive • 1 noix de beurre • sel, poivre

feuille d'aluminium • 4 ramequins • 1 grand plat à bord haut

① Préchauffez votre four à 200 °C (thermostat 6). Lavez les aubergines et enveloppez-les entières dans une feuille d'aluminium. Enfournez-les et laissez-les cuire pendant 20 minutes. N'éteignez pas le four.
② Fendez les aubergines en deux dans la longueur et récupérez la chair à l'aide d'une cuillère.
③ Pelez les échalotes et hachez-les. Faites-les suer dans un peu d'huile d'olive. Quand elles sont translucides, ajoutez la pulpe d'aubergine et mélangez bien. Assaisonnez de cumin, de muscade, de poivre, du jus de citron, ajoutez de l'huile d'olive pour bien couvrir. Laissez compoter à couvert pendant 20 minutes.
④ Beurrez les 4 ramequins. Déposez une couche de caviar d'aubergine chaud dans le fond de chacun d'eux. Cassez un œuf, mettez-le dans un ramequin sans casser le jaune. Faites la même chose dans les 3 autres ramequins. Salez uniquement les blancs d'œufs.
⑤ Disposez les ramequins dans un plat à bord haut pouvant aller au four. Remplissez-le d'eau pour qu'elle vienne à peu près aux 2/3 de la hauteur des ramequins. Couvrez le plat d'un couvercle ou d'une feuille d'aluminium. Faites cuire au four au bain-marie à 200 °C pendant 15 à 20 minutes, selon la taille des ramequins.
⑥ Dans une casserole, faites réduire la crème d'1/4 avec un peu de sel, du poivre et une pointe de muscade. Sortez du feu et, au dernier moment, ajoutez la ciboulette ciselée. Elle infusera mais ne cuira pas.
⑦ Sortez les ramequins du four, les blancs d'œufs doivent être cuits et encore tremblotants. Voilez les œufs avec la crème chaude et servez.

Aubergines confites à la grecque

Pour 4 personnes

12 belles petites aubergines • 2 échalotes • 10 cl d'huile d'olive • 10 cl de vin blanc sec • le jus d'1/2 citron • 10 g de sucre • 3 cuil. à soupe de grains de coriandre écrasés • 1 feuille de laurier • 2 ou 3 brindilles de sarriette • 1 bottillon de coriandre en feuilles • 1 citron • 100 g de carottes • 2 tomates • sel • poivre noir mignonnette

① Retirez les queues et les pédoncules des aubergines. Coupez-les en deux dans la longueur puis en quatre dans l'autre sens.

② Coupez le citron en tranches de 2 mm d'épaisseur environ. Lavez et grattez les carottes, coupez-les en fines rondelles. Pelez et émincez les échalotes.

③ Faites blanchir le citron rapidement dans de l'eau bouillante salée puis plongez-le dans de l'eau glacée, juste le temps qu'il refroidisse, pour fixer sa couleur.

④ Plongez les tomates dans une casserole d'eau bouillante pendant 10 à 15 secondes puis dans de l'eau glacée juste le temps qu'elles refroidissent ; pelez-les, retirez les pédoncules, coupez-les en deux pour les épépiner, puis taillez-les en dés.

⑤ Dans une cocotte, versez l'huile d'olive, ajoutez les échalotes, les grains de coriandre écrasés, le sucre et une pointe de sel.

Mélangez bien. Faites suer sans coloration puis ajoutez le vin blanc, le jus de citron, le laurier et la sarriette. Mélangez à nouveau. Ajoutez les aubergines, puis les tomates en dés, les carottes et le citron blanchi. Laissez cuire le tout à couvert et à feu doux pendant 20 bonnes minutes.

⑥ Dressez dans un plat de service, ajoutez le vin et l'huile de cuisson, vérifiez l'assaisonnement, puis ajoutez la coriandre en feuilles.

Entreposez au réfrigérateur pendant une demi-journée et servez frais.

Pour améliorer la présentation, vous pouvez canneler le citron et les carottes avant de les couper en rondelles.

Quand vous voulez faire suer des aliments sans coloration, mettez-les dans la cocotte avec l'huile ou le beurre avant de faire chauffer.

Beignets d'aubergines

Pour 2 personnes

500 g d'aubergines de petite taille

Pour le levain :
100 g de farine de blé • 10 cl d'eau tiède • 10 g de levure de boulanger

Pour la pâte à frire :
100 g de fécule de pomme de terre • 2 jaunes d'œufs • 1 cuil. à café de curry • 6 cl d'eau froide • curry • 2 cuil. à café de fleur d'oranger • 20 cl de crème liquide

Pour la friture :
1 l d'huile d'arachide • sel

① Préparez le levain : formez une fontaine avec la farine, mettez la levure dans le puits et écrasez-la avec une cuillère en bois, puis incorporez l'eau tiède en mélangeant bien jusqu'à ce que le levain soit homogène. Recouvrez avec du film étirable et laissez reposer 1 heure dans un endroit frais (pas au réfrigérateur).

② Lavez et essuyez les aubergines sans les peler. Coupez leurs extrémités. Taillez-les en bâtonnets de 7 cm de longueur et de 2 cm de section. Couvrez-les pour qu'elles ne sèchent pas et gardez au frais.

③ Préparez la pâte à frire : disposez la fécule de pomme de terre en fontaine, versez les jaunes d'œufs dans le puits et mélangez au fouet. Ajoutez l'eau froide, le curry, la fleur d'oranger et 4 pincées de sel (l'aubergine ne sera pas salée).

④ Fouettez la crème bien froide jusqu'à ce qu'elle soit ferme.

⑤ Finissez la pâte à frire : mélangez la préparation à base de fécule avec le levain reposé, puis incorporez délicatement la crème fouettée avec une spatule. La pâte est prête à cuire.

⑥ Trempez les bâtonnets d'aubergines dans la pâte à frire. Plongez-les pendant 4 à 5 minutes dans l'huile d'arachide préchauffée à 180 °C. Sortez-les lorsqu'ils sont bien dorés et disposez-les sur du papier absorbant afin de retirer l'excédent de gras. Servez brûlant.

Vous pouvez accompagner d'une petite sauce aigre-douce à la tomate.

Philippe Groult

« L'Amphyclès »
(Paris, XVIIe)

Pendant dix ans Philippe Groult a travaillé à mes côtés.
Depuis quelques années il a son propre restaurant, *L'Amphyclès*, avenue des Ternes à Paris. Le cadre est plaisant et la lecture de la carte fait rêver. Son perfectionnisme lui a très vite permis de passer maître dans les plats qu'il propose. Il maîtrise parfaitement la technique qu'il adapte avec brio grâce à son talent inventif et à sa sensibilité toujours présente.
Il m'a semblé tout naturel de faire appel à lui pour présenter les recettes à base de champignons.

Les champignons

• La plupart des champignons sont sauvages, ceux qui se cultivent comme les champignons de Paris sont rares. On les appelle aussi les champignons de couche et cette espèce est de loin la plus répandue dans le monde.

• Lorsque vous achetez des champignons de Paris, choisissez-les bien fermes, uniformément colorés et sans taches ; leur chapeau doit être fermé et bien fixé à la queue ; s'il se sépare ou si la couleur noircit, vous saurez que ce sont des champignons trop vieux.

• Parmi les champignons sauvages, les girolles sont les plus courantes. Ne vous fiez pas aux apparences : les spectaculaires grosses girolles d'un orange soutenu sont la plupart du temps caoutchouteuses. Optez plutôt pour les petites, bien fermes et jaune clair, elles sont de loin les plus parfumées.

• Pour dégager toute leur quintessence, les girolles doivent être cuisinées peu de temps après avoir été cueillies, car leur parfum s'estompe très vite.

▶ Le tour de main de Robuchon

Ce conseil est valable pour tous les champignons : il faut toujours commencer par retirer le bout terreux. Taillez le pied des champignons avec un petit couteau, comme vous tailleriez un crayon. Pour laver les champignons de Paris, plongez-les rapidement dans de l'eau froide, puis sortez-les de l'eau à la main, pour que la terre reste au fond. Lavez-les ainsi deux ou trois fois de suite, puis essuyez-les avec un linge ou du papier absorbant. Mon truc pour que les girolles sautées expriment toute leur saveur : plongez-les 2 ou 3 secondes dans une grande casserole d'eau bouillante salée puis égouttez-les. L'eau va ainsi « saisir » en surface les girolles qui conserveront leur couleur et leur arôme. Poêlez-les ensuite normalement.

Poêlée de bolets au jambon de campagne

Pour 4 personnes

20 bolets de taille moyenne • 1 chorizo très fort • 6 tranches fines de jambon de campagne fumé • 30 g de mie de brioche ou de pain • 6 brindilles de thym frais • 10 cl d'huile d'olive • 1 branche de persil plat • 50 g de beurre • 12 noisettes fraîches • sel et poivre • 4 feuilles de fougère de sous-bois (pour la décoration)

① Enlevez le bout terreux des pieds des bolets. Séparez les têtes des pieds. Nettoyez-les selon la méthode expliquée ci-contre.

② Coupez le chorizo en petits dés, ainsi que les pieds des bolets. Taillez le jambon en lanières, puis en carrés. Émiettez grossièrement la mie de brioche.

③ Faites blanchir le jambon dans une casserole remplie d'eau froide afin d'enlever l'excès de sel. Portez à ébullition et, dès le début de l'ébullition, égouttez-le. Lavez le thym ; lavez et essuyez le persil, hachez grossièrement les feuilles pour en obtenir la valeur d'1 cuillerée à soupe.

④ Dans une poêle, versez de l'huile et poêlez les têtes de bolets en commençant par le côté bombé. Salez et poivrez, puis retournez-les dès coloration. Quand le jus commence à perler, ils sont alors ramollis à cœur et cuits (cela demande environ 2 minutes de chaque côté), déposez-les dans une assiette pour retirer l'excédent de gras.

⑤ Dans une autre poêle, faites sauter le chorizo dans le beurre, laissez fondre environ 5 minutes, le temps qu'il ne reste plus de matière grasse au fond de la poêle. Ajoutez les pieds de bolets en dés et mélangez sur le feu pour qu'ils colorent. Ajoutez ensuite successivement le jambon, le thym et la mie de brioche. Mélangez bien à chaque fois pour que le nouvel ingrédient colore. La mie de brioche absorbera ce qui restera de matière grasse dans la poêle. Sortez du feu et ajoutez le persil, mélangez à nouveau.

⑥ Dressez dans un plat les feuilles de fougère et disposez les têtes de bolets et la garniture par-dessus. Parsemez de noisettes.

Vous pouvez servir cette poêlée de bolets en entrée ou en plat.

Fricassée de champignons

Pour 4 personnes

350 g de trompettes-de-la-mort • 100 g de champignons de Paris • 150 g de pleurotes • 1 échalote • 2 gousses d'ail • 1 botte de persil plat • 3 brindilles de thym • 50 g de beurre • sel et poivre

① Lavez rapidement les trompettes-de-la-mort et faites-les cuire. C'est très simple : mettez une noix de beurre dans le fond d'une casserole, jetez-y les champignons, salez, couvrez et mettez sur le feu. Laissez cuire jusqu'à ce que les trompettes aient rendu leur eau de végétation. Quand elles sont cuites, égouttez-les en les pressant.

② Lavez les champignons de Paris et coupez-les en six. Pelez et hachez l'échalote. Pelez et hachez l'ail. Lavez le persil et hachez grossièrement les feuilles. Lavez le thym. Coupez les queues des pleurotes et essuyez le reste (ne pas laver les pleurotes).

③ Dans une grande poêle, faites suer les échalotes avec un peu de beurre. Quand elles colorent, ajoutez les trompettes et faites-les sauter. Ajoutez l'ail et mélangez. Versez le tout dans une passoire pour retirer l'excédent de gras.

④ Dans la même poêle, chauffez le reste du beure et faites sauter les champignons de Paris dans un beurre noisette. Faites cuire pendant 2 à 3 minutes et assaisonnez en cours de cuisson. Ajoutez ensuite les brindilles de thym, les trompettes égouttées puis la moitié du persil plat. Faites bien chauffer et disposez le tout dans un plat de service chaud.

⑤ Les pleurotes se cuisent à peine : il faut les saisir très rapidement dans un beurre bien chaud, juste les poser et les retourner. Assaisonnez-les et versez-les sur le plat de service. Parsemez du reste de persil et servez.

Cette fricassée est très intéressante puisqu'elle prouve que l'on peut réaliser cette recette avec des champignons de culture. Elle accompagnera parfaitement un rôti de porc ou un poulet rôti.

Étuvée de girolles aux pissenlits en salade

Pour 4 personnes

350 g de petites girolles • 3 petits oignons blancs • 3 belles échalotes • 1/2 botte de ciboulette • 1 branche d'estragon frais • 1 dizaine de petits pieds de pissenlits • 8 noix fraîches • 2 gésiers de canard confits • 3 tranches fines de lard fumé • 2 tranches de pain de mie • 1 cuil. à soupe d'huile de sésame • 40 g de beurre frais • sel et poivre

Pour la vinaigrette :
1 cuil. à soupe de vinaigre de vin • 3 cuil. à soupe d'huile d'arachide • fleur de sel • poivre

① Préchauffez le four en position gril.
Préparez tous les ingrédients et réservez-les séparément. Lavez les girolles. Coupez les oignons en rondelles puis faites-en des rouelles « anneaux ». Pelez les échalotes et hachez-les. Lavez l'estragon et la ciboulette, essuyez-les et ciselez-les grossièrement. Coupez les tranches de lard en deux et les tranches de pain de mie en petits dés. Coupez les gésiers confits en petits morceaux.
Lavez soigneusement les pieds de pissenlits. Retirez les racines terreuses et lavez les feuilles à plusieurs eaux. Détachez les feuilles et égouttez-les.
Cassez les noix, décortiquez et pelez les cerneaux.
② Disposez les tranches de lard et les dés de pain de mie sur la plaque du four et mettez-les au four pour obtenir des croûtons et du lard croustillant. Sortez la plaque du four quand le lard est bien croustillant. Mettez-le de côté et passez les petits croûtons sur la plaque à l'endroit où le lard a cuit pour bien en récupérer la saveur.
③ Mettez le beurre en morceaux dans une cocotte et faites démarrer les échalotes hachées doucement, sans coloration. Ajoutez l'huile de sésame et salez. Versez ensuite dans la cocotte les girolles, salez et poivrez légèrement, recouvrez et laissez étuver pendant 10 minutes à feu vif pour faire évacuer l'eau de végétation. En fin de cuisson, parsemez d'estragon et de ciboulette ciselés.

④ Faites la vinaigrette pendant la cuisson des girolles : dans une petite casserole, chauffez le vinaigre et faites-y fondre une bonne pincée de fleur de sel, ajoutez le poivre et l'huile d'arachide.

⑤ Dans un saladier, mélangez les pissenlits avec la vinaigrette chaude. Ajoutez la moitié des croûtons.

⑥ Pour servir, déposez une couche de girolles chaudes au fond d'un autre saladier. Recouvrez de la salade de pissenlits. Déposez dessus le lard fumé et les rouelles d'oignons. Répartissez le reste des girolles tout autour et parsemez le tout des cerneaux de noix et du reste des croûtons.

Soupe de haricots blancs aux mousserons et chanterelles

Pour 4 personnes

200 g de haricots blancs frais écossés • 200 g de chanterelles • 200 g de mousserons • 1 saucisse de Morteau • 1 oignon • 3 clous de girofle • 1 carotte • 1 feuille de laurier • 3 échalotes • 2 cuil. à soupe de graisse d'oie • 40 g de beurre frais • 4 brins de cerfeuil • sel et poivre du moulin • 20 cl de crème fraîche

1 mixeur • 1 chinois • papier absorbant

① Épluchez la carotte. Pelez l'oignon et piquez-le des clous de girofle. Dans une cocotte, mettez les haricots blancs, la carotte, la saucisse de Morteau, l'oignon et la feuille de laurier. Couvrez de 2 litres d'eau froide, portez à ébullition puis laissez cuire à frémissements. Comptez 35 minutes pour la saucisse et 45 minutes pour le reste.

② Pelez les échalotes et coupez-les en deux. Mettez la graisse d'oie dans une sauteuse, ajoutez les échalotes, salez et poivrez, laissez cuire à frémissements pendant 30 minutes pour les confire. Au bout de ce temps, enlevez la sauteuse du feu.

③ Retirez la saucisse de la cocotte après 35 minutes de cuisson. 10 minutes plus tard, sortez les haricots de la cocotte à l'aide d'une écumoire (en éliminant la carotte, l'oignon et le laurier) et mettez-les dans un mixeur avec un peu de bouillon de cuisson (suffisamment pour détendre la soupe). Mixez. Vérifiez que la soupe n'est pas granuleuse, sinon passez-la au chinois.

④ Incorporez ensuite dans le mixeur la crème fraîche en quantité suffisante pour obtenir l'onctuosité désirée puis ajoutez le beurre. Une fois mixé, versez le tout dans une casserole et maintenez au chaud.

⑤ Lavez les mousserons et les chanterelles. Récupérez un peu de graisse d'oie de la cuisson des échalotes, mettez-la dans une poêle et faites sauter les champignons assez vivement. Quand ils sont cuits, disposez-les sur du papier absorbant dans une grande assiette. Ajoutez les échalotes confites et assaisonnez le tout.

⑥ Coupez la saucisse en fines tranches. Disposez au fond d'une soupière les tranches de saucisse puis la plupart des champignons et des échalotes. Versez la soupe dessus. Ajoutez le reste des champignons et des échalotes. Parsemez de cerfeuil et servez.

Hélène Darroze

« Francis Darroze »
(Villeneuve-de-Marsan, Landes)

Hélène Darroze est bien de sa région.
À Villeneuve-de-Marsan, cette jeune femme fait honneur à sa famille et à la grande cuisine ; elle est depuis peu aux fourneaux de l'hostellerie que son père avait déjà rendue célèbre. Elle a ce don précieux de savoir mêler avec art le rustique et le délicat et de maîtriser avec bonheur les goûts vrais. Au rythme des saisons, elle fait chanter les produits locaux. Dans cette région où la chasse à la palombe est célèbre, demandons à Hélène de nous livrer ses secrets pour cuisiner le perdreau, la poule faisane, les cailles et les alouettes.

Le gibier à plume

• Si le gibier est un mets de roi, il ne faut pas pour autant se laisser impressionner par un plumage flamboyant, une belle parure n'est pas forcément un signe de qualité. Les meilleurs gibiers sont souvent les femelles, leurs plumes sont plus ternes et leurs queues sont moins belles, mais leur chair est plus délicate.

• Si l'oiseau n'a pas été blessé et s'il n'a pas été mouillé, je vous conseille d'attendre deux ou trois jours avant de le plumer. En attendant, conservez-le au réfrigérateur : le séjour au froid vous facilitera la tâche et la chair n'en sera que meilleure.

• Lorsque vous achetez du petit gibier à plume dans le commerce, assurez-vous de sa jeunesse en vérifiant que le bec est encore souple.

▶ Le tour de main de Robuchon

Pour mieux apprécier les pilons et les cuisses des perdreaux, des poules ou des dindes, il faut qu'ils soient très bien dénervés. Pour cela, avant de cuire la volaille, incisez à la base de la patte, à l'endroit où il n'y a plus de chair. Avec un petit couteau, soulevez une partie des nerfs et, avec une grosse aiguille de cuisine ou une pince, tirez sur le nerf. Recommencez l'opération plusieurs fois, jusqu'à ce qu'il n'y ait plus de nerfs.

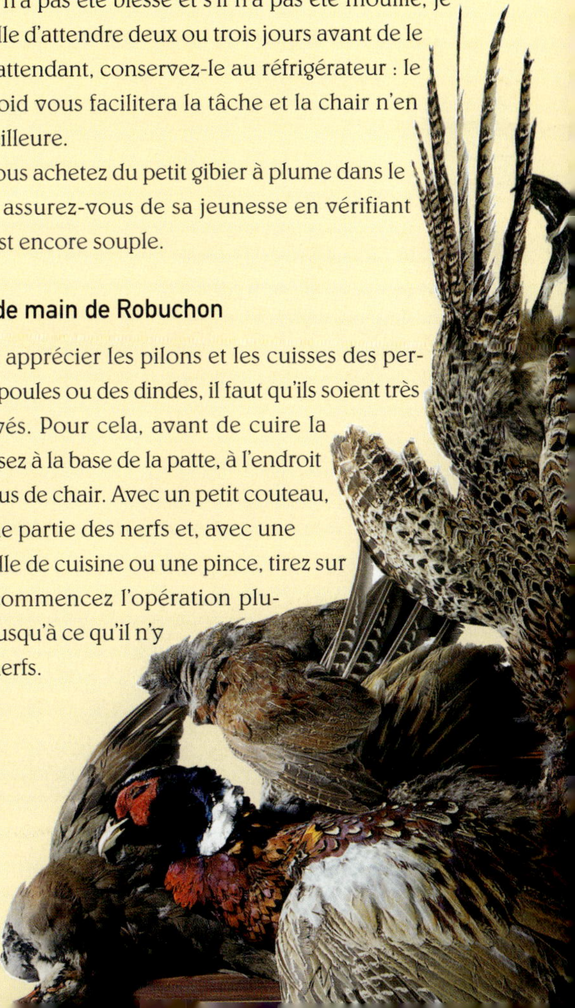

Cailles rôties aux fruits d'automne

Pour 4 personnes

4 cailles bridées • 1 bonne cuil. à soupe de graisse de canard • 1/2 pomme • 1/2 poire • 80 g de raisin • 20 cl de vinaigre balsamique • 20 cl de bouillon de volaille • 2 ou 3 cuil. à café de sucre en poudre • gros sel • sel et poivre du moulin

1 cocotte en fonte allant au four • 1 chinois

① Préchauffez le four à 200 °C (thermostat 6). Salez et poivrez les cailles. Mettez 2 à 3 grains de gros sel à l'intérieur de chaque caille.
② Dans une cocotte, faites fondre la graisse de canard.
Déposez-y les cailles et faites-les dorer sur toutes les faces. Mettez le tout dans le four pendant 10 minutes, en arrosant régulièrement les cailles avec le jus en cours de cuisson.
③ Coupez grossièrement les fruits, sans les peler et sans ôter les pépins.
④ Retirez les cailles du four sans l'éteindre, déposez-les sur une assiette pour qu'elles rendent leur jus et assaisonnez-les en sel et en poivre. Jetez le jus de cuisson, sans retirer les sucs.
Déglacez la cocotte : sur feu moyen, versez le vinaigre balsamique, remuez et laissez réduire. Incorporez le sucre (pour faire l'aigre-doux) et laissez réduire à nouveau afin d'obtenir une sauce sirupeuse et caramélisée.
⑤ Ajoutez tous les fruits dans la sauce aigre-douce et laissez compoter quelques minutes. Remuez-les pendant la cuisson. Mouillez ensuite avec le bouillon de volaille et laissez cuire doucement pendant 10 à 15 minutes.
⑥ Déficelez les cailles, mettez-les dans un plat à réchauffer au four toujours à 200 °C. Récupérez le jus rendu par les cailles sur l'assiette et versez-le dans la cocotte. Passez tout le contenu de la cocotte (y compris les fruits) dans un chinois, pressez bien les fruits pour en extraire le maximum de pulpe. Portez la sauce ainsi obtenue à ébullition, laissez-la réduire et assaisonnez-la au poivre du moulin.
⑦ Sortez les cailles du four, dressez-les sur un plat de service et versez la sauce tout autour. Servez aussitôt.

Servez les cailles rôties avec des fruits compotés, des pommes paille ou de la purée.

Sauté d'alouettes aux pommes de terre et lardons

Pour 2 personnes

8 alouettes plumées et vidées • 300 g de pommes de terre (charlotte) • 100 g de poitrine demi-sel • 1 petit bouquet de persil plat • 2 cuil. à soupe de graisse de canard • gros sel • sel et poivre du moulin

1 poêlon ou 1 cocotte en fonte

① Pelez et taillez les pommes de terre en petits dés. Lavez-les dans trois eaux différentes, pour retirer l'amidon. Égouttez-les et essuyez-les dans du papier absorbant.
② Coupez la poitrine demi-sel en petits lardons. Faites fondre dans un poêlon 1 cuillerée à soupe de graisse de canard. Ajoutez les petits lardons et faites-les revenir à feu vif, jusqu'à ce qu'ils soient dorés et croustillants.
③ Salez au gros sel les alouettes à l'extérieur et mettez quelques grains à l'intérieur, poivrez-les et déposez-les dans le poêlon. Laissez-les cuire aux 3/4 pendant 3 à 5 minutes jusqu'à ce que le sang perle par endroits. Retirez alors les alouettes du poêlon et disposez-les sur une assiette pour qu'elles puissent rendre leur jus. Retirez également les lardons et réservez-les.
④ Remettez un peu de graisse si nécessaire dans la graisse de cuisson des alouettes et des lardons, laissez-la fondre et versez-y les dés de pommes de terre. Faites-les colorer pendant 4 à 5 minutes. Ne les assaisonnez en sel et en poivre qu'une fois qu'ils sont dorés. Remettez les alouettes et les lardons dans le poêlon, le temps de les réchauffer, cela finira la cuisson. Mélangez le tout délicatement pour ne pas abîmer les alouettes.
⑤ Lavez le persil plat et ciselez-le. Déposez le contenu du poêlon dans un plat de service, parsemez de persil pluché et poivrez au moulin. Servez aussitôt.

Perdreaux rôtis au tilleul

Pour 2 personnes

2 perdreaux avec leurs abats • 2 brins de romarin • le contenu d'un grand saladier de feuilles de tilleul • 2 cuil. à soupe de beurre • 1 filet d'armagnac • gros sel • poivre concassé • sel et poivre du moulin

1 cocotte en fonte allant au four • 1 sauteuse • 1 cocotte en verre et son couvercle allant au four

① Préchauffez le four à 200 °C (thermostat 6). Assaisonnez en sel et en poivre l'extérieur des perdreaux et ajoutez une pointe de gros sel à l'intérieur de chacun d'eux.

② Dans une cocotte en fonte, faites fondre 1 cuillerée à soupe de beurre et faites-y revenir les perdreaux et les abats sur toutes les faces. Lavez le romarin et déposez les brins dans la cocotte avant d'enfourner. Laissez cuire pendant 10 minutes, en arrosant régulièrement les perdreaux avec le jus de cuisson.

③ Dans une sauteuse, faites fondre le reste du beurre et jetez-y les feuilles de tilleul en les enrobant bien dans le beurre.

④ Sortez les perdreaux du four, déposez-les dans la cocotte en verre, recouvrez-les avec les feuilles de tilleul et couvrez avec le couvercle. Remettez le tout au four, toujours à 200 °C, pendant 3 à 5 minutes.

⑤ Déglacez la cocotte ayant servi à la cuisson des perdreaux : versez l'armagnac et 2 filets d'eau (soit 1/3 d'armagnac pour 2/3 d'eau), portez à ébullition en grattant bien à la cuillère en bois pour détacher tous les sucs. Assaisonnez avec une pointe de poivre concassé et mélangez. Laissez réduire pour épaissir la sauce. Passez-la dans une passoire fine et mettez-la en saucière au chaud, le temps de dresser le plat.

⑥ Sortez la cocotte du four, disposez une partie des feuilles de tilleul sur le fond du plat de service. Retirez les ficelles des perdreaux, assaisonnez d'une pointe de gros sel et d'un tour de moulin à poivre, dressez-les sur le plat et recouvrez du reste des feuilles et d'un cordon de jus.

⑦ Servez aussitôt avec le jus à l'armagnac en saucière.

Des grains de raisins panés et frits seront la garniture idéale de ce plat original.

Poule faisane farcie cuite au pot

Pour 4 personnes

1 poule faisane avec ses abats • 1 l de bouillon de volaille • 1 bouquet garni • 2 clous de girofle • 4 carottes nouvelles • 3 navets nouveaux • 4 poireaux • 4 gros oignons blancs • 2 côtes de céleri en branches • 1 cuil. à soupe de graisse de canard • 1 pointe de sucre en poudre • 1 cuil. à soupe de mousse de foie gras • 1 cuil. à soupe de beurre ramolli • gros sel • poivre concassé • sel et poivre

Pour la farce :
15 g de mie de pain • 5 cl de crème liquide • 1/2 gousse d'ail • 1/2 oignon • 1 cuil. à soupe de persil plat haché • 100 g de jambon • les abats de la poule • 1 jaune d'œuf • sel et poivre

fil de cuisine • 1 hachoir • 1 grande cocotte • 1 poêle et son couvercle

① Préparez la farce : faites tremper la mie de pain dans la crème, assaisonnez de sel et de poivre. Pelez l'ail et l'oignon. Lavez le persil plat. Hachez le jambon, les abats, l'oignon et l'ail, et mélangez. Ajoutez le jaune d'œuf et le persil. Incorporez la mie de pain trempée et mélangez bien le tout.

② Garnissez l'intérieur de la poule avec cette farce, cousez l'ouverture avec du fil de cuisine et bridez la poule.

③ Dans une cocotte, déposez la poule ainsi que les 2 clous de girofle, le bouquet garni, du gros sel et du poivre concassé. Versez le bouillon de volaille et mouillez à hauteur avec de l'eau. Portez à ébullition et laissez cuire, à couvert, à petits frémissements pendant 35 à 40 minutes. Écumez et dégraissez régulièrement.

④ Pendant ce temps, préparez les légumes : pelez les carottes et les navets en gardant les fanes et lavez-les. Coupez les feuilles vertes et les racines des poireaux et lavez-les bien sous l'eau courante pour retirer toute la terre qui pourrait se trouver à l'intérieur. Pelez les oignons. Prenez 2 belles côtes de céleri, lavez-les et coupez-les en deux.

⑤ Au bout de 40 minutes de cuisson de la poule, incorporez les légumes dans la cocotte et laissez cuire à couvert encore 30 minutes, toujours en écumant régulièrement.

⑥ La cuisson terminée, retirez la poule de la cocotte, déposez-la dans un récipient creux et recouvrez-la de bouillon pour qu'elle ne dessèche pas. Égouttez les légumes et réservez-les sur une assiette.

⑦ Dans une poêle, mettez la graisse de canard à fondre à feu doux et les légumes. Versez le sucre en poudre sur les navets et les carottes. Ajoutez une petite louche de bouillon de cuisson de poule, couvrez et laissez compoter quelques minutes. Mélangez la mousse de foie gras et le beurre. Incorporez ce mélange pour lier les légumes. Retirez les légumes de la poêle et réservez-les au chaud.

⑧ Déliez la mousse de canard avec un peu de bouillon et poivrez. Faites faire quelques bouillons pour épaissir la sauce.

⑨ Retirez les ficelles de la poule et disposez-la dans un plat de service. Présentez les légumes tout autour et nappez de sauce. Servez aussitôt.

Vous pouvez parsemer la poule et ses légumes de fleur de sel de Guérande juste au moment de servir. Accompagnez d'une salade de tomates.

Roland Mazère

« Le Centenaire »
(Les Eyzies-de-Taylac, Dordogne)

Le Périgord est la région de l'homme de Cro-Magnon, des grottes et des peintures rupestres, c'est aussi celle de la gastronomie. Roland Mazère tient aux Eyzies l'une des meilleures tables d'Aquitaine. Il sublime avec bonheur les produits du terroir. Chez lui, on découvre le véritable fumet d'une sauce aux truffes, le goût raffiné des cèpes, les qualités exceptionnelles d'un confit, on découvre aussi l'intérêt des mariages surprenants comme celui du poisson et de la purée de châtaignes. J'avais envie d'imaginer avec lui des recettes à base de noix, fruit par excellence du Périgord.

Les noix

• L'aspect d'une noix est trompeur : une noix bien blanche a sûrement été lavée et traitée avec des produits chimiques, alors qu'une noix tannée pleine de brou, à l'apparence peu engageante, a beaucoup de chances d'être excellente. Cela ne veut pas dire pour autant que l'on ne doit pas éliminer les noix montrant des traces de moisissure.
• Les noix se conservent à l'air ambiant, car un séjour au réfrigérateur aurait l'inconvénient de faire figer l'huile que les cerneaux contiennent.

▶Le tour de main de Robuchon

Les noix sont très utilisées en pâtisserie et confiserie, mais elles sont aussi délicieuses avec des champignons (cèpes), des poissons ou des viandes.
Pour agrémenter un rôti de porc, par exemple, vous pouvez faire une « persillade » aux noix.
Dans une poêle, faites fondre 50 g de beurre. Ajoutez 100 g de mie de pain et mélangez. Attention, la mie de pain colore très vite, c'est pourquoi vous devez remuer constamment jusqu'à ce qu'elle prenne une jolie couleur dorée. Versez alors 40 cerneaux de noix finement hachés et mélangez. Mettez la « persillade » à égoutter dans un tamis fin pendant la cuisson du rôti. Quand il est cuit, parsemez-le du mélange et remettez au four pendant 5 minutes pour obtenir une belle coloration. Vous aurez ainsi un véritable mariage de gourmandise.

Chèvre chaud pané aux noix

Pour 2 à 4 personnes

4 cabécous • 30 g de farine fluide • 100 g de cerneaux de noix hachés • 100 g de salade mélangée • huile d'arachide pour la friture

Pour la panure à l'anglaise :
1 œuf entier • 1 cuil. à soupe d'huile de noisette • 1 cuil. à soupe de lait • poivre

Pour la vinaigrette :
1 cuil. à soupe de vinaigre de noix ou de Xérès • 1 cuil. à soupe de vinaigre balsamique • 4 cuil. à soupe d'huile de noix • sel, poivre

1 friteuse ou 1 poêle creuse • papier absorbant

① Préparez la panure à l'anglaise : dans un bol, battez l'œuf à la fourchette et mélangez-le avec l'huile de noisette et le lait. Poivrez.

② Versez la farine dans une assiette et les cerneaux de noix hachés dans une autre. Farinez les chèvres, plongez-les ensuite dans la panure à l'anglaise en les enrobant bien, puis dans les cerneaux de noix hachés. Repassez-les dans la panure et dans les cerneaux de noix une seconde fois (sans passer par la farine).

③ Lavez le mélange de salade dans de l'eau légèrement vinaigrée. Essorez-la et essuyez-la dans un linge propre. Préchauffez l'huile de friture à 180 °C.

④ Faites la vinaigrette : dans un saladier, versez d'abord le vinaigre de noix puis le vinaigre balsamique. Salez, poivrez, et mélangez bien pour que le sel fonde dans le vinaigre. Puis ajoutez l'huile de noix et mélangez à nouveau. Versez la salade dans le saladier et mélangez-la pour bien l'assaisonner.

⑤ Plongez les chèvres panés dans la friture jusqu'à ce que se forme une belle croûte dorée. Posez-les sur du papier absorbant pour retirer l'excédent d'huile.

⑥ Dans un plat ou dans chaque assiette, déposez un lit de salade assaisonnée, posez un fromage de chèvre frit et servez aussitôt.

Le vinaigre de noix est un vinaigre de vin dans lequel on a mis à macérer des noix vertes (cueillies avant la Sainte-Madeleine).

Gratin de macaronis aux noix

Pour 4 personnes

400 g de gros macaronis • **50** g de noix fraîches pelées et concassées • **30** g de noix sèches finement hachées • **600** g de crème liquide • **30** g de cantal • **3** cuil. à soupe d'huile de noix • **1** pointe de noix de muscade râpée • sel, poivre

1 plat allant au four • 1 mixeur

① Préchauffez le four sur position gril.

Faites cuire les macaronis : dans une grande casserole, faites bouillir de l'eau salée. Plongez les pâtes pendant 8 minutes et remuez-les en cours de cuisson. Éteignez le feu et laissez-les gonfler 2 minutes de plus dans l'eau bouillante. Plongez-les dans de l'eau froide quelques secondes pour arrêter la cuisson et retirer l'amidon pour que les pâtes ne collent pas. Égouttez-les.

② Badigeonnez le plat allant au four avec 1 cuillerée à soupe d'huile de noix. Versez les pâtes dedans. (Pour les amateurs de fromage, n'hésitez pas à incorporer un peu plus de cantal râpé entre les couches de macaronis, à compter en plus dans les ingrédients.)

③ Dans une casserole, faites bouillir la crème et assaisonnez-la en sel, en poivre et en noix de muscade. Versez dans la crème les 50 g de noix fraîches pelées et concassées et laissez reprendre l'ébullition pendant un court moment.

④ Mixez le tout, puis nappez les macaronis de cette préparation en les recouvrant bien. Râpez le cantal, parsemez-en les macaronis ainsi que des noix sèches hachées. Enfournez et faites gratiner au four, pendant 5 minutes environ.

⑤ Avant de servir, arrosez les macaronis de 2 cuillerées à soupe d'huile de noix.

Daurade farcie aux noix

Pour 4 personnes

1 daurade de 600 à 800 g • 1 l de coques et moules mélangées • 3 cuil. à soupe de noix fraîches concassées • 1 zeste d'orange haché • 2 branches d'aneth • 2 olives noires hachées • 1 petit piment émincé • 1/2 cuil. à café de graines de cumin • huile de noisette • 2 cuil. à soupe de vinaigre de Xérès • fleur de sel • sel et poivre

1 hachoir • 1 pic en bois • 1 grand plat ovale • film pour micro-ondes

① Grattez et lavez les coques et les moules. Mettez-les à ouvrir à sec dans une casserole à feu vif. Poivrez-les mais ne salez pas. Couvrez la casserole et laissez-les s'ouvrir. Une fois ouvertes, retirez-les de la casserole en gardant le jus de cuisson. Décortiquez-les et hachez grossièrement leur chair.

② Mettez-les dans un saladier, ajoutez-y les noix concassées, le zeste d'orange haché, les branches d'aneth hachées, les olives noires hachées, les graines de cumin et le piment émincé. Poivrez, liez le tout avec 2 cuillerées à soupe d'huile de noisette et mélangez bien cette farce.

③ Fendez le ventre de la daurade, assaisonnez-la de sel et de poivre. Remplissez l'intérieur de la farce. Fermez le ventre de la daurade avec un pic en bois.

④ Badigeonnez le plat de cuisson d'huile de noisette, assaisonnez de sel et de poivre l'emplacement du poisson, déposez la daurade dessus. Filtrez le jus de cuisson des coques et des moules et versez-le tout autour. Ajoutez un filet d'huile de noisette, salez et poivrez. Enveloppez tout le plat de film pour micro-ondes et faites cuire au micro-ondes pendant 6 à 8 minutes.

⑤ À la sortie du four, retirez le film, ajoutez le vinaigre de Xérès, 2 cuillerées à soupe d'huile de noisette, de la fleur de sel et du poivre. Servez aussitôt.

Tarte aux noix et noisettes

Pour 6 à 8 personnes

150 g de cerneaux de noix émincés • 120 g de noisettes entières décortiquées • 1 gousse de vanille • 30 cl de sirop d'érable • 2 œufs entiers • 2 cuil. à soupe de rhum

Pour la pâte sablée :
120 g de beurre ramolli • 1 pincée de sel • 75 g de sucre glace • 25 g de noix en poudre • 1 œuf entier • 200 g de farine

1 mélangeur (facultatif) • film étirable • 1 moule à tarte de 25 cm de diamètre • 1 rouleau à pâtisserie

① Préparez la pâte sablée : dans le bol d'un mélangeur, versez le beurre avec 1 pincée de sel et mélangez. Incorporez le sucre glace et la poudre de noix, mélangez bien une nouvelle fois. Ajoutez l'œuf et la farine et mélangez encore sans trop travailler la pâte. Faites une boule avec cette pâte, recouvrez-la de film étirable pour qu'elle ne sèche pas et laissez-la reposer au moins 1 heure au réfrigérateur.

② Préchauffez le four à 220 °C (thermostat 7).
Sur un plan de travail fariné, étalez la pâte au rouleau à pâtisserie. Enroulez-la autour du rouleau et déroulez-la au-dessus du moule de façon à ce qu'elle ne se casse pas. Foncez-en le moule à tarte en laissant déborder la pâte de 1 ou 2 cm. Mettez le moule au réfrigérateur pendant 10 à 15 minutes pour que la pâte durcisse.

③ Déposez les cerneaux de noix et les noisettes sur la plaque du four. Faites-les colorer pendant 10 minutes environ en les remuant de temps en temps.

④ Fendez la gousse de vanille en deux dans la longueur, retirez les graines et mettez-les dans un saladier. Ajoutez le sirop d'érable, les œufs et le rhum, et mélangez bien le tout. Sortez les cerneaux de noix et les noisettes du four et réservez-les.

⑤ Baissez le four à 180 °C (thermostat 5). Sortez la pâte du réfrigérateur, piquez-la légèrement et faites-la précuire pendant environ 8 minutes.

Sortez-la du four, coupez la pâte qui déborde du moule pour avoir des bords nets et remettez au four pendant 2 minutes.

⑥ Sortez la pâte du four. Augmentez la température du four à 220 °C (thermostat 7), puis répartissez les cerneaux de noix et les noisettes sur le fond de tarte et nappez avec la préparation. Enfournez et faites cuire pendant 15 minutes, pas plus.

⑦ Sortez du four, laissez tiédir et servez.

Si vous ne trouvez pas de sirop d'érable, vous pouvez le remplacer par du miel ou du sirop de canne.

Servez avec une crème fouettée en chantilly non sucrée.

Jean-Marie Amat

« Saint-James »
(Bouillac, Gironde)

Margaux, Pauillac, Saint-Émilion, Sauternes, Pomerol ... et Jean-Marie Amat font la renommée de Bordeaux.
Les premiers sont connus pour leur cépage, le second a ajouté à ses talents l'art d'accommoder les cèpes. Sur les hauteurs dominant la ville et la Gironde à Bouillac, Jean-Marie Amat a le don de mettre la grande cuisine à la portée de tous. Il marie avec bonheur le goût du terroir, le rêve et le voyage, ajoutant aux saveurs pures une touche de modernité. Toujours prêt à partir vers de nouvelles aventures, il était le cuisinier idéal pour évoquer avec moi ces champignons exceptionnels.

Le cèpe

• De ce champignon, roi de l'automne, il existe plus de vingt variétés comestibles, celle de Bordeaux étant l'une des meilleures.
• Chapeaux bruns ou chapeaux noirs, il faut toujours choisir des cèpes lourds avec le pied ferme et éviter les gros cèpes, souvent véreux et sans saveur car gorgés d'eau.
• Les cèpes se consomment le plus rapidement possible après leur ramassage car leur saveur s'estompe avec le temps. De plus, comme tous les champignons, ils peuvent devenir toxiques en vieillissant. Il ne faut surtout pas hésiter à éliminer tous les champignons qui semblent douteux.
• En revanche, les cèpes se congèlent très bien et permettent ainsi d'accompagner des plats tout au long de l'année.

▶Le tour de main de Robuchon

Si vous devez stocker vos cèpes quelques heures, mettez-les dans le bac à légumes du réfrigérateur, la tête en bas. Ainsi, les petites bêtes qui s'y trouvent remontent. Pour les nettoyer, ne les faites pas tremper, ils se gorgeraient d'eau et deviendraient fades. Séparez les têtes des pieds. Avec un pinceau, brossez délicatement les têtes, surtout le dessous, là où se trouvent les tubes. S'ils sont sales, passez un chiffon humide ou passez-les sous un filet d'eau. Quant aux pieds, retirez-en largement la partie terreuse et pelez-les en enlevant la pellicule en surface. Une polémique existe pour leur cuisson : certains les blanchissent avant de les poêler, moi, je préfère les faire dorer à la poêle directement.

Têtes de cèpes farcies

Pour 4 personnes

4 cèpes jeunes • 15 g de persil plat • 2 gousses d'ail (ou 2 échalotes) • 1 jarret de porc demi-sel (ou 150 g de chair) • 4 cuil. à soupe d'huile de noix • sel et poivre

1 pinceau • 1 plat allant au four

① Faites cuire un jarret de porc demi-sel pendant 2 heures dans de l'eau bouillante. Ne salez pas, ne poivrez pas, mais vous pouvez mettre un bouquet garni. Coupez la chair et la couenne en dés pour obtenir 150 g environ (1/3 du jarret environ). Vous utiliserez le reste pour une autre préparation.

② Préchauffez le four à 180 °C (thermostat 5).

Séparez les têtes des pieds des cèpes. Brossez-les au pinceau. Pelez et coupez les pieds en deux dans la longueur. Salez et réservez.

③ Dans une poêle, versez 2 cuillerées à soupe d'huile de noix, déposez les têtes et les pieds des cèpes et faites-les dorer légèrement à feu doux. Ne les faites pas revenir trop vite, ils risqueraient de prendre de l'amertume. Dès qu'ils sont bien blonds, posez-les dans une assiette pour qu'ils s'égouttent. Réservez l'huile de la poêle.

④ Coupez les pieds en petits morceaux, faussement hachés. Pelez et hachez l'ail (ou les échalotes). Lavez et concassez le persil plat.

⑤ Dans l'huile de noix que vous avez réservée, redonnez un peu de cuisson aux pieds hachés, salez et poivrez, ajoutez l'ail (ou l'échalote). Ajoutez un peu d'huile de noix si nécessaire, incorporez le jarret. En fin de cuisson, ajoutez le persil plat concassé.

⑥ Farcissez les têtes de cèpes avec cette farce, déposez-les dans un plat allant au four et arrosez-les d'un filet d'huile de noix. Mettez-les au four pendant 5 à 8 minutes, de manière à obtenir une légère coloration. Servez aussitôt.

Ce plat se sert en entrée dans le Bordelais. On peut également le servir en garniture d'une viande ou en plat, accompagné d'une salade.

Ris de veau en cocotte aux cèpes

Pour 4 personnes

2 pommes de ris de veau • 400 g de petits cèpes • 120 g de jus de poulet ou de rôti de veau • 25 g de beurre • 1 cuil. à soupe de graisse d'oie • sel et poivre

1 cocotte allant au four

① Faites tremper les ris de veau dans de l'eau froide au réfrigérateur pendant au moins 24 heures, en renouvelant l'eau trois à quatre fois.

② Préchauffez le four à 200 °C (thermostat 6).

À l'utilisation, plongez les ris de veau dans une casserole d'eau froide salée et portez à ébullition pendant 2 minutes pour qu'ils blanchissent. Laissez-les refroidir, égouttez-les et ôtez leur peau qui se retire alors facilement.

③ Sans séparer la tête du pied, brossez les cèpes, coupez-les en deux dans la longueur et réservez-les. Assaisonnez les ris de veau de sel et de poivre.

④ Dans une cocotte, mettez le beurre à fondre, puis faites dorer les ris de veau pendant 5 minutes de chaque côté. Réservez-les à part sur une assiette.

⑤ Dans la même cocotte, faites fondre 1 bonne cuillerée à soupe de graisse d'oie, disposez les demi-cèpes à plat et faites-les dorer à feu doux pendant 4 minutes de chaque côté. Salez-les. Ajoutez les ris de veau aux cèpes, mettez la cocotte au four et finissez la cuisson pendant 10 minutes.

⑥ Au bout de 7 minutes de cuisson, mouillez avec le jus de volaille et remettez la cocotte au four pendant 3 minutes, juste pour que le jus de volaille réduise et caramélise les pommes de ris de veau. Servez directement dans la cocotte.

Raviolis aux cèpes

Pour 4 personnes

400 g de cèpes • 2 cuil. à soupe d'huile de noix • 1 petite échalote grise • 1 cuil. à soupe de persil plat haché • 200 g de crème liquide • 30 g de beurre • 1 cuil. à soupe de pluches de persil plat • sel et poivre

Pour la pâte à raviolis:
250 g de farine • 2 œufs entiers + 2 jaunes • 1 cuil. à soupe d'huile d'olive • sel et poivre

film étirable • 1 pinceau • 1 laminoir ou 1 rouleau à pâtisserie • 1 emporte-pièce rond ou carré assez grand

① La veille si possible, préparez la pâte à raviolis : versez la farine en fontaine sur un plan de travail propre, creusez un puits et mélangez les œufs entiers, les jaunes et l'huile d'olive. Pétrissez la pâte, formez une boule et recouvrez-la de film étirable pour qu'elle ne sèche pas. Laissez-la reposer au réfrigérateur, pendant 24 heures (ou au minimum 1 heure).
② Toujours la veille, brossez les cèpes et séparez les pieds des têtes. Gardez les têtes pour la préparation du lendemain. Coupez les pieds en morceaux et assaisonnez-les de sel et de poivre. Pelez et hachez l'échalote. Dans une casserole, faites chauffer 1 cuillerée à soupe d'huile de noix et faites chauffer les pieds de cèpes à feu doux sans coloration. Aux 3/4 de la cuisson, environ 3 minutes, ajoutez l'échalote et le persil hachés. Mélangez bien et laissez-les cuire toujours à feu doux encore 1 minute jusqu'à ce qu'ils soient juste blonds. Retirez du feu et faites-les refroidir au réfrigérateur.
③ Quand les pieds de cèpes sont refroidis, hachez-les au couteau, assaisonnez-les si nécessaire, recouvrez de film étirable, puis remettez-les au réfrigérateur pendant 12 heures. Il est conseillé de préparer cette farce la veille.
④ À l'utilisation, passez la pâte dans un laminoir, ou à défaut au rouleau à pâtisserie (moins précis), jusqu'à obtenir plusieurs fines feuilles de pâte (environ 15 x 35 cm). Superposez les feuilles de pâte en inter-

calant une feuille de film étirable pour qu'elles ne collent pas ensemble et ne sèchent pas. Mettez au réfrigérateur pour que la pâte durcisse un peu.

⑤ Sortez la farce du réfrigérateur, formez de petites boulettes avec vos mains. Sur une feuille de pâte, disposez 6 à 8 boulettes. Au pinceau, badigeonnez d'eau la pâte autour de chaque boulette (de manière à faire colle), puis recouvrez d'une autre couche de pâte. Appuyez bien autour de chaque boulette pour faire coller la pâte. Coupez les raviolis avec un emporte-pièce autour des boulettes, puis serrez le bord entre vos doigts pour bien les fermer et retirer l'air. Vous devez obtenir une bonne vingtaine de raviolis. Réservez-les au réfrigérateur sur une assiette préalablement recouverte de film étirable pour qu'ils ne collent pas.

⑥ Assaisonnez les têtes de cèpes de poivre et le creux (à l'endroit de la coupure du pied) de sel. Dans une poêle, faites chauffer 1 cuillerée à soupe d'huile de noix et faites juste dorer les têtes de cèpes de chaque côté. Dans une cocotte, versez la crème liquide et plongez-y les têtes de cèpes. Faites faire un ou deux bouillons, retirez du feu, couvrez et laissez infuser pendant 15 minutes.

⑦ Dans une grande casserole, faites bouillir de l'eau salée. Plongez-y les raviolis et faites-les pocher pendant 5 minutes à peine, à tout petits frémissements.

⑧ Égouttez les têtes de cèpes et disposez-les dans une assiette. Ajoutez le beurre dans la cocotte. Égouttez les raviolis et plongez-les dans la crème et le beurre.

⑨ Dans un plat, disposez les raviolis à la crème, puis recouvrez-les des têtes de cèpes et parsemez des pluches de persil. Servez aussitôt.

Galette de pommes de terre aux cèpes

Pour 1 personne

2 cèpes de 150 g environ • 1 grosse pomme de terre de 120 g (charlotte) • 3 tranches de ventrèche, salée et séchée, de 2 mm d'épaisseur • 1 noix de beurre • 1 cuil. à soupe d'huile de noix • ciboulette ciselée • sel et poivre

Pour la vinaigrette :
1 cuil. à soupe d'huile d'arachide • 1 filet de vinaigre de vin • 1 bonne poignée de persil • sel, poivre

1 mandoline • papier sulfurisé

① Lavez la pomme de terre mais ne la pelez pas. Passez-la à la mandoline afin d'obtenir des tranches fines de 3 mm d'épaisseur. Si vous n'avez pas de mandoline, vous pouvez le faire au petit couteau. Ne lavez pas les tranches de pomme de terre pour qu'elles puissent coller.
② Découpez un cercle, du diamètre d'un bol, dans une feuille de papier sulfurisé. Beurrez grassement la feuille, disposez dessus les tranches de pomme de terre en formant une rosace et beurrez les bords de manière à faire colle. Réservez au réfrigérateur pendant 10 minutes environ.
③ Détachez les pieds des têtes de cèpes, brossez les têtes, pelez les pieds. Coupez les pieds en 3 lamelles dans la longueur. Assaisonnez de sel et de poivre les pieds et les têtes. Faites chauffer l'huile de noix dans une poêle, déposez-y les cèpes et faites-les dorer quelques minutes. Égouttez-les et réservez-les dans une assiette.
④ Dans la même poêle, mettez le reste du beurre à fondre, déposez la galette dedans, côté pomme de terre, le papier sulfurisé sur le dessus. Dès coloration, retirez le papier, retournez la galette et faites dorer l'autre face. Salez délicatement et poivrez ; ne le faites pas avant la cuisson car les pommes de terre attacheraient à la poêle. Disposez la galette dans un plat de service et réservez au chaud.
⑤ Essuyez la poêle, faites griller la ventrèche de chaque côté à sec (sans matière grasse) et réservez-la sur une assiette. Coupez les têtes

des cèpes en deux, faites-les poêler avec les lamelles des pieds dans la graisse de la ventrèche. Versez au dernier moment la ciboulette ciselée qui ne doit pas cuire.

⑥ Faites la vinaigrette : dans un saladier, faites fondre le sel dans le vinaigre de vin, ajoutez du poivre, puis l'huile d'arachide. Mélangez bien. Lavez le persil plat, essuyez-le, ciselez-le et incorporez-le à la vinaigrette pour faire une petite salade de persil.

⑦ Disposez les morceaux de cèpes sur la galette de pommes de terre, ajoutez un petit peu de salade de persil et servez.

Gérard Besson

« Gérard Besson »
(Paris, 1er)

Avoir été « Meilleur ouvrier de France » motive, à n'en pas douter, Gérard Besson pour être chaque année encore plus digne de ce titre. Ce fils spirituel de Georges Garin et d'Alain Chapel – deux cuisiniers qui ont marqué ces dernières décennies – est un grand maître de la cuisine classique. Cela ne veut pas dire pour autant qu'il n'ait pas des initiatives originales comme certains mariages étonnants qu'il réussit avec bonheur.
Il est un expert dans l'art de cuisiner le gibier, il faut avoir eu la chance de déguster son menu autour de la plume et du poil pour en être pleinement convaincu.

Le gibier à poil

• Lorsque l'on évoque le gibier, la question du faisandage vient tout de suite à l'esprit.

• Pour moi, le faisandage est nécessaire pour rassir la viande des gros gibiers, mais une semaine me semble un maximum ; en revanche, les lièvres et les lapins doivent, eux, toujours être mangés frais.

• À l'achat, préférez toujours un gibier en peau ; si vous achetez un lièvre, choisissez une bête jeune de 2 à 3 kilos au plus. La jeunesse de l'animal se repère à la finesse de ses pattes et à ses griffes qui doivent être dissimulées sous le poil – un vieux lièvre aura des poils blancs au museau et les griffes apparentes.

• Si vous devez conserver un gibier 2 ou 3 jours, le moyen le plus sûr est de le rouler dans un torchon – bannissez les sacs en plastique qui empêcheraient la viande de respirer – et mettez-le au réfrigérateur.

▶ Le tour de main de Robuchon

Je ne suis pas partisan des marinades, néanmoins elles peuvent être intéressantes pour préparer une sauce. Pour une marinade destinée à cuisiner un sanglier, vous pouvez utiliser des os de porc ; pour un chevreuil, des os d'agneau. À bannir dans tous les cas : les éléments sucrés, oignons, céleri. Sur les os, versez deux bouteilles de vin rouge, ajoutez une gousse d'ail sans germe, un blanc de poireau, du thym, du romarin, du laurier, 2 ou 3 clous de girofle, de la coriandre, des baies de genièvre, du poivre noir et des queues de persil. Laissez la marinade une semaine au réfrigérateur.

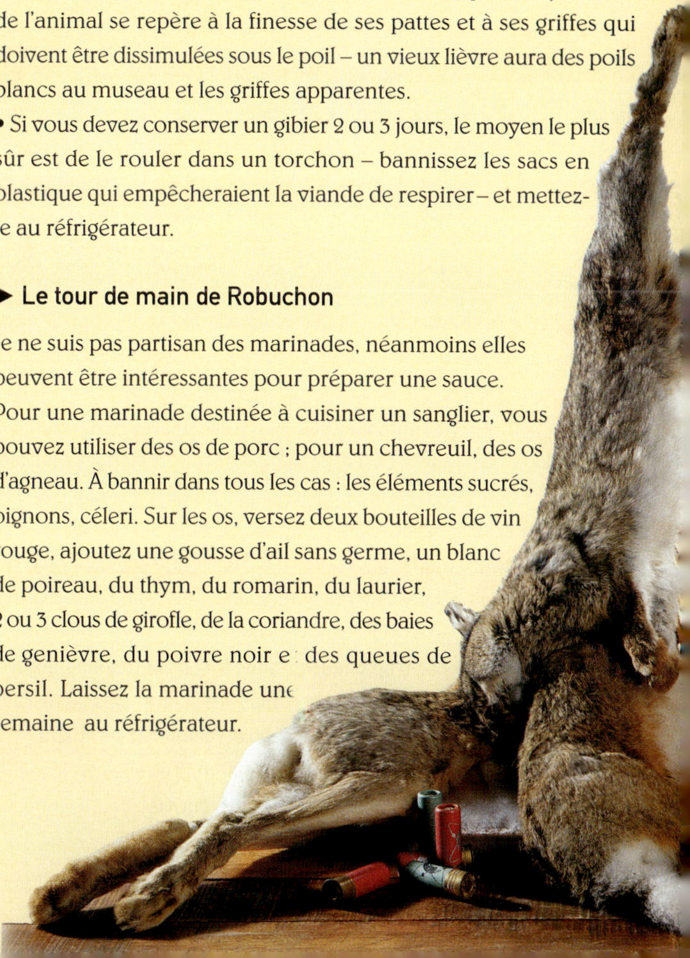

Côtelettes de chevreuil panées au poivre noir, toasts de pain d'épice

Pour 2 personnes

4 côtelettes de chevreuil de 80 g • 4 tranches de pain d'épice • 1 cuil. à soupe d'huile d'olive • 4 brindilles de thym • 25 g de beurre • 1 échalote • 3 cl de vinaigre de vin • 5 cl de vin blanc • 5 cl de crème liquide • 1 cuil. à soupe de gelée de groseilles • 5 g de gingembre • 1 cuil. à soupe de confiture d'airelles • 1/2 citron • poivre noir • sel et poivre

1 sauteuse • 1 chinois

① Poivrez les côtelettes des deux côtés avec du poivre noir du moulin. Tapotez pour que le poivre adhère à la chair.
② Dans une sauteuse, mettez à chauffer l'huile d'olive, disposez délicatement les côtelettes et faites-les cuire pendant 1 bonne minute de chaque côté. Ne les piquez pas avec une fourchette pour les retourner. Sortez-les de la poêle, déposez-les sur une assiette, parsemez de thym chaque face et réservez.
③ Pelez et hachez l'échalote. Coupez le gingembre en julienne. Retirez l'excédent de graisse dans la poêle, puis remplacez par 10 g de beurre, faites-y fondre l'échalote hachée, ajoutez le vinaigre de vin et laissez réduire à sec, en remuant de temps en temps. Ajoutez le vin blanc et faites réduire de moitié. Incorporez alors la crème, mélangez puis terminez par 1 bonne cuillerée de gelée de groseilles. La sauce doit être onctueuse. Parfumez avec le gingembre et salez.
④ Passez la sauce au chinois au-dessus d'une autre poêle. Rangez les côtelettes dans la sauce, couvrez et maintenez au chaud, sur feu très doux.
⑤ Dans une poêle pas trop chaude, faites fondre le reste de beurre, déposez les tranches de pain d'épice, faites-les colorer de chaque côté. Disposez-les sur un plat de service chaud et maintenez au chaud.
⑥ Dans une casserole, laissez tiédir la confiture d'airelles avec un filet de jus de citron et quelques tours de moulin à poivre.

⑦ Pour servir, posez les côtelettes sur les tranches de pain d'épice, un soupçon de confiture d'airelles au bout de chaque côtelette, et nappez de sauce autour.

Servez ces côtelettes de chevreuil accompagnées de nouilles, de marrons ou de purée de céleri.

Râble de lièvre mitonné aux petits oignons

Pour 2 personnes

1 râble de lièvre • 12 petits oignons blancs • 5 brindilles de thym • 1 gousse d'ail • 30 g de lardons fumés • 100 g de beurre • 6 cl de crème liquide • 1,5 cl de chartreuse jaune ou verte • 3 cl de vinaigre de vin • 10 cl de vin blanc sec • 1 cuil. à soupe d'huile d'olive • poivre mignonnette • sel et poivre

1 chinois

① Assaisonnez le râble de sel et de poivre. Mettez 1 cuillerée à soupe d'huile d'olive dans une cocotte, faites chauffer, colorez le râble 3 à 4 minutes sur chaque côté. Faites attention à ne pas le piquer avec une fourchette pour le retourner.
Sortez-le de la cocotte, parsemez de 3 brindilles de thym et posez-le dans une assiette creuse. Couvrez et laissez reposer.
② Pelez les oignons. Retirez le gras de la cocotte, et remplacez-le par une bonne cuillerée de beurre (environ 50 g), ajoutez les lardons fumés, la gousse d'ail non pelée (juste écrasée avec la paume de la main), une pincée de fleur de thym (détachée d'une brindille), mélangez bien le tout, ajoutez les oignons, salez légèrement et poivrez.
③ Couvrez et laissez mitonner pendant 3 minutes à feu très doux. Sortez les lardons de la cocotte et remettez sur feu très doux pour une dizaine de minutes, toujours à couvert. Remuez régulièrement pour éviter que les oignons n'attachent.
④ Sortez la gousse d'ail et les petits oignons de la cocotte. Jetez le gras de cuisson et déglacez les sucs avec le vinaigre de vin. Faites entièrement réduire à feu vif. Ajoutez le vin blanc sec, laissez réduire de moitié. Ajoutez ensuite la crème et mélangez bien le tout.
⑤ Passez la sauce au chinois dans une cocotte propre, posez le râble dedans avec le jus rendu dans l'assiette, entourez avec les oignons, l'ail et les lardons, laissez mijoter 3 à 4 minutes.
⑥ Retirez le râble, les oignons et les lardons de la cocotte. Disposez-les sur un plat de service chaud. Parsemez de fleur de thym et de poivre mignonnette.

⑦ Incorporez le reste de beurre dans la cocotte, fouettez énergiquement puis versez la chartreuse. Salez et poivrez. Versez un peu de sauce sur le râble et la garniture et servez le reste en saucière.

Accompagnez de champignons ou de nouilles.

Cuissot de marcassin rôti

Pour 6 à 8 personnes

1 beau cuissot paré de 2,5 kg

Pour la marinade :
les parures • 500 g d'os de porc • 1 bouteille de vin rouge • 1 morceau de poireau • 3 brindilles de thym • 2 brindilles de romarin • 2 gousses d'ail dégermées • 1 feuille de laurier • 4 clous de girofle • 1 cuil. de poivre noir • 1 cuil. de grains de coriandre

Pour la cuisson :
1/2 carotte • 1/2 oignon • 1 cuil. de baie de genièvre • 1 branche de céleri • 1 bouquet garni • 150 g de beurre • 1 cuil. à soupe de Maïzena • 1 verre de vinaigre de vin • 5 cl d'huile d'olive • sel et poivre

1 grand plat en terre allant au four • 1 chinois

① Préparez la marinade 12 heures auparavant : mélangez tous les ingrédients dans un récipient et laissez reposer au réfrigérateur.
② Préchauffez le four à 220 °C (thermostat 7).
Passez la marinade au-dessus d'une casserole. Réservez celle-ci. Grattez la carotte et coupez-la en rondelles. Pelez le demi-oignon. Lavez la branche de céleri et coupez les feuilles vertes. Huilez le fond du plat de cuisson, ajoutez la garniture de la marinade, la carotte, l'oignon, le céleri, les baies de genièvre écrasées et un bouquet garni.
③ Salez et poivrez généreusement le cuissot des deux côtés, massez légèrement pour faire pénétrer l'assaisonnement. Couchez le cuissot dans le plat de cuisson sur la garniture de la marinade, déposez 80 g de beurre en noisettes sur le dessus.
Enfournez. Arrosez de jus de cuisson toutes les 10 minutes, et retournez le cuissot à mi-cuisson, au bout de 20 minutes environ.

④ Pendant la fin de la cuisson, portez le jus de la marinade à ébullition, sortez-le du feu et écumez pour le clarifier. Passez cette sauce au chinois, faites-la réduire de moitié.
⑤ Sortez le plat de cuisson du four. Déposez le cuissot sur un plat de service, salez, poivrez et maintenez au chaud.
⑥ Versez tout le contenu du plat de cuisson (la garniture et le jus de cuisson) dans la casserole de sauce. Faites cuire à feu moyen pendant 4 à 5 minutes en montant doucement vers l'ébullition ; laissez ensuite infuser 4 à 5 minutes.
Passez délicatement au chinois, portez à nouveau la sauce à ébullition et retirez les pellicules de gras à la surface.
⑦ Délayez la Maïzena avec de l'eau, versez-la sur la sauce frémissante et liez avec 70 g de beurre. Goûtez et rectifiez l'assaisonnement si nécessaire.
⑧ Versez un peu de sauce sur le cuissot et servez le reste en saucière.

Tourte de lapin de garenne aux feuilles de blette

Pour 6 personnes

1 lapin de garenne • 350 g de gorge de porc • 1 blanc de volaille • 1 cuil. à soupe de graisse d'oie • 1 gousse d'ail • 1 échalote • 200 g de feuilles de blette • 100 g de champignons de Paris • 1 jaune d'œuf • 80 g de mie de pain • 500 g de pâte feuilletée • 2 crêpes • fleur de thym • sel et poivre

1 hache-viande à grosse grille • 1 moule à tourte de 26 cm de diamètre

① Préparez la viande. Désossez les cuisses et 2 filets du lapin. Hachez le reste de la chair du lapin à la grosse grille. Hachez également la gorge de porc et le blanc de volaille.
② Faites tremper la mie de pain dans du lait. Pelez l'ail et l'échalote. Faites fondre la graisse d'oie dans une casserole et faites-y confire l'échalote et l'ail pendant 30 minutes à feu très doux.

③ Dans de l'eau bouillante salée, faites blanchir les feuilles de blette 1 minute environ. Puis plongez-les dans de l'eau glacée ; égouttez-les et pressez-les bien pour en extraire toute l'eau.
④ Ajoutez les feuilles de blette dans la casserole. Mélangez, salez et poivrez. Sortez les feuilles de blette, l'échalote et l'ail de la casserole, réservez-les sur une assiette et laissez-les refroidir.
⑤ Nettoyez les champignons et émincez-les. Versez la graisse d'oie dans laquelle ont cuit les feuilles de blette dans une sauteuse, et faites-y colorer tout doucement les champignons. Salez et poivrez. Quand ils sont cuits, égouttez-les et réservez-les.
⑥ Faites la farce : égouttez la mie de pain. Mettez-la dans un grand saladier avec la viande, les feuilles de blette et les champignons. Assaisonnez de sel et de poivre. Ajoutez 2 pincées de fleur de thym et mélangez bien l'ensemble. Laissez reposer, une nuit si possible.
⑦ Assaisonnez les filets et les cuisses, parsemez-les de fleur de thym. Préchauffez votre four à 220 °C (thermostat 7).
⑧ Abaissez la pâte feuilletée en deux abaisses d'une taille supérieure au moule. Beurrez et farinez le moule. Foncez avec une abaisse de pâte feuilletée. Laissez 2 cm de rebord tout autour. Posez une crêpe sur le fond de pâte. Elle absorbera l'excédent d'humidité dégagé par la farce et permettra à la pâte feuilletée de rester bien croustillante.
⑨ Garnissez avec les 2/3 de la farce. Disposez dessus les filets ainsi que les cuisses, recouvrez du reste de la farce puis de la seconde crêpe.
⑩ Posez la seconde abaisse de pâte sur la tourte. Rabattez les rebords de la pâte du dessous sur celle du dessus et pressez avec les doigts pour bien fermer. Badigeonnez le dessus de la pâte avec un jaune d'œuf, et réalisez un décor en rosace avec un couteau, en veillant à ne pas fendre la pâte. Laissez reposez 30 minutes au réfrigérateur.
⑪ Enfournez et laissez cuire pendant 55 minutes. Démoulez et servez chaud.

Marc Haeberlin

« L'Auberge de l'Ill » (Illhaeusern, Haut-Rhin)

Le clan Haeberlin fait vivre avec amour depuis des générations *L'Auberge de l'Ill*, l'un des lieux les plus charmants d'Alsace et sûrement l'une des tables les plus célèbres de notre belle France. Paul Haeberlin fut pendant longtemps le grand maître des cuisines, aujourd'hui Marc est devenu le digne fils de son père. Il exploite à son tour ce talent inégalable, à savoir sublimer les recettes de sa région. Marc Haeberlin ose innover mais avec prudence et justesse et, lorsqu'il mélange les genres, c'est toujours avec sagesse et respect de la tradition. J'étais sûr d'avoir grâce à lui les meilleures recettes pour accommoder les marrons.

Le marron

• Connaissez-vous la différence entre la châtaigne et le marron ? Tous deux sont contenus dans des bogues. Lorsqu'une bogue ne contient qu'un fruit, c'est un marron, lorsqu'elle en cache plusieurs bien serrés les uns contre les autres, ce sont des châtaignes.
• Un beau marron doit avoir la peau tendue et brillante et l'intérieur doit être aussi frais qu'une pomme de terre que l'on vient de trancher. Il faut éviter les fruits à l'écorce terne et crevassée, signe d'un trop long stockage dans un endroit surchauffé. Les marrons ou les châtaignes sont des fruits frais qui redoutent la chaleur autant que l'humidité, il faut donc les conserver dans un lieu sec et bien aéré.
Ces fruits des premiers frimas qui furent la nourriture de Jacquou le Croquant sont restés l'un des symboles de la campagne française.

▶ Le tour de main de Robuchon

Les marrons sont très difficiles à peler. On le fait souvent à l'eau bouillante ou au four. Personnellement, j'entaille les marrons tout autour à l'aide d'un petit couteau, puis je les plonge environ une minute dans de l'huile de friture à 180 °C.
Ils éclatent. Il faut alors les sortir de la friture et les égoutter. Ils se pèlent tout seuls et sont magnifiques.

Chou rouge à l'alsacienne aux pommes et aux marrons

Pour 5 à 6 personnes

1 chou rouge • 1 gros oignon • **50** g de graisse d'oie • **250** g de marrons • **4** pommes reinettes • **1/4** de l de vin rouge léger • 1 cuil. à soupe de vinaigre • sucre • sel et poivre

1 cocotte allant au four • papier sulfurisé

① Fendez le chou en deux dans la longueur, puis en quartiers. Lavez-le puis retirez le trognon et les feuilles abîmées. Émincez finement les quartiers de chou.
② Mettez le chou dans un saladier. Ajoutez une pincée de sucre et de sel et le vinaigre de vin. Mélangez bien et laissez mariner à température ambiante pendant une nuit.
③ Le lendemain, pelez et hachez l'oignon. Mettez-le dans une cocotte avec la graisse d'oie. Chauffez et faites suer l'oignon sans coloration. Incorporez ensuite le chou rouge et mouillez avec le vin rouge. Mélangez bien.
④ Préchauffez le four à 180 °C (thermostat 5).
⑤ Découpez un disque de papier sulfurisé du même diamètre que la cocotte. Découpez un petit cercle au centre de façon à faire une cheminée qui laissera passer la vapeur. Déposez le papier sur le chou : cela en empêchera la coloration. Couvrez la cocotte et glissez-la dans le four chaud.
⑥ Pendant ce temps, pelez les marrons (voyez la méthode dans mon tour de main page 99).
⑦ Après 30 minutes de cuisson, retirez la cocotte du four, soulevez le papier sulfurisé et incorporez les marrons. Mélangez. Recouvrez avec le papier et le couvercle et remettez au four pendant 20 minutes.
⑧ Pendant ce temps, pelez les pommes et coupez leur chair en petits morceaux.
⑨ Au bout de ces 20 minutes, recommencez la même opération avec les morceaux de pommes. Remettez à cuire pendant encore10 minutes.
⑩ La cuisson terminée (1 heure 10 au total), retirez la cocotte du four. Jetez le papier sulfurisé. Poivrez et servez chaud.

Attention, pensez à commencer votre recette la veille : le chou doit mariner une nuit.

Servez ce chou avec du canard ou un rôti de porc.

Spätzles à l'alsacienne à la farine de châtaigne

Pour 4 personnes

100 g de farine de châtaigne • **150** g de farine de blé • **4** œufs entiers et 4 jaunes • **40** g de beurre • **4** cuil. à soupe d'huile d'arachide • noix de muscade • sel, poivre, gros sel

1 robot, 1 passoire à gros trous ou 1 appareil à spätzles

① Dans le bol du batteur, versez la farine de châtaigne, la farine de blé, les 4 œufs entiers, les 4 jaunes, du sel, du poivre, Une pointe de noix de muscade râpée, l'huile d'arachide et 2 cuillerées à soupe d'eau. Faites tourner le batteur pendant environ 5 minutes pour bien mélanger le tout et obtenir une pâte épaisse et élastique. Elle doit être souple, mais pas liquide. Ne la laissez pas reposer.

② Portez de l'eau salée au gros sel à ébullition dans une casserole. Quand l'eau bout, mettez la pâte par petites quantités dans une passoire à gros trous et pressez avec la main (ou avec un petit saladier d'un diamètre inférieur à celui de la passoire) pour la faire tomber dans l'eau bouillante. Les morceaux de pâte qui tombent dans l'eau doivent mesurer quelques millimètres de diamètre et 2 à 3 cm de long.

③ Lorsque l'ébullition repart, retirez les spätzles de l'eau et rafraîchissez-les dans de l'eau bien froide. Égouttez-les.

④ Dans une poêle, faites fondre 20 g de beurre, déposez-y la moitié des spätzles, salez, poivrez et faites-les dorer, sans trop les colorer. Réservez-les au chaud et faites dorer la seconde moitié des spätzles dans autant de beurre.

Les spätzles ne se conservent pas si elles ne sont pas cuites ; si vous voulez, vous pouvez les cuire à l'eau la veille et les préparer le lendemain.

Ces spätzles accompagneront très bien une oie ou un plat en sauce. Au moment des fêtes, elles remplacent agréablement une purée de marrons.

Oie farcie aux marrons

Pour 6 à 8 personnes

1 oie de 4 kg avec ses abats

Pour la farce :
750 g de marrons • 200 g d'échine de porc • 200 g de gorge de porc • 4 foies de volailles • le foie de l'oie • 280 g de pain au lait trempé dans 1/2 litre de lait • 3 échalotes • 2 œufs • 1 pincée de quatre-épices

Pour la garniture :
2 oignons • 1 carotte • 1 tomate • sel, poivre

1 hachoir avec grille à gros trous • ficelle de cuisine • 1 chinois

① Faites la farce : hachez l'échine et la gorge de porc ainsi que les foies de volailles et d'oie à la grille à gros trous. Mettez le tout dans un récipient. Mélangez bien. Salez, poivrez. Essorez bien le pain pour qu'il contienne le moins de lait possible. Pelez et hachez les échalotes. Incorporez le pain, les échalotes, le quatre-épices et les œufs à la farce. Mélangez vigoureusement. Pelez les marrons (voyez la méthode dans mon tour de main page 99) et ajoutez-les entiers à la farce. Mélangez à nouveau.

② Préchauffez le four à 180 °C (thermostat 5).

③ Salez et poivrez l'intérieur de l'oie. Remplissez-la de la farce puis bridez-la avec de la ficelle de cuisine. Assaisonnez l'extérieur. Pelez les oignons, épluchez la carotte, pelez et épépinez la tomate. Coupez tous ces légumes en dés. Posez l'oie sur la plaque du four et disposez les légumes et les abats tout autour.

④ Enfournez et laissez cuire pendant 2 heures 30. Au bout de 30 minutes de cuisson, arrosez l'oie de 1 à 2 louches d'eau. Pendant la cuisson, arrosez-la et retournez-la fréquemment.

⑤ En fin de cuisson, posez l'oie sur un grand plat de service ou sur une grande planche à découper et présentez-la entière. Passez le jus de cuisson au chinois de façon à retirer les légumes et les abats et servez-le en saucière.

Servez ce plat accompagné de purée de céleri ou de nouilles.

Torche aux marrons

Pour 4 personnes

500 g de marrons • 4 petits marrons glacés • 75 g de sucre • 100 g de beurre ramolli • 4 fonds de meringue (d'environ 10 cm de diamètre) • 1/4 de l de crème Chantilly • 1/4 de verre de rhum • gros sel

1 tamis large ou 1 grille à large maillage ou • 1 passoire métallique • 1 hachoir • 1 robot • 4 cercles métalliques (de la taille des fonds de meringue) • 1 moulin à légumes • film étirable

① Mettez les marrons (avec leur peau) et une pincée de gros sel dans une casserole remplie d'eau froide. Recouvrez-les et faites-les cuire à bons bouillons pendant 20 minutes.

② Dans une seconde casserole, préparez un sirop. Versez le sucre dans 75 g d'eau. Faites chauffer. Dès ébullition, retirez du feu et laissez refroidir.

③ La cuisson des marrons terminée, égouttez-les, coupez-les en deux (toujours sans les peler). Pressez-les sur la grille de façon à ce que la chair passe à travers la grille et que les peaux restent au-dessus.

④ Passez la chair dans un hachoir à viande, grille à gros trous. Mettez-la ensuite dans le bol du robot et mélangez-la avec le sirop encore tiède, le rhum et le beurre ramolli. Recouvrez cette purée de marrons de film étirable et réservez-la au réfrigérateur.

⑤ Posez les fonds de meringue sur un plan de travail. Nappez-les d'une première couche fine de crème Chantilly. Entourez des cercles métalliques. Passez la purée de marrons refroidie dans un moulin à légumes de façon à récupérer des petits vermicelles, directement au-dessus des ronds de meringue. Récupérez les vermicelles de purée de marrons qui seraient tombés sur la plaque à l'aide d'une cuillère et répartissez-les dans les ronds. Retirez délicatement les cercles.

Recouvrez d'une nouvelle couche de crème Chantilly. Posez les ronds de meringue sur un plat de service et décorez délicatement chacun d'eux avec 1 marron glacé.

⑥ Servez frais.

Un dessert étonnamment léger et typiquement alsacien.
Pour plus de facilité, vous pouvez simplement passer les marrons au mixeur, mais ce sera moins bon. Dans ce cas, mixez les marrons très longuement car toutes les opérations décrites dans la recette permettent d'obtenir une purée très fine.

Jacques Thorel

« L'Auberge bretonne »
(La Roche-Bernard, Morbihan)

Au centre de la Roche-Bernard, un gros bourg du Morbihan, Jacques Thorel tient une auberge de rêve.

Défenseur de la vraie cuisine française, Jacques Thorel n'a pas besoin d'artifices venus d'ailleurs. Il est la force tranquille qui sait sublimer une cuisine bourgeoise sans cesse réinventée.

Ses choix toujours judicieux surprennent et enchantent à la fois, il ose marier les saveurs, n'hésitant pas à servir un turbot rôti sur un pilotis d'os à moelle. Il m'a semblé une bonne idée d'évoquer avec lui le merlan, le plus méconnu des poissons.

Le merlan

• Le merlan est le plus méconnu des poissons, pourtant sa chair a du goût et il a l'avantage d'être bon marché. On le consomme le plus souvent en filets pour éviter les arêtes mais il se mange aussi entier. Les meilleurs sont ceux qui ont été pêchés à la ligne et vidés tout de suite ; vous les reconnaîtrez à l'ouverture qu'ils ont sous le ventre.
• Un merlan se choisit pas trop gros (jamais plus de 400 g), le dos doit être bien rond, le corps argenté et brillant, l'œil doit être bombé, vif, translucide, sans voile.
• Il faut le manger très frais car son goût se dégrade rapidement. De toute manière, comme la plupart des poissons, le merlan ne se conserve pas plus de 24 heures au réfrigérateur.
• Un merlan entier est souvent préparé « en colère », c'est-à-dire la queue coincée dans la gueule.
• Quelle que soit la préparation choisie, il ne faut jamais cuire le merlan longtemps car sa chair fragile se « défait » très rapidement.

Le merlan Colbert

J'ai, pendant très longtemps, servi dans mon restaurant une recette de merlan très simple et qu'on me redemandait toujours : le merlan Colbert. En voici le secret.

Pour 2 personnes :
2 merlans • 2 œufs • 200 g de mie de pain • 50 g de farine • 1 cuil. à soupe d'huile d'olive • huile de friture • 100 g de beurre en pommade (facultatif) • 1 petit bouquet de persil • 1 citron • sel et poivre du moulin

• Enlevez les nageoires du merlan. Incisez le corps dans la longueur, de chaque côté de l'arête centrale. Insérez le couteau de chaque côté de l'arête pour en détacher la chair. Coupez l'arête avec des ciseaux à chaque extrémité (côté tête et côté queue) et retirez-la. Ouvrez le merlan sans forcer : il se formera comme une espèce de poche. Rincez-le sous l'eau courante.
• Dans un bol, battez les œufs à la fourchette avec l'huile d'olive. Émiettez finement la mie de pain rassis et mettez-la dans une assiette. Versez la farine dans une assiette creuse.
• Passez le côté peau dans de la farine, puis dans les œufs battus à l'huile d'olive. Panez-le généreusement à la mie de pain, toujours côté peau. Plongez-le dans la friture bouillante et laissez-le cuire. Quand il est d'une belle couleur blonde, sortez-le de la friture, égouttez-le et épongez-le sur du papier absorbant.
• Assaisonnez de sel, de poivre et, éventuellement, de beurre, avec quelques feuilles de persil et un trait de jus de citron. Servez aussitôt.

Merlan vinaigrette de moules

Pour 4 personnes

4 filets de merlan (avec la peau) • 1 kg de moules de bouchot • 2 tomates • 2 cuil. à soupe d'huile d'olive • 1 cuil. à soupe de mayonnaise • 1 cuil. à soupe de vinaigre de vin • fleur de sel de Guérande • sel et poivre

1 mixeur • 1 chinois

① Mondez les tomates : plongez les tomates dans de l'eau bouillante pendant 10 secondes, puis plongez-les aussitôt dans de l'eau glacée jusqu'à refroidissement. Pelez-les, retirez le pédoncule, coupez-les en deux, retirez les pépins, puis coupez la chair en petits dés. Réservez.

② Préchauffez le four à 230 °C (position gril).

③ Faites ouvrir les moules : mettez les moules dans une casserole, versez 1 bonne cuillerée à soupe d'huile d'olive et poivrez. Couvrez, faites chauffer à feu moyen quelques minutes et, dès l'ouverture des moules, retirez-les du feu. Laissez-les tiédir et décortiquez-les. Réservez leur jus de cuisson.

④ Passez au mixeur la moitié des moules décortiquées avec la mayonnaise, le vinaigre et 2 petites louches du jus de cuisson des moules. Vous obtenez ainsi une sauce. Passez-la au chinois.

⑤ Dans un saladier, mélangez les dés de tomates, le restant des moules et 2 cuillerées à soupe de sauce, salez, poivrez, ajoutez un trait de vinaigre et mélangez.

⑥ Huilez la plaque du four avec 1 cuillerée à soupe d'huile d'olive, déposez les filets de merlan côté peau ; salez et poivrez. Enfournez et faites griller pendant 1 minute 30.

⑦ Disposez la salade de moules au fond d'un plat de service. Posez les filets de merlan par-dessus, côté peau vers le haut. Parsemez de fleur de sel et servez immédiatement.

La sauce aux moules étant difficile à réaliser en petite quantité, gardez l'autre moitié pour une autre préparation.

Merlan en salade de petits poireaux

Pour 2 personnes

2 filets de merlan avec la peau • 20 poireaux nains • 40 g de beurre • 50 g de poudre d'amandes • 1 jaune d'œuf

Pour l'assaisonnement :
1 grosse cuil. à soupe de crème fraîche liquide • 1 grosse cuil. à soupe de yaourt • le jus d'1 citron • 1 bouquet de ciboulette • fleur de sel de Guérande • sel et poivre

① Coupez les racines et les feuilles vertes des poireaux. Lavez-les soigneusement sous l'eau pour retirer la terre qui pourrait se glisser entre les feuilles. Faites cuire les poireaux dans de l'eau bouillante salée pendant 5 minutes, puis plongez-les dans de l'eau glacée pendant 20 secondes pour fixer la chlorophylle, égouttez-les et réservez-les.
② Faites l'assaisonnement des poireaux : dans un bol, versez la crème et le yaourt et mélangez. Lavez la ciboulette, essuyez-la et ciselez-la grossièrement jusqu'à obtenir la valeur d'une cuillerée à soupe (gardez-en un peu pour la décoration). Ajoutez à la crème 1 cuillerée à café de jus de citron, la ciboulette, du sel de Guérande et du poivre, et mélangez à nouveau. Disposez les poireaux dans un plat, nappez-les de cet assaisonnement et réservez-les.
③ Versez la poudre d'amandes dans une assiette. Rincez et essuyez les filets de merlan. Badigeonnez le côté peau des filets avec le jaune d'œuf. Panez ensuite la même face avec la poudre d'amandes en appuyant bien pour qu'elle adhère. Assaisonnez le côté chair des filets de sel et de poivre.
④ Dans une poêle, faites fondre le beurre et faites dorer rapidement les filets de merlan côté peau, puis côté chair.
⑤ Posez les filets dans un plat de service, entourez-les des poireaux avec leur assaisonnement, parsemez d'un peu de fleur de sel et de ciboulette ; servez aussitôt.

Cultivateur de merlan

Pour 4 personnes

4 filets de merlan • 1 pomme de terre (charlotte) • 1 carotte • 4 poireaux nains • 1 branche de céleri • 2 tomates • 40 g de beurre • quelques brins d'aneth • 1 petit bouquet de ciboulette • 3 cuil. à soupe d'huile de pépins de raisin • fleur de sel de Guérande • sel, poivre

1 cuit-vapeur • 1 écumoire

① Pelez et lavez la pomme de terre et la carotte. Coupez les racines et les feuilles vertes des poireaux. Lavez-les soigneusement sous l'eau pour retirer la terre qui pourrait se glisser entre les feuilles. Coupez une branche de céleri et lavez-la. Taillez tous ces légumes en « paysanne » (en petits morceaux) et réservez-les séparément.

② Dans une casserole, faites fondre le beurre, mettez-y les dés de poireaux et faites-les suer tout doucement. Ajoutez les carottes et le céleri, faites-les fondre, puis versez 1/2 litre d'eau et laissez cuire à frémissements pendant 10 minutes.

③ Au bout des 10 minutes, ajoutez la pomme de terre, une pointe de sel et laissez encore cuire le bouillon de légumes pendant 5 minutes à frémissements.
④ Mondez les tomates : plongez-les dans de l'eau bouillante pendant 10 secondes, puis dans de l'eau glacée ; dès qu'elles sont froides, enlevez les pédoncules, pelez les tomates, coupez-les en deux, retirez les pépins, puis coupez la chair en petits dés.
⑤ Dans un saladier, assaisonnez les tomates avec 2 cuillerées à soupe d'huile de pépins de raisin, poivrez (ne salez pas), ajoutez la ciboulette ciselée et l'aneth en pluches, mélangez.
⑥ Faites cuire les filets de merlan : badigeonnez-les d'huile de pépins de raisin côté peau puis assaisonnez de sel et de poivre. Faites-les cuire à la vapeur, côté peau vers le haut, pendant 3 minutes au maximum.
⑦ Pour servir, sortez les légumes du bouillon à l'aide de l'écumoire et disposez-les dans le fond d'un plat de service, déposez délicatement les filets de merlan dessus, côté peau vers le haut, arrosez d'un peu de jus du bouillon et répartissez les tomates sur les filets. Décorez avec quelques feuilles d'aneth et du sel de Guérande en touche finale.

Merlan en marinade de coques et cocos

Pour 4 personnes

4 filets de merlan avec la peau • 500 g de coques • 150 g de haricots coco • 1 carotte • 1 bouquet garni • 1 oignon piqué de 2 clous de girofle • 5 cuil. à soupe d'huile de pépins de raisin • 1 échalote • 1 bouquet de persil plat • 1 cuil. à soupe de vinaigre de vin • sel et poivre • sel de Guérande

① Faites cuire les haricots cocos : plongez les haricots, la carotte, le bouquet garni et l'oignon piqué dans de l'eau froide salée ; portez à ébullition puis comptez 40 minutes de cuisson.
② En fin de cuisson des haricots, faites cuire les coques : mettez-les dans une casserole, avec 1 cuillerée à soupe d'huile de pépins de raisin, poivrez, couvrez et faites cuire à feu vif. Dès que les coques s'ouvrent, retirez-les du feu.

③ Égouttez les haricots et séparez-les en deux parts égales. Décortiquez les coques. Pelez et hachez l'échalote. Lavez le persil et hachez les feuilles pour en obtenir la valeur d'1 cuillerée à soupe. Préchauffez le four, position gril.

④ Faites la vinaigrette : dans un bol, mélangez le vinaigre, le sel et le poivre, puis ajoutez 3 cuillerées à soupe d'huile de pépins de raisin et l'échalote hachée.

⑤ Dans un saladier, mélangez la moitié des haricots avec les coques, ajoutez la vinaigrette et le persil.

⑥ Faites cuire les filets de merlan : graissez la plaque du four et disposez les filets côté peau sur la plaque. Ajoutez une pointe de sel et de poivre sur la chair, retournez les filets et laissez-les griller côté peau pendant 1 minute 30.

⑦ Pour servir, tapissez le fond du plat avec la salade de haricots, parsemez d'un peu de persil. Rangez les filets de merlan sur les haricots, badigeonnez-les rapidement d'un peu d'huile de pépins de raisin à l'aide d'un pinceau et finissez avec une pointe de sel de Guérande.

Comme il est difficile de cuire moins de haricots, gardez la seconde moitié pour une salade, par exemple.

Philippe Jousse

« Alain Chapel »
(Mionnay, Ain)

Philippe Jousse avait une tâche difficile en reprenant le restaurant d'Alain Chapel, l'un des hauts lieux de la gastronomie française, qui porte toujours le nom de son créateur. Alain Chapel a marqué sa génération pour laquelle il est devenu une figure mythique. Philippe Jousse avait à faire vivre l'esprit Chapel tout en imprimant sa personnalité. Il a relevé le défi avec brio et modestie. S'il respecte les traditions, il les fait aussi intelligemment évoluer. Je suis heureux de l'avoir à mes côtés pour réaliser tourtes et terrines.

Les tourtes et les terrines

• Lorsque l'automne arrive, reviennent la saison de la chasse et celle des pâtés, terrines et tourtes.

• Les pâtés évoquent des préparations plutôt rustiques alors que les terrines et les tourtes sont des compositions plus élaborées.

• Le choix de la forme du récipient – rond, ovale ou rectangulaire – dans lequel vous allez mettre vos préparations a de l'importance. Pour les terrines, je préfère les récipients rectangulaires dans lesquels on peut couper de belles tranches régulières et, pour les pâtés, les moules ovales et ronds me semblent les plus appropriés. La matière joue aussi un rôle important : prenez des terrines en porcelaine allant au feu ou encore en fonte émaillée, mais évitez les matières poreuses comme la brique ou la terre non vernissée qui absorbent les graisses et peuvent donner mauvais goût. Le couvercle doit être troué afin de laisser échapper la vapeur.

• Si vous voulez vérifier le degré de cuisson, transpercez la terrine ou le pâté avec une aiguille à brider ou une brochette : si la pique ressort sans la moindre trace, votre préparation est cuite.

▶ Le tour de main de Robuchon

Ma terrine préférée

Avant de laisser Philippe Jousse vous proposer ses recettes, en voici une toute simple que j'affectionne.

750 g de foies de volailles • 450 g de gorge de porc • 100 g de trompettes-de-la-mort (facultatif) • 12 g de sel fin • 10 g de sucre en poudre • 3 g de poivre • 2 g de coriandre en poudre • 2 g de genièvre haché • 2 branches de thym frais • crépine de porc

1 hachoir • 1 terrine • 1 cocotte allant au four

• Faites tremper la crépine dans de l'eau froide pendant environ 1 heure. Lavez rapidement les trompettes-de-la-mort sous l'eau courante, hachez-les et faites-les rendre leur eau 2 minutes sur feu vif.

• Hachez les foies de volailles et la gorge de porc.

• Mélangez tous les ingrédients (y compris quelques brindilles de thym, mais pas les branches). Disposez la crépine au fond de la terrine et versez la farce aux foies de volailles dessus. Posez les branches de thym par-dessus puis refermez la crépine.

• Préchauffez votre four à 200 °C (thermostat 6).

• Mettez un peu d'eau au fond de votre cocotte, mettez un linge au fond et posez la terrine dessus. Portez l'eau à ébullition sur le feu, puis enfournez le tout. Laissez cuire 1 h 30. Sortez la terrine du four et laissez-la refroidir. Réservez-la au frais pendant 2 à 3 jours avant de la servir.

Terrine de foies de volailles

Pour 8 personnes

500 g de foies de volailles • 400 g d'échine de porc • 1 gousse d'ail • 1 échalote • 1 bouquet de persil • 1 œuf • 1 pincée de quatre-épices • 1 pincée de coriandre en poudre • 12 g de sel • 2 g de poivre • 10 cl de porto • 1 morceau de crépine

1 hachoir (1 grille fine et 1 grille moyenne) • 1 terrine avec couvercle • 1 cocotte allant au four

① Faites tremper la crépine dans l'eau froide pendant environ 1 heure.
② Hachez l'échine de porc avec une petite grille et les foies de volailles avec une grille moyenne.
③ Préparez l'assaisonnement en mélangeant dans un bol le sel, le poivre, le quatre-épices et la coriandre. Ainsi mélangé, il s'intégrera mieux à la préparation. Pelez et hachez l'ail et l'échalote. Lavez le persil et concassez les feuilles. Dans un grand récipient, mélangez les viandes avec l'assaisonnement, l'ail, 1 cuillerée à soupe d'échalote hachée, 2 cuillerées à soupe de persil concassé, l'œuf et le porto.
④ Mettez cette farce dans la terrine. Recouvrez-la de la crépine propre et égouttée, rentrez bien les bords. La crépine évitera que le dessus de la terrine ne se dessèche. Laissez reposer la terrine 6 heures environ au réfrigérateur.
⑤ Préchauffez le four à 140 °C (thermostat 3).
⑥ Faites cuire la terrine au bain-marie : mettez un linge au fond d'une cocotte remplie d'eau chaude, déposez la terrine dessus en prenant garde de ne pas mouiller la farce (l'eau doit arriver aux 2/3 de la terrine). Fermez la terrine avec son couvercle.
⑦ Enfournez et laissez cuire pendant 1 heure 30.
⑧ Quand la cuisson est terminée, sortez la terrine de la cocotte, découvrez-la et laissez-la refroidir à température ambiante pendant 10 bonnes minutes.
⑨ Déposez ensuite dessus une petite planchette de la forme de la terrine, recouverte d'une feuille d'aluminium, puis posez un poids (pas trop

lourd) sur le dessus. Entreposez la terrine au réfrigérateur pendant 3 jours avant de la déguster. Elle se conservera une semaine.

Les proportions de sel et de poivre sont toujours les mêmes pour ce type de terrines : de 12 à 14 g de sel par kilo de viande, et 3 g de poivre.

Terrine de lapin aux noisettes

Pour 6 à 8 personnes

1 lapin de 1,5 kg environ avec ses abats • 300 g de gorge de porc • 15 g de sel • 25 g de poivre blanc • 1 pincée de coriandre • 1 pincée de quatre-épices • 1 pincée de noix muscade râpée • 30 cl de vin blanc sec • 8 cl de cognac • 3 échalotes • 20 g de beurre • 10 g de farine • 1 feuille de laurier • 3 brindilles de thym • 1 bouquet de persil plat en pluches • 1 crépine de porc • 1 œuf • 10 cl de lait • 10 g de fécule de pomme de terre • 15 noisettes décortiquées

1 hachoir • 1 mixeur • 1 grande terrine • 1 cocotte allant au four

① Désossez le lapin. Réservez les cuisses, les filets et les abats. Hachez le reste du lapin et les 300 g de gorge de porc.

② Dans un récipient, mélangez le sel, le poivre blanc, la coriandre, le quatre-épices et un peu de noix muscade. Saupoudrez les cuisses et les filets avec ce mélange.

③ Mettez les viandes hachées dans un saladier. Assaisonnez-les avec le reste du mélange d'épices. Arrosez avec 15 cl de vin blanc et 5 cl de cognac. Mélangez bien. Posez les cuisses et les filets sur la viande hachée. Couvrez de film étirable et réservez au réfrigérateur pendant 24 heures.

④ Pelez et émincez les échalotes. Faites-les suer avec le beurre dans une casserole, sur feu doux, sans colorer. Salez légèrement. Ajoutez les rognons et le cœur puis arrosez de 3 cl de cognac, portez à ébullition et laissez réduire. Baissez le feu et ajoutez la farine, mélangez et versez le reste du vin blanc. Ajoutez le laurier. Laissez cuire 5 minutes à petits bouillons, en mélangeant. Retirez le laurier, ajoutez le thym et le persil. Réservez au frais.

⑤ Faites tremper la crépine 1 heure dans de l'eau froide. Passez les abats au mixeur. Ajoutez le foie cru, la farce et l'œuf entier. Mixez bien. Dans un bol, délayez le lait avec la fécule et versez ce mélange dans le bol du mixeur. Mixez à nouveau. Ajoutez ensuite les morceaux de lapin (cuisses et filets), mixez grossièrement de façon à conserver des morceaux de viande dans la farce.

⑥ Montez la terrine : mettez 1/3 de la farce au fond. Tassez. Parsemez de la moitié des noisettes, ajoutez encore 1/3 de farce, le reste des noisettes et terminez avec le reste de la farce. Tendez dessus la crépine égouttée, rentrez les bords.

⑦ Préchauffez le four à 140 °C (thermostat 3). Mettez un linge au fond d'une cocotte à demi remplie d'eau chaude, déposez la terrine dessus et fermez-la avec son couvercle. Enfournez et laissez cuire 1 heure 30.

⑧ Sortez la terrine de la cocotte, enlevez le couvercle et laissez refroidir pendant 10 minutes. Recouvrez-la avec une planchette surmontée d'un poids. Entreposez-la au réfrigérateur pendant 3 jours avant de la déguster. Elle se conservera une semaine.

Pâté chaud de pigeon

Pour 6 personnes

3 pigeons de 450 g • 130 g de gorge de porc • 250 g d'échine de porc • 160 g de foies de volailles • 1 gousse d'ail • 3 œufs + 1 jaune • 2 g de poivre moulu • 10 g de sel • 300 g de pâte feuilletée • 7 cl de pineau des Charentes

1 robot ou 1 hachoir • 1 moule à tarte de 20 cm de diamètre • papier sulfurisé

① Demandez à votre volailler de désosser les pigeons et de détacher les filets (suprêmes) et les cuisses.

② Hachez la chair des cuisses de pigeon. Hachez également la gorge de porc, l'échine et les foies de volailles. Frottez votre plan de travail avec une gousse d'ail coupée en deux. Dédoublez les suprêmes de pigeon dans l'épaisseur et coupez-les en fines lamelles puis en dés. La viande s'imprègne de l'odeur de l'ail.

③ Dans un récipient, mélangez les viandes avec le sel, le poivre et les œufs. Arrosez de pineau. Mélangez bien. Couvrez d'un papier sulfurisé et laissez reposer pendant 48 heures au réfrigérateur.

④ Séparez la pâte feuilletée en deux parts inégales (2/3, 1/3). Abaissez la plus grosse part et foncez un moule à tarte en laissant 2 cm de rebord. Remplissez le fond de pâte de la farce.

⑤ Abaissez le reste de pâte à la taille du moule à tarte. Formez un couvercle et soudez-le à l'eau, en formant une cheminée au centre. Dessinez un décor sur le dessus de la tourte. Badigeonnez du jaune d'œuf battu. Laissez reposer au réfrigérateur pendant 30 minutes. Préchauffez le four à 200 °C (thermostat 6).

⑥ Enfournez et laissez cuire pendant 30 minutes puis laissez reposer dans le four éteint pendant 15 minutes. Servez chaud.

Tourte de maquereaux

Pour 6 personnes

3 maquereaux • 3 filets de merlan • 3 gouttes de tabasco • 1 œuf • 250 g de pâte feuilletée • 75 g de crème liquide • sel et poivre

Pour pocher les maquereaux:
10 cl d'eau • 30 cl de vin blanc sec • 10 cl de vinaigre de vin • 10 grains de poivre • 1 bouquet garni • 2 brindilles de thym • 1 feuille de laurier

Pour la concassée de tomates:
300 g de tomates • 2 cuil. à soupe d'huile d'olive • 2 gousses d'ail • 1 pincée de gros sel • 1 pincée de sucre en poudre • 1 bouquet de persil • 1 bouquet de cerfeuil • poivre

1 mixeur • 1 moule à tarte de 20 cm de diamètre

① Commencez par pocher les maquereaux dans une cocotte. Portez le liquide à ébullition et plongez-y les maquereaux. Dès frémissements, éteignez et laissez refroidir. Récupérez les brindilles de thym et la feuille de laurier et réservez-les.

② Préparez la concassée de tomates : pelez les tomates, épépinez-les et concassez-les. Dans une casserole, versez l'huile d'olive, les gousses d'ail avec la peau, le thym et le laurier (récupérés dans la cocotte). Dès que l'huile est chaude, ajoutez les dés de tomates, le gros sel et le sucre.

Laissez compoter, tout en remuant fréquemment. En fin de cuisson, sortez du feu et enlevez l'ail, le thym et le laurier. Laissez refroidir puis réservez au réfrigérateur.
③ Préchauffez le four à 200 °C (thermostat 6).
④ Mettez les filets de merlan dans le bol du mixeur avec 1/2 blanc d'œuf, une pincée de sel, le tabasco puis la crème et mixez rapidement.
⑤ Lavez et concassez le persil et le cerfeuil. Incorporez 2 cuillerées à soupe de chaque à la concassée de tomates. Poivrez. Levez les filets des maquereaux et retirez leur peau.
⑥ Séparez la pâte feuilletée en deux boules inégales (2/3, 1/3). Abaissez la plus grosse boule et foncez le moule à tarte, en laissant 2 cm de rebord tout autour. Sur le fond de tarte, disposez la mousse de merlan. Recouvrez de la concassée de tomates et disposez enfin les filets de maquereaux par-dessus.
⑦ Abaissez le reste de pâte feuilletée à la taille du moule. Formez un couvercle et soudez-le à l'eau, en formant une cheminée au centre. Badigeonnez du jaune d'œuf battu. Enfournez et laissez cuire pendant 40 minutes. Servez chaud.

Philippe Braun

« Laurent »
(Paris, VIIIe)

Philippe Braun est un chef attentif qui orchestre parfaitement les cuisines du célèbre restaurant *Laurent*, avenue Gabriel à Paris, dirigé par l'incontournable Edmond Ehrlich. Sa technique classique sait mettre en valeur les meilleurs produits. Il nous étonne et nous charme avec une cuisine tout à la fois classique et inventive. Je me réjouis que mes conseils aient pu aider ce jeune cuisinier plein de talent ; il m'est apparu comme le partenaire idéal pour présenter le foie gras.

Le foie gras

• Une question se pose chaque fois que l'on parle foie gras : faut-il préférer le foie d'oie ou celui de canard ? Personnellement, pour faire une terrine, je préfère l'oie en raison de son extrême finesse ; en revanche, le canard, de goût moins subtil et légèrement plus amer, est meilleur chaud.

• On reconnaît un beau foie gras cru en écartant les deux lobes : s'il se brise, le foie est trop gras et fondra à la cuisson, s'il est trop élastique il sera trop sec et peu parfumé. L'idéal est un foie qui s'étire jusqu'à se casser bien franchement. Sélectionnez toujours un foie d'un beau blanc écru tirant sur l'ivoire.

• Sachez enfin que l'automne est la meilleure saison pour l'acheter.

La cuisson du foie gras

Un mode de cuisson peu connu pour le foie gras, et que j'apprécie beaucoup, c'est la vapeur.

1 foie gras cru • sel et poivre
film étirable • marmite-vapeur • papier absorbant

• Coupez le foie en tranches (on peut aussi le faire entier), salez et poivrez et entourez-les de film étirable en formant des papillotes. Portez l'eau à ébullition dans la marmite-vapeur, puis posez les tranches de foie et laissez cuire de 5 à 7 minutes. Contrôlez la cuisson en appuyant légèrement sur le foie : s'il est légèrement ferme, la cuisson est parfaite. Lorsqu'il est complètement ferme, il est trop cuit.

• Posez les papillotes sur du papier absorbant, et coupez les bouts pour sortir les foies.

Vous pouvez servir le foie gras avec toutes sortes de légumes. Des lentilles, par exemple. Il faut toujours ajouter un peu d'acidité avec les foies. Arrosez donc les lentilles d'un peu de vinaigre et disposez-les en lit au fond d'un plat. Posez les tranches de foie par-dessus et dessinez sur chaque tranche un filet de gros sel, de poivre et de ciboulette.
J'aime beaucoup les combinaisons contradictoires comme ce royal foie gras allié à de « vulgaires » lentilles.

Terrine de foie gras d'oie

Pour 5 à 6 personnes

1 foie gras cru de 700 g • 2 pincées de sucre • 2 pincées de quatre-épices claires • sel • poivre blanc

1 cocotte allant au four • 1 terrine en porcelaine d'une contenance de 500 g

① Sortez le foie du réfrigérateur 1 heure avant de le travailler.
② Séparez les deux lobes du foie, enlevez les taches apparentes rouges ou vertes, puis retirez très soigneusement la pellicule enveloppant le foie à l'aide d'un couteau à dents.
③ Incisez le gros lobe dans la longueur, écartez très délicatement et à l'aide d'un couteau pour faire apparaître le système veineux. Extrayez la grosse veine en tirant dessus avec précaution pour ne pas déchirer le foie. N'essayez pas de retirer les petites veines.
Répétez la même opération sur le petit lobe. Si vous n'arrivez pas à attraper la veine, n'insistez pas (cette opération est toujours à éviter sur les foies de canard).
④ Mettez 30 g de sel dans 3 litres d'eau glacée (soit 10 g par litre) et faites dégorger le foie au moins 2 heures.
⑤ Préchauffez le four à 100 °C (thermostat 2).
⑥ Préparez l'assaisonnement : mélangez le quatre-épices avec le sucre, 7 g de sel (14 g par kg de foie) et du poivre.
⑦ Égouttez et épongez le foie. Assaisonnez-le des deux côtés en insistant sur les parties internes qui absorbent le plus.
⑧ Disposez le foie dans la terrine : coupez le gros lobe en deux, déposez le premier morceau, côté arrondi au fond de la terrine, posez le second dessus, tassez bien le tout pour chasser les bulles d'air. Déposez ensuite en dernier le petit lobe entier, côté lisse en surface. Tassez à nouveau.
Nettoyez très minutieusement les bords de la terrine et recouvrez d'un couvercle. Si vous n'avez pas de couvercle, recouvrez d'un papier sulfurisé humide puis d'une feuille d'aluminium.

⑨ Mettez la terrine au bain-marie dans une cocotte dans de l'eau très chaude, en veillant à ce que l'eau ne puisse pas pénétrer dans la terrine. Laissez au four à 100 °C pendant 1 heure, puis laissez la cuisson se terminer pendant 15 minutes dans le four éteint.

⑩ Sortez la terrine du four et laissez refroidir à température ambiante. Une fois refroidie, ôtez le couvercle. Enveloppez une planchette de la taille de la terrine d'une feuille d'aluminium et posez-la sur le foie gras. Ajoutez un poids pour que la planchette tasse bien le foie et conservez-la au réfrigérateur au moins 1 semaine (15 jours si possible) avant de la déguster. Ne laissez pas attendre plus de 3 semaines au total.

Foie gras de canard rôti entier en salade de cresson

Pour 2 à 3 personnes

1 foie gras cru de canard de 500 g environ • 1 botte de cresson • 1 cuil. à soupe de vinaigre de vin • 3 cuil. à soupe d'huile d'arachide • poivre noir mignonnette • fleur de sel de Guérande • sel et poivre

1 poêle antiadhésive allant au four

① Sortez le foie du réfrigérateur 1 heure avant de le travailler. Séparez les lobes du foie. Pour cette recette, nous n'utiliserons que le gros lobe. Réservez le petit pour une autre recette (comme avec des lentilles, voir le Tour de main de Robuchon, page 126, ou poêlé).

② Grattez la surface du foie si des traces rouges ou verdâtres sont apparentes. Assaisonnez de sel et de poivre des deux côtés.

③ Préchauffez le four à 180 °C (thermostat 5).

Faites dorer le foie dans une poêle antiadhésive, sur feu moyen. Commencez par faire dorer la partie la moins régulière, puis retournez-le et faites dorer la partie arrondie. En le saisissant ainsi à la poêle avant la cuisson au four, il fondra moins.

④ Enfournez la poêle et laissez cuire 10 minutes. Si votre poêle ne va pas au four, transférez le foie sur la plaque du four.

⑤ Préparez la salade : lavez soigneusement le cresson et ne conservez que les cœurs. Mélangez vinaigre, sel et poivre, puis ajoutez l'huile et enfin le cresson.

⑥ Sortez le foie du four et déposez-le sur un papier absorbant. Parsemez de gros sel et de poivre noir concassé, pour ajouter une texture croquante.

⑦ Déposez le foie sur un plat de service, entourez du cresson et servez. Découpez le foie en tranches fines pour le déguster.

Conserve de foie gras de canard

Pour 5 à 6 personnes

1 pièce de foie gras cru de 500 à 550 g • 7 g de sel • quelques tours de moulin de poivre noir • 1 pincée de sucre

1 bocal à conserve en verre d'une contenance de 500 g • 1 cocotte

① Sortez le foie du réfrigérateur 1 heure avant de le travailler. Préparez-le comme pour la ***Terrine de foie gras d'oie***. Pesez et ne conservez que 430 g de chair.

② Mélangez le sel avec le sucre et un peu de poivre.
Assaisonnez le foie des deux côtés en insistant sur les parties internes.

③ Refermez le petit lobe et disposez-le à l'intérieur du gros. Repliez le tout en essayant de donner au foie à peu près la forme du bocal. Déposez-le tout dans un bocal bien propre et tassez légèrement. Surtout nettoyez bien les rebords du bocal, posez le caoutchouc tout autour et fermez hermétiquement.

④ Stérilisez : déposez un linge humide au fond d'une cocotte, avec un peu d'eau. Posez le bocal et calez-le avec d'autres linges humides (si vous faites cuire plusieurs bocaux en même temps, séparez-les les uns des autres avec des linges). Ajoutez de l'eau jusqu'à environ 5 cm au-dessous du bord du bocal. Posez un poids sur le bocal pour le stabiliser. Chauffez et comptez 1 heure 10 de cuisson à partir de l'ébullition.

⑤ Lorsque le bocal sera froid, conservez-le dans un endroit frais et obscur. Patientez au moins 3 mois avant de déguster ce foie de canard.

Escalopes de foie gras de canard poêlées aux petits oignons

Pour 3 personnes

3 tranches de foie de canard de 100 g • **18** petits oignons blancs • **50** g de de jolies feuilles de roquette • **30** g de beurre • **3** pincées de sucre en poudre • **1** cuil. à soupe d'huile d'olive • **2** cuil. à soupe de vinaigre balsamique • fleur de sel de Guérande • sel et poivre

papier sulfurisé • papier absorbant • 1 poêle antiadhésive

① Nettoyez les petits oignons.Coupez les racines et les feuilles. Dans une casserole, faites fondre le beurre sur feu très doux, ajoutez les petits oignons, parsemez de 2 à 3 pincées de sucre et une pincée de sel. Mélangez pour bien enrober les petits oignons. Recouvrez la casserole d'une feuille de papier sulfurisé de même diamètre percée au centre. Couvrez avec le couvercle et laissez confire sur feu doux pendant 20 minutes. En fin de cuisson, maintenez la casserole sur feu éteint.

② Lavez et épongez les feuilles de roquette. Assaisonnez-les d'une pointe d'huile d'olive et mélangez. Disposez les feuilles de roquette à plat dans le plat de service. Réservez.

③ Assaisonnez les escalopes de foie de sel et de poivre des deux côtés. Poêlez-les à sec dans une poêle très chaude, environ 2 minutes de chaque côté. Arrosez en cours de cuisson avec la graisse rendue.

④ Dans la poêle ayant servi à la cuisson des escalopes, versez le vinaigre balsamique dans le gras de cuisson, laissez réduire cette sauce de moitié, mélangez.

⑤ Disposez les escalopes sur les feuilles de roquette, entourez des petits oignons, nappez de sauce et finissez avec une touche de fleur de sel.

Jacques et Laurent Pourcel

« Le Jardin des Sens »

(Montpellier, Hérault)

Une cuisine à quatre mains pour des jumeaux au grand cœur qui exercent leur talent au restaurant *Le Jardin des Sens*, à Montpellier. Leur solide formation auprès de chefs prestigieux leur a permis en moins de dix ans de véritablement renouveler la gastronomie languedocienne et de devenir une référence régionale en matière d'art culinaire. Authenticité et sincérité caractérisent la cuisine selon les frères Pourcel. L'un comme l'autre recherchent les plus justes saveurs tout en osant des mariages courageux. Ils savent notamment exprimer le meilleur de la coquille Saint-Jacques.

La coquille Saint-Jacques

• Lorsque vous achetez des coquilles Saint-Jacques entre le 15 octobre et le 15 mai – période pendant laquelle la pêche est autorisée –, préférez-les vivantes, encore cachées dans leurs coquilles hermétiquement closes.

• Choisissez des coquilles Saint-Jacques bien lourdes (environ 5 à 6 au kilo). Demandez au poissonnier de les ouvrir devant vous, il écartera les valves et ôtera la poche noirâtre, laissant ainsi apparaître la noix, assurez-vous alors de sa fermeté et de sa blancheur translucide ; si les coquilles contiennent du corail, sa couleur doit être d'un orangé soutenu (la présence du corail dépend de la saison et de la région d'où la coquille provient). Contrairement aux idées reçues, les meilleures coquilles sont celles qui n'ont pas de corail car il nuit à leur finesse.

• Lavez avec soin les coquilles afin d'éliminer le sable, rincez-les à l'eau courante mais ne les laissez jamais tremper trop longtemps car elles perdraient leur goût.

• Pour apprécier au maximum la subtilité de leur saveur, consommez-les rapidement et évitez les épices trop parfumées qui leur feraient du tort.

▶ **Le tour de main de Robuchon**

Mes coquilles Saint-Jacques

Voici une façon simple qui met le mieux en valeur toute la finesse des Saint-Jacques.

Pour 2 personnes :
6 coquilles Saint-Jacques • beurre • fleur de sel • gros sel • poivre blanc • thym • citron • persil

• Avant de commencer cette recette très rapide, préchauffez votre four, position gril. Coupez les noix de Saint-Jacques en 2 ou 3 lamelles, dans l'épaisseur. Beurrez chaque lamelle grassement, au pinceau, de chaque côté.
• Beurrez les coquilles et parsemez-les de quelques grains de fleur de sel. Posez les lamelles dans 2 coquilles, préalablement lavées, sans qu'elles se superposent trop. Parsemez à nouveau de fleur de sel, de quelques grains de poivre blanc concassés et de thym.
• Enfournez pour 3 minutes. Mettez du gros sel au fond des assiettes : il servira de socle aux Saint-Jacques. Posez chaque coquille sur une assiette, bien calée par le gros sel. Arrosez de quelques gouttes de jus de citron et décorez avec un peu de persil.

Brochettes de noix de Saint-Jacques à la tomate confite, salade d'herbes

Pour 2 personnes

8 noix de Saint-Jacques • **1** pot de tomates confites • **8** olives noires • **1** bouquet de basilic • **100** g de salade mélangée (mesclun) • **1** bouquet de cerfeuil et de ciboulette • **2** branches de persil plat • **1** branche d'estragon • **4** cuil. à soupe d'huile d'olive • **1** cuil. à soupe de vinaigre balsamique • sel et poivre

pics à brochettes

① Coupez les olives en deux dans la longueur et retirez les noyaux. Égouttez les tomates confites.
② Confectionnez les brochettes : sur un pic à brochette, commencez par une noix de Saint-Jacques puis une tomate séchée, une demi-olive noire, une feuille de basilic pliée en deux, une demi-olive noire et une tomate. Recommencez encore deux fois cette opération en finissant par une Saint-Jacques. Salez et poivrez les brochettes.
③ Faites la vinaigrette avec 3 cuillerées d'huile d'olive, du sel, du poivre et 1 cuillerée de vinaigre balsamique.
④ Lavez la salade et les herbes. Effeuillez le cerfeuil et l'estragon. Ciselez grossièrement les feuilles de persil et la ciboulette. Mélangez les herbes et la salade.
⑤ Dans une poêle, faites chauffer 1 cuillerée d'huile d'olive. Quand l'huile est chaude, mais pas trop, déposez les brochettes et colorez-les à feu doux de chaque côté. Ne faites pas cuire trop fort car le basilic et la tomate brûleraient. Les Saint-Jacques doivent être dorées à l'extérieur, mais presque crues à l'intérieur : 2 ou 3 minutes de cuisson suffisent.
⑥ Assaisonnez la salade avec la vinaigrette et répartissez-la dans les assiettes. Posez les brochettes chaudes sur les assiettes et servez immédiatement.

Vous trouverez des tomates confites (ou séchées, c'est la même chose) dans les magasins qui vendent des produits italiens.

Tartare de noix de Saint-Jacques à l'huile de vanille

Pour 2 personnes

8 noix de Saint-Jacques • 100 g de moules • 1 citron • 1 tomate • 1 poignée de mâche • 1 bouquet de ciboulette • 1 gousse de vanille • 10 cl d'huile d'olive • sel et poivre

① La veille, préparez l'huile de vanille. Commencez par faire un jus de moule. Mettez les moules dans une casserole, poivrez, arrosez d'une cuillerée à soupe d'eau, couvrez, laissez chauffer jusqu'à ce qu'elles s'ouvrent et sortez du feu. Pour cette recette, vous n'utiliserez que le jus de cuisson. Réservez les moules pour un autre plat. Transvasez le jus en laissant les moules au fond ou passez le jus de moule au chinois.

② Fendez la gousse de vanille en deux dans la longueur et récupérez les graines d'une demi-gousse. Mettez-les dans un saladier avec le jus d'un demi-citron, 3 cuillerées à soupe du jus de cuisson des moules, salez et poivrez bien, mélangez et incorporez l'huile d'olive. Laissez infuser au frais pendant une nuit.

③ Pour faire le tartare, coupez les noix de Saint-Jacques en dés. Pelez la tomate, épépinez-la et coupez sa chair en petits dés. Lavez la ciboulette et hachez-la finement. Mélangez les dés de Saint-Jacques, les dés de tomate et la valeur d'une cuillerée à soupe de ciboulette hachée. Incorporez la moitié de l'huile de vanille, assaisonnez de sel et de poivre. Laissez mariner au réfrigérateur pendant 30 minutes.

④ Lavez soigneusement la mâche. Disposez joliment les feuilles de mâche tout autour des assiettes pour former une rosace. Répartissez le tartare au centre des assiettes et donnez-lui une forme régulière (avec des cercles métalliques, par exemple). Arrosez les feuilles de mâche d'huile de vanille et servez.

Carpaccio de Saint-Jacques au corail d'oursins

Pour 2 personnes

8 noix de Saint-Jacques • 4 oursins • 1 tomate • 1 citron • 1 bouquet de ciboulette • 1 échalote • 3 cuil. à soupe d'huile d'olive • baies roses • sel, poivre • fleur de sel

2 assiettes pouvant passer au four

① Mondez la tomate : retirez le pédoncule, pelez-la, épépinez-la, coupez-la en quartiers puis en petits dés. Réservez au frais.
② Huilez au pinceau les assiettes de service avec de l'huile d'olive, assaisonnez le fond de sel et de poivre.
③ Taillez les noix de Saint-Jacques en très fines lamelles. Disposez-les côte à côte sur les assiettes.
④ Préparez l'assaisonnement. Pelez et hachez l'échalote. Lavez et ciselez la ciboulette. Pressez le citron et versez le jus dans un saladier. Faites dissoudre sel et poivre dans le jus de citron, ajoutez 3 cuillerées d'huile d'olive, la moitié de l'échalote hachée, les dés de tomate et la valeur d'une cuillerée à soupe de ciboulette, mélangez.
⑤ Préchauffez le four, position gril.
Sortez les languettes de corail des oursins, délicatement pour éviter de les abîmer, et réservez-les.
⑥ Assaisonnez légèrement les Saint-Jacques de sel et de poivre puis passez-les au four position gril, puissance maximale pendant à peine 1 minute, les Saint-Jacques doivent être tièdes.
⑦ Disposez les languettes de corail des oursins sur les Saint-Jacques, arrosez de l'assaisonnement, effritez les baies roses et saupoudrez de fleur de sel.

Saint-Jacques cuites au four en coquille

Pour 4 personnes

4 coquilles Saint-Jacques avec les barbes • 1 bouquet garni • 1 carotte • 3 petits blancs de poireaux • 1 échalote • 50 g de céleri-rave • 50 g de beurre • 2 cuil. à soupe d'huile d'olive • 1 trait de vin blanc • sel et poivre • gros sel

1 chinois • 1 mixeur à purée

① Nettoyez les Saint-Jacques. Laissez les noix dans les coquilles, mais récupérez les barbes. Faites-les tremper dans de l'eau, 1 heure avant leur utilisation.

② Émincez la carotte, un blanc de poireau, le céleri-rave et l'échalote. Mettez-les dans une casserole avec 3 noisettes de beurre, le bouquet garni et 1 cuillerée à soupe d'huile d'olive, ajoutez-y les barbes et faites suer sans coloration pendant 5 petites minutes. Augmentez le feu et portez à ébullition. Laissez bouillir 1 minute, puis ajoutez un petit verre de vin blanc. Dès que l'ébullition reprend, arrosez avec un bon verre d'eau pour couvrir. Assaisonnez d'une pointe de sel et de poivre, laissez cuire 10 minutes environ. Écumez de temps en temps.

③ Préchauffez le four à 240 °C (thermostat 8).

④ Taillez le reste des poireaux en julienne (petits filaments de 5 à 6 cm de long). Plongez-les rapidement dans l'eau bouillante, puis dans de l'eau glacée pour qu'ils gardent leur couleur. Égouttez-les et réservez-les.

⑤ Sur la plaque de four, faites des petits nids de gros sel afin de stabiliser les coquilles, déposez-y les coquilles, assaisonnez-les de sel, de poivre et d'un filet d'huile d'olive. Enfournez et laissez cuire pendant 5 à 6 minutes selon la taille.

⑥ Pendant la cuisson des coquilles, préparez la sauce : passez le bouillon des barbes au chinois, pressez bien le tout. Portez ce bouillon à ébullition et laissez-le réduire d'un tiers. Jetez-y 30 g de beurre et émulsionnez à l'aide d'un mixeur à purée. Ajoutez une pointe de sel et la julienne de poireaux.

⑦ Dressez dans un plat un lit d'algues pour la décoration. Posez les coquilles dessus. Répartissez la julienne sur les noix, puis nappez de sauce. Servez sans attendre.

Antoine Westermann

« Buerehiesel »

(Strasbourg, Bas-Rhin)

Heureux sont les députés européens qui ont la chance de pouvoir fréquemment se rendre au *Buerehiesel*, le restaurant d'Antoine Westermann à Strasbourg. Cet homme de cœur a décidé de nous séduire en nous étonnant et de prouver chaque fois un peu plus qu'il est bien l'un des meilleurs cuisiniers de l'Hexagone. S'il respecte la tradition de la grande cuisine française, il sait aussi imaginer les recettes de demain. Ainsi, tout en restant résolument fidèle aux produits de la région, il exprime sa personnalité dans l'imagination.

La dinde

• Le repas est pour beaucoup dans la réussite de la fête de Noël et comme il n'y a pas de réveillon sans dinde, il faut prendre grand soin à la choisir puis à la rôtir.

• Si, en cuisine, on appelle indifféremment dinde un mâle ou une femelle, il faudra néanmoins éviter le dindon dont la chair est moins moelleuse.

• Une bonne dinde doit être jeune, grasse à souhait, le cou souple et court. Le poids idéal varie entre 3 et 4 kilos, plus grosse elle risquerait de provenir d'un élevage industriel et d'avoir une chair fade.

• La dinde fermière, identifiable à la collerette de plumes noires laissée autour de son cou, est, pour moi, de loin la meilleure.

• Inutile de barder une dinde, il s'agit trop souvent d'un cache-misère ; en revanche, comme pour le faisan, pensez à faire dénerver les cuisses par votre volailler.

▶ Le tour de main de Robuchon

Ma farce préférée

Beaucoup raffolent de la farce pour la dinde. À mon goût, une farce un peu grossière, avec de la chair à saucisse ou des marrons, détruit le goût de la volaille et ne cuit pas en même temps que la bête. Je préfère les farces plus raffinées, avec des produits peut-être un peu plus onéreux mais qui sont utilisés en petite quantité. Et ce n'est pas tous les jours la fête !

Pour farcir une dinde de 3 à 4 kg :
100 g de lard gras • le foie de la dinde + 100 g de foies de volailles • 1 truffe • 150 g de foie gras (cuit ou cru) • sel et poivre du moulin

• Coupez le lard gras et la truffe en tout petits dés, et les foies de volailles en dés. Réservez le tout séparément.
• Dans une poêle, faites fondre doucement le lard gras, en partant à feu froid. Quand il est à moitié fondu, ajoutez les foies de volailles. Assaisonnez de sel et largement de poivre. Laissez cuire pendant 2 minutes environ ; les foies sont suffisamment cuits. Éteignez le feu et ajoutez les dés de truffe. Mélangez bien.
• Coupez le foie gras en gros dés dans un saladier. (On doit avoir la même quantité de foie gras que le mélange qui se trouve dans la poêle.) Versez le contenu de la poêle avec toute la graisse dans le saladier et mélangez bien.
• Il ne reste plus qu'à farcir la dinde et à la faire rôtir.

Cette farce va nourrir et aromatiser la volaille en diffusant ses parfums par l'intérieur, surtout si la dinde est cuite à la broche. Un vrai régal !

Poitrine de dinde rôtie à la crème et au citron vert

Pour 4 personnes

1 blanc de dinde de 700 à 800 g • 4 ailerons • 2 cous de volaille coupés en deux • 1 cuil. à soupe d'huile d'arachide • 25 g de beurre • 25 cl de crème double • 20 cl de bouillon de volaille • 1 citron vert non traité • sel et poivre

1 cocotte allant au four • 1 chinois

① Assaisonnez en sel et en poivre les deux côtés du blanc de dinde.

② Préchauffez le four à 200 °C (thermostat 6).

Faites fondre dans une cocotte l'huile d'arachide et le beurre. Déposez le blanc de dinde, côté le plus lisse en premier, et faites-le blondir sur feu doux. Quand il est bien coloré, retournez-le et ajoutez les ailerons et les cous. Quand le blanc, les ailerons et les cous sont bien blonds, éteignez le feu.

③ Mettez la cocotte au four, sans couvrir, et faites cuire pendant 20 à 25 minutes. Arrosez régulièrement avec la graisse, trois à quatre fois, pendant la cuisson, sans retourner le blanc, les ailerons et les cous.

④ Pelez le citron sans entailler le blanc, de manière à n'en récupérer que le zeste.

Taillez le zeste en julienne (lamelles fines) et faites-le blanchir quelques secondes dans de l'eau bouillante, puis rafraîchissez-le dans de l'eau glacée. Égouttez-le et réservez-le. Pressez le citron pour en extraire le jus et réservez-le.

⑤ Sortez le blanc de dinde, les ailerons ainsi que les cous de la cocotte et réservez-les sur une assiette.

⑥ Jetez le gras de la cocotte, versez le bouillon de volaille et faites déglacer en grattant tous les sucs sur les côtés de la cocotte en chauffant sur feu doux. Portez à ébullition et laissez réduire de moitié.

Remettez les ailerons et les cous dans la cocotte et faites faire un ou deux bouillons. Ajoutez la crème et portez à nouveau à ébullition pour bien l'émulsionner, puis ajoutez le jus du citron vert, poivrez et salez.

⑦ Retirez les ailerons et les cous. Passez la sauce ainsi obtenue au chinois en y incorporant le petit jus rendu sur l'assiette par la dinde.

⑧ Rectifiez l'assaisonnement, dressez le blanc de dinde sur un plat de service, nappez de sauce, décorez avec les zestes de citron et servez aussitôt.

Cuisses de dinde cuites comme un baeckeoffe

Pour 2 personnes

1 morceau de cuisse de dinde de 300 g • 300 g de pommes de terre (BF 15) • 2 poireaux • 2 oignons • 10 g de beurre • 5 cl de vin blanc • 10 cl de bouillon de volaille • sel et poivre

Pour la pâte à luter :
250 g de farine • 8 cl d'eau chaude • 3 g de sel • 1 jaune d'œuf

1 robot • 1 cocotte en fonte et son couvercle allant au four

① Préparez la pâte à luter : dans un robot, versez la farine, le sel, l'eau chaude et pétrissez jusqu'à ce que la pâte soit bien homogène. Laissez reposer au réfrigérateur pendant au moins 2 heures.
② Pelez les oignons. Coupez les racines et les feuilles vertes des poireaux. Lavez-les bien sous l'eau pour retirer la terre qui aurait pu se glisser entre les feuilles. Coupez en deux les oignons et les poireaux puis émincez le tout.
③ Dans une cocotte, faites fondre le beurre. Ajoutez les poireaux et les oignons, et laissez cuire sans coloration pendant 2 à 3 minutes. Réservez-les.
④ Épluchez et lavez les pommes de terre. Coupez-les en tranches de 3 mm d'épaisseur environ. Mélangez-les dans la cocotte, avec les oignons et les poireaux, salez et poivrez.
⑤ Assaisonnez de sel et de poivre le morceau de dinde sur toutes les faces. Posez-le côté chair dans la cocotte, ajoutez le vin blanc et le bouillon de volaille et couvrez.
⑥ Préchauffez le four à 200 °C (thermostat 6).
Badigeonnez la jointure du couvercle de la cocotte avec un peu de jaune d'œuf, lutez en faisant une large bande avec la pâte et plaquez-la tout autour de manière à rendre la cocotte parfaitement hermétique. Badigeonnez à nouveau la pâte du reste du jaune d'œuf, elle dorera à la cuisson et sera plus belle à la présentation.
⑦ Mettez la cocotte au four pendant 50 minutes. Retirez la cocotte du four, découpez la pâte à luter, ouvrez le couvercle et servez.

En Alsace, on préférera une cocotte en terre cuite joliement décorée, qui est le plat traditionnel du baeckeoffe.

Salade de dinde aux petites pommes de terre

Pour 4 personnes

un bon reste de dinde froide, cuite la veille, avec son jus • **300** g de pommes de terre grenailles • **1** cuil. à soupe de graisse d'oie • **150** g de salades mélangées • **1** bouquet de persil, de cerfeuil et d'estragon • fleur de sel de Guérande

Pour la vinaigrette :
2 cuil. à soupe de vinaigre de vin • **3** cuil. à soupe d'huile d'arachide • **1** cuil. à café de moutarde à l'ancienne • **1/2** oignon haché • sel et poivre

papier absorbant • film étirable allant au micro-ondes

① Faites la vinaigrette : mélangez le vinaigre avec du sel et du poivre, l'huile d'arachide, la moutarde, le demi-oignon et 4 cuillerées à soupe de jus de dinde. Mélangez bien.

② Les pommes de terre doivent être cuites à l'eau avec leur peau. Coupez-les en rondelles de 3 mm d'épaisseur, en gardant la peau. Dans une poêle, faites fondre la graisse d'oie. Quand elle est bien chaude, ajoutez les rondelles de pommes de terre et faites-les cuire. Ne salez surtout pas pour éviter que les pommes de terre attachent.

③ Faites-les bien dorer de chaque côté, égouttez-les ensuite dans du papier absorbant. Salez-les, poivrez-les et ajoutez un peu de fleur de sel.

④ Découpez une partie de la dinde en escalopine et le reste en gros dés. Mettez les morceaux dans un plat, recouvrez-le de film étirable et faites tiédir au micro-ondes, cuisson douce, pendant 1 minute 30. Cette manière de tiédir évite à la dinde de sécher.

⑤ Lavez la salade et épongez-la. Lavez les herbes, épongez-les et ciselez-les pour obtenir 1 cuillerée à soupe de chaque.

⑥ Mélangez la salade avec la vinaigrette, ajoutez la dinde, posez les rondelles de pommes de terre par-dessus, parsemez des herbes et de quelques gouttes de vinaigre. Servez aussitôt.

Dinde rôtie

Pour 8 à 10 personnes

1 dinde fermière de 4 à 5 kg, avec ses abats et le cou • 1 oignon • 1 carotte • 1 beau bouquet garni • 1 clou de girofle • 80 g de beurre • sel et poivre

1 grande cocotte allant au four • feuille d'aluminium • 1 chinois

① Épluchez l'oignon et coupez-le en deux. Pelez la carotte. Coupez le cou de la dinde en deux.

② Dans une cocotte, mettez l'oignon coupé en deux, la carotte, le bouquet garni, le clou de girofle, les deux morceaux de cou, les ailerons, le cœur et le gésier. Versez 1 litre d'eau. Déposez ensuite la dinde non assaisonnée et recouvrez d'une feuille d'aluminium. Laissez cuire tout doucement à couvert pendant 30 à 35 minutes. La vapeur donnera de l'onctuosité à la dinde.

③ Préchauffez le four à 200 °C (thermostat 6).

④ Retirez la dinde de la cocotte et réservez-la sur une grande assiette. Récupérez le bouillon et laissez le reste dans la cocotte.

⑤ Beurrez la dinde, assaisonnez-la de sel et de poivre et reposez-la dans la grande cocotte où se trouvent les abattis. S'il reste du beurre, mettez-le dans la cocotte.

Mettez au four sans couvrir et faites cuire pendant 1 heure 30 en arrosant fréquemment.

⑥ Portez le bouillon à ébullition dans une casserole et faites-le réduire de moitié.

⑦ Sortez la dinde de la cocotte, déposez-la dans l'assiette et assaisonnez-la à nouveau.

Versez le bouillon dans la cocotte et laissez-le réduire encore de moitié. Passez le jus au chinois.

⑧ Dressez la dinde dans un grand plat de service. Entourez-la d'un ruban de sauce et servez le reste en saucière.

Servez cette dinde traditionnellement avec des marrons, ou avec de la purée de céleri.

Joël Robuchon

Les recettes de fête

Il existe dans la vie des occasions exceptionnelles où l'on casse sa tirelire pour faire la fête. Les truffes, le caviar, les huîtres, le chapon de Bresse et la poularde font partie de ces mets de luxe que l'on déguste avec bonheur une fois de temps en temps. Les truffes, celles du Périgord, enchantent les palais les plus délicats. Le caviar, nom donné aux œufs d'esturgeon, a un goût inégalable ! Les huîtres, creuses ou plates, sont toute la saveur de la mer. Le chapon de Bresse, jeune coq castré et engraissé, et la poularde, toute jeune poule tuée avant d'avoir pondu, sont des volailles à la chair tendre et goûteuse.

▶ Le tour de main de Robuchon

Mes huîtres à la diable

Pour les fêtes, je vous présente cet amuse-bouche original.

Pour 6 personnes :
6 huîtres • 1 petite tomate • 2 gousses d'ail • 8 g de gingembre • 1 petit bouquet de ciboulette • 7 g de sel • 10 g de sucre en poudre • 9 g de glutamate • 10 g d'huile de sésame (voire d'arachide) • 60 g de ketchup • 35 g de sauce soja épaisse • 25 g de vin blanc • poivre du moulin

• Un « truc » simple pour cuire et ouvrir les huîtres sans s'abîmer les mains : mettez-les fermées au micro-ondes pendant 4 à 5 minutes environ. Sortez-les du four et laissez-les refroidir. Elles s'ouvriront très facilement à la sortie du four.

• Lavez la tomate, pelez-la en la passant quelques secondes au-dessus d'une flamme. Épépinez-la et coupez-la en petits dés. Pelez les gousses d'ail et taillez-les en petits filaments ou hachez-les. Hachez le gingembre. Lavez la ciboulette, essorez-la et ciselez-la pour en obtenir 1 cuillerée à soupe. Réservez le tout séparément.

• Dans un saladier, mélangez le sel, le sucre, le glutamate, l'huile, le ketchup, la sauce soja et le vin blanc. Fouettez jusqu'à ce que la sauce devienne épaisse et sirupeuse. Incorporez-y délicatement les dés de tomate, l'ail, le gingembre et la moitié de la ciboulette.

• Sortez les huîtres de leur coquille après avoir coupé le nerf. Mettez les huîtres dans un plat de service et nappez-les de la moitié de la sauce. (Réservez le reste pour une autre préparation, car il est difficile de réaliser de la sauce en plus petite quantité.) Laissez mariner pendant au moins 1 heure au réfrigérateur. Vous pouvez même préparer ces bouchées 3 à 4 heures à l'avance.

• Au moment de servir, répartissez les huîtres dans des petites assiettes individuelles, parsemez-les du reste de ciboulette et d'un tour de moulin à poivre.

Servez ces huîtres en amuse-bouche. Pour une entrée, comptez six huîtres par personne.

Noix de Saint-Jacques au caviar

Pour 2 personnes

8 grosses noix de Saint-Jacques • 1 bonne cuil. à soupe de caviar sevruga • 1/2 l de moules • 40 g de beurre • 1 échalote • 3 cl de vin blanc • 20 cl de crème fraîche liquide • 1 citron • 1 cuil. à soupe de ciboulette ciselée • poivre blanc concassé • fleur de sel • sel et poivre blanc du moulin

2 assiettes allant au four • 1 presse-agrumes • 1 chinois

① Grattez et nettoyez soigneusement les moules. Mettez-les dans une casserole. Arrosez-les de 2 louches d'eau, poivrez, couvrez et portez à ébullition sur feu vif jusqu'à ce que les moules s'ouvrent. Dès qu'elles sont ouvertes, retirez-les de la casserole et réservez 4 cl de jus de cuisson. Vous utiliserez les moules pour une autre recette.

② Nettoyez les noix de Saint-Jacques et essuyez-les. Enlevez le petit muscle latéral. Coupez-les en 4 fines rondelles. Beurrez-les sur une seule face. Disposez 8 rondelles sur chaque assiette de service, sans qu'elles se chevauchent, face beurrée contre le fond de l'assiette.

③ Déposez quelques grains de caviar au centre de chaque rondelle de Saint-Jacques. Recouvrez d'une autre rondelle, face beurrée vers le haut, de façon à former des petits raviolis. Déposez une petite pointe de grains de poivre concassé sur chaque ravioli. Ne salez pas, le caviar sert d'assaisonnement. Réservez au réfrigérateur.

④ Pelez et hachez l'échalote. Dans une casserole, faites fondre 15 g de beurre, ajoutez une pincée de sel et l'échalote et faites-la suer à feu doux, jusqu'à ce qu'elle soit translucide. Poivrez et arrosez de vin blanc et des 4 cl de jus des moules. Portez à ébullition et laissez réduire de moitié. Incorporez la crème fraîche et laissez réduire jusqu'à ce que la sauce devienne onctueuse.

⑤ Pendant ce temps, lavez le citron, prélevez la moitié du zeste et hachez-le. Pressez le citron, versez-en 1 cuillerée à soupe dans une casserole avec un peu d'eau. Ajoutez le zeste, portez à ébullition, égouttez et réservez le zeste.

⑥ Versez 1 bonne cuillerée à café de jus de citron dans la sauce, passez-la dans une petite casserole à travers un chinois en pressant bien l'échalote pour qu'elle libère tous ses sucs.
⑦ Sortez les noix de Saint-Jacques du réfrigérateur. Passez-les pendant 2 minutes sous le gril du four afin qu'elles soient chaudes mais à peine cuites.
⑧ Pendant ce temps, incorporez 10 à 15 g de beurre dans la sauce pour l'adoucir et la rendre plus onctueuse. Réchauffez-la sans la faire bouillir. Incorporez-y 2 bonnes cuillerées à café de caviar en mélangeant délicatement.
⑨ Répartissez la sauce sur les Saint-Jacques. Déposez sur chaque noix une pointe de zeste de citron, de ciboulette et de fleur de sel. Servez.

Vous pouvez faire le dressage de cette recette 3 ou 4 heures à l'avance ; vous passerez les Saint-Jacques au four et réchaufferez la sauce au moment de servir.

Galettes de truffes aux oignons et lard fumé

Pour 2 personnes

2 grosses truffes noires • 3 cuil. à soupe de graisse d'oie • 3 feuilles de pâte à filo • 25 g de beurre ramolli • 200 g de petits oignons • 1 gousse d'ail • 2 fines tranches de lard de poitrine fumée • 1 cuil. à soupe de crème fraîche liquide • 1 cuil. à café de madère • fleur de sel • sel et poivre

1 emporte-pièce de 3 cm de diamètre • papier sulfurisé • 1 plaque de métal de 14 cm de diamètre • 1 pinceau

① Brossez délicatement les truffes au pinceau. Pelez-les avec un économe, récupérez les parures et hachez-les. Coupez les truffes en tranches très fines. Égalisez les rondelles avec un emporte-pièce de 3 cm. Comptez 22 lamelles de truffe par galette.
② Découpez 4 disques de papier sulfurisé de 14 cm de diamètre. Badigeonnez au pinceau la plaque de métal de 14 cm d'un peu de graisse

d'oie. Déposez un disque de papier sulfurisé dessus. Coupez la gousse d'ail en deux et passez-la sur les feuilles de papier sulfurisé. Graissez à la graisse d'oie une des rondelles de truffe et posez-la au milieu du disque. Rangez tout autour les autres rondelles de truffes en les faisant se chevaucher. Badigeonnez cette galette d'un peu de graisse d'oie et recouvrez-la d'un disque de papier sulfurisé. Procédez de la même façon pour obtenir une seconde galette. Mettez les galettes au réfrigérateur pendant au moins 1 heure.

③ Posez une feuille de pâte à filo sur une plaque. Beurrez-la et recouvrez-la d'une seconde feuille de pâte. Beurrez-la également et disposez la troisième feuille par-dessus. Mettez la plaque au réfrigérateur pour que le beurre durcisse.

④ Préchauffez le four à 180 °C (thermostat 5).

⑤ Lorsque le beurre a durci, découpez deux disques de 14 cm dans la pâte à filo. Déposez une feuille de papier sulfurisé sur la plaque de cuisson. Disposez-y les deux cercles de pâte à filo. Couvrez-les d'une seconde feuille de papier sulfurisé et recouvrez d'une seconde plaque allant au four pour que la pâte cuise bien à plat et ne gondole pas. Enfournez et laissez cuire 10 minutes. Retirez du four mais laissez-le allumé.

⑥ Pelez les petits oignons et émincez-les. Pelez la demi-gousse d'ail restante et émincez-la. Taillez le lard fumé en fins bâtonnets.

⑦ Faites fondre 1 cuillerée et demie à soupe de graisse d'oie dans une casserole. Versez-y les oignons et l'ail hachés, salez et poivrez. Mélangez et laissez confire pendant 15 minutes. Ajoutez alors le lard fumé, les épluchures de truffes hachées, la crème liquide et le madère. Mélangez et laissez cuire pendant 1 à 2 minutes.

⑧ Retirez le papier sulfurisé du dessus des cercles de pâte. Répartissez le mélange aux oignons sur les disques de pâte. Enlevez délicatement la feuille de papier sulfurisé posée sur les galettes de truffes. Posez les galettes côté truffe sur les oignons en conservant le papier sulfurisé sur le dessus. Enfournez et laissez cuire 4 minutes.

⑨ Enlevez délicatement le papier sulfurisé, assaisonnez de poivre et de fleur de sel et servez.

Homard aux truffes et marrons en cocotte lutée

Pour 2 personnes

1 homard femelle de 500 g • 40 g de truffe coupée en dés • 10 marrons frais épluchés • 1 bouquet garni • 10 cl de bouillon de volaille • 80 g de beurre • 4 copeaux de tomates confites • 8 feuilles de basilic • 1 cuil. à soupe d'huile d'olive • 1 gousse d'ail • 1 brin de romarin • 1 étoile d'anis • sel et poivre • 1 pincée de curry

Pour la pâte à luter :
370 g de farine • 7 œufs • 1 brin de romarin frais • 1 pincée de sucre • 1 pincée de sel

Pour le fumet :
2 cuil. à soupe d'huile d'olive • 1 échalote pelée • 1/2 oignon • 1/2 carotte • 1/2 branche de céleri • 1/2 bulbe de fenouil • 1 gousse d'ail • 1 bouquet garni • 1 étoile d'anis • 1 pincée de safran • 1 pincée de graines de fenouil • quelques grains de poivre noir • 4 copeaux de tomates confites • 1 cuil. à café de concentré de tomate • sel

1 casserole allant au four • papier sulfurisé • 1 robot • 1 chinois • 1 cocotte en verre

① Rincez le homard. Plongez-le une minute dans une casserole d'eau bouillante. Égouttez-le. Séparez la tête et la queue. Coupez la queue en quatre tranches égales, sans enlever la carapace. Découpez la tête en morceaux, récupérez le corail et réservez. Décortiquez les pinces et conservez tous les morceaux de carapace pour le fumet.
② Préchauffez le four à 200 °C (thermostat 6).
③ Faites fondre 40 g de beurre dans une casserole jusqu'à ce qu'il blondisse. Faites-y dorer les marrons. Ajoutez le bouquet garni, le bouillon de volaille, poivrez et portez à ébullition. Faites quelques trous dans une feuille de papier sulfurisé et couvrez-en les marrons. Enfournez et faites cuire pendant 20 minutes.
④ Préparez la pâte à luter : dans un robot, versez la farine, 3 œufs entiers, 3 blancs d'œufs, le romarin, une pincée de sel et une pincée de sucre. Mélangez à petite vitesse jusqu'à ce que la pâte soit homogène. Formez-en une boule et réservez-la au réfrigérateur.

⑤ Préparez le fumet : coupez en rondelles l'échalote, l'oignon, la carotte, le céleri et le fenouil. Dans une casserole, versez 1 cuillerée à soupe d'huile d'olive, ajoutez l'échalote, l'oignon, la carotte, le céleri, le fenouil, l'ail et le bouquet garni, salez et poivrez. Faites-les suer à feu doux. Versez 1 cuillerée à soupe d'huile d'olive dans une grande casserole. Lorsqu'elle est bien chaude, faites-y revenir les morceaux de carapace jusqu'à ce qu'ils soient bien rouges. Versez-y les légumes, couvrez d'eau, ajoutez l'étoile d'anis, le safran, les grains de poivre et de fenouil, les copeaux de tomates confites (ou à défaut de tomates fraîches) et le concentré de tomate. Salez, mélangez, couvrez et laissez mijoter à petits frémissements pendant 15 à 20 minutes. Passez ce fumet au chinois, en pressant pour en extraire tous les sucs, et réservez-le.
⑥ Augmentez la température du four à 250 °C (thermostat 7).
⑦ Préparez le beurre de corail : travaillez le corail du homard avec 40 g de beurre ramolli pour obtenir une pommade homogène. Réservez au réfrigérateur pour le faire durcir.
⑧ Salez et poivrez les morceaux de homard. Poudrez-les de curry. Versez 1 cuillerée à soupe d'huile d'olive dans une poêle. Lorsqu'elle est bien chaude, faites-y revenir les tranches de homard jusqu'à ce que la carapace soit bien rouge. Sortez-les de la poêle et réservez-les. Faites revenir rapidement les pinces décortiquées dans la poêle, sortez-les et réservez-les.
⑨ Versez le fumet de homard dans une cocotte en verre. Déposez-y les morceaux de homard, les marrons, la gousse d'ail, le romarin, l'étoile d'anis, les 4 copeaux de tomates confites et la truffe coupée en dés. Répartissez le beurre de corail sur les tranches de homard. Parsemez des 8 feuilles de basilic. Couvrez et lutez la cocotte. Passez le dernier œuf battu au pinceau sur la pâte pour la dorure. Enfournez et faites cuire pendant 8 minutes.
⑩ Servez directement dans la cocotte et retirez la pâte à luter devant les convives.

La purée de pommes de terre

Reportez-vous à mon ouvrage ***Le Meilleur et le plus simple de la pomme de terre*** (Le Livre de Poche, n° 8159).

Pierre Hermé

«Ladurée»
(Paris, VIIIe)

Pâtissier de renom, mais aussi chocolatier et glacier, Pierre Hermé a fait les beaux jours de Fauchon. Nous pouvons lui faire confiance pour faire aujourd'hui ceux de l'institution parisienne qu'est le salon de thé *Ladurée*. Créateur avant tout, il ne cesse d'inventer de nouveaux desserts, n'hésitant pas à faire appel à des stylistes pour leur donner les plus jolies des présentations. On ne peut que se régaler de sa toute dernière création « la cerise sur le gâteau ». Avec lui, faisons la fête et confectionnons les plus délicieux des gâteaux.

Les desserts de fête

• Le chocolat est l'un des ingrédients de base de la pâtisserie ; il permet de faire de délicieux gâteaux et aussi de confectionner des crèmes onctueuses ou des mousses légères.

• Le chocolat est un subtil mélange de cacao, de beurre et de sucre, auquel on peut ajouter du lait et d'autres ingrédients pour le parfumer.

• La qualité du chocolat est primordiale pour réussir un bon dessert. Plus la teneur en cacao est importante, plus le chocolat est goûteux et fin : ainsi un très bon chocolat doit en contenir au moins 55 %. Le goût du chocolat ne doit être ni âcre ni piquant ni acide ni trop sucré. Son parfum doit être franc sans relent de brûlé.

• Le chocolat se conserve dans un endroit sec et bien aéré, à l'abri de la chaleur et de l'humidité : la température idéale se situe entre 15 et 20 °C. Évitez à tout prix les séjours au réfrigérateur.

• Le chocolat étant très sensible aux odeurs et à la lumière, prenez soin de toujours l'emballer dans une feuille d'aluminium ou de le ranger dans une boîte métallique.

• Si le chocolat est avant tout délicieux, il est aussi pour moi le plus efficace de tous les médicaments antistress.

▶ Le tour de main de Robuchon

Ma tarte au chocolat fondant

C'est une recette délicieuse et facile à réaliser.

250 g de pâte sucrée • 35 cl de crème liquide • 15 cl de lait • 300 g de chocolat • 2 œufs

• Préchauffez le four à 200 °C (thermostat 6). Foncez le moule à tarte avec la pâte sucrée en faisant déborder la pâte de 1 cm et faites-la cuire à sec pendant 10 minutes dans le four. Cassez le chocolat en petits morceaux.

• Versez la crème liquide et le lait dans une casserole. Portez à ébullition sur feu moyen. À ébullition, ajoutez le chocolat et retirez aussitôt la casserole du feu. Mélangez bien au fouet pour obtenir une pâte parfaitement lisse.

• Battez les œufs entiers à la fourchette. Ajoutez-les au mélange, toujours hors du feu, en fouettant énergiquement pour que les œufs ne cuisent pas. C'est l'opération la plus délicate de la recette.

• Dès que le fond de tarte a une belle coloration dorée, retirez-le du four. Avec un couteau, coupez la pâte qui dépasse pour avoir des bords bien nets. Baissez le four à 160 °C (thermostat 4).

• Versez la préparation au chocolat dans le fond de tarte. Enfournez et laissez cuire 18 minutes. La crème doit être prise mais tremblotante au centre.

Truffes au chocolat et caramel au beurre salé

Pour 70 pièces environ

300 g de chocolat amer • **180** g de chocolat au lait • **26** cl de crème fraîche liquide • **190** g de sucre • **40** g de beurre demi-sel • **250** g de cacao amer en poudre

1 plat rectangulaire • papier sulfurisé ou feuille d'aluminium • film étirable

① Mettez la crème à bouillir et retirez-la du feu dès ébullition.
② Dans une grande casserole, faites fondre le sucre au fur et à mesure sans eau. Quand le caramel est bien blond, ajoutez le beurre et mélangez. Puis versez la crème chaude, mélangez à nouveau et laissez bouillir.
③ Cassez tout le chocolat en petits morceaux et mettez-les dans un récipient. Versez le mélange caramel-crème bouillant sur le chocolat. Mélangez bien. Vous obtenez alors une ganache.
④ Tapissez le fond d'un plat rectangulaire d'une feuille de papier sulfurisé ou d'aluminium. Versez la ganache dans ce plat, recouvrez-la de film étirable et laissez-la refroidir au réfrigérateur pendant 2 heures. Ainsi, elle sera plus facile à travailler.
⑤ Passez la lame d'un couteau tout autour du plat et démoulez la ganache. Coupez-la en petits carrés de la grosseur des truffes désirée, de 3 cm de côté, par exemple.
⑥ Dans le creux de la main, transformez ces petits carrés de ganache en boules.
⑦ Versez le cacao en poudre dans une assiette et roulez-y les truffes, puis mettez-les dans une passoire fine et secouez-les de façon à retirer l'excédent de cacao. Avant de les consommer, laissez les truffes au réfrigérateur pendant encore 2 heures.

Pour préparer le caramel, vous pouvez ajouter de l'eau dans la casserole si vous craignez que le sucre n'attache. Dans ce cas, mettez la moitié du poids du sucre en eau, mais le goût du caramel sera différent.

Il est possible, avant de rouler les truffes dans le cacao, de les tremper dans du chocolat chaud, puis de les laisser refroidir. Ainsi, les truffes se conserveront plus longtemps (1 semaine au réfrigérateur).

Zestes de pamplemousses confits

Pour environ 250 g de zestes

4 pamplemousses • 1 gousse de vanille • 500 g de sucre semoule • 200 g de sucre cristallisé • 1 l d'eau • le jus d'1 citron • 10 grains de poivre noir • 1 étoile de badiane

① Lavez les pamplemousses et coupez les 2 extrémités, puis coupez-les en 4 quartiers. À l'aide d'un couteau, détachez, de haut en bas, le zeste de chaque quartier en laissant sur le zeste 1/2 cm de pulpe.
② Faites boullir de l'eau dans une casserole, plongez-y les zestes. Dès que l'ébullition repart, égouttez-les. Jetez l'eau. Renouvelez cette opération encore deux fois, dans une eau propre à chaque fois. La troisième fois, avant de les égoutter, plongez-les dans de l'eau glacée de façon à fixer leur couleur. Laissez-les refroidir dans l'eau le temps de faire le sirop.
③ Fendez la gousse de vanille en deux dans la longueur et prélevez-en les graines. Dans une casserole, versez le sucre semoule, le litre d'eau, le jus de citron, la gousse et les graines de vanille, les grains de poivre et l'étoile de badiane. Faites bouillir. Dès le début de l'ébullition, ajoutez les zestes de pamplemousses blanchis, couvrez et laissez-les cuire 1 heure 30 à feu doux, l'eau doit frémir. En fin de cuisson, ôtez la casserole du feu et laissez macérer les zestes dans le sirop pendant une nuit.
④ Le lendemain, égouttez les zestes dans une passoire, puis enveloppez-les dans du papier absorbant afin de retirer le sucre en surface. Laissez-les reposer ainsi au minimum 30 minutes, mais 2 ou 3 heures, c'est mieux. Les zestes doivent être bien secs.
⑤ Taillez-les en grosses lanières de 1 cm d'épaisseur. Enrobez ces lanières de sucre cristallisé.
⑥ Servez ces zestes de pamplemousses avec le thé ou le café en fin de repas. Ils peuvent également agrémenter des desserts.

Mousse au chocolat, aux pommes et à la cannelle

Pour 4 personnes

165 g de chocolat amer • 1 pomme • 2 pincées de cannelle en poudre • 1 bâtonnet de cannelle • 35 g de sucre • 10 g de beurre • 6 cl de crème fraîche liquide • 2 cuil. à soupe de rhum • 4 œufs

1 batteur à œufs • 1 thermomètre à pâtisserie

① Épluchez et coupez la pomme en gros dés. Mettez la cannelle en poudre et 10 g de sucre en poudre dans une assiette creuse. Versez-y les dés de pomme et mélangez-les pour qu'ils s'imprègnent de sucre et de cannelle.

② Faites fondre le beurre dans une poêle et versez les dés de pomme. Faites-les à peine dorer. Baissez le feu, versez le rhum et laissez réduire ou faites flamber. Débarrassez sur un plat et laissez refroidir à température ambiante.

③ Dans une casserole, portez la crème fraîche à ébullition avec la cannelle, retirez la casserole du feu et laissez infuser 15 minutes. Laissez refroidir à 45 °C environ.

④ Cassez le chocolat en morceaux et faites-le fondre au bain-marie ou au micro-ondes. Versez la crème sur le chocolat en la filtrant à travers un chinois et mélangez bien. Pour bien réussir la mousse, le chocolat et la crème ne doivent pas être trop chauds lors du mélange. Laissez reposer à température ambiante.

⑤ Séparez les blancs des jaunes d'œufs. Montez les blancs en neige en y incorporant, petit à petit, le sucre restant.

⑥ Incorporez 1/3 des blancs dans le chocolat et mélangez bien à l'aide d'une spatule. Puis ajoutez le reste des blancs en mélangeant délicatement afin de ne pas les faire retomber. Incorporez ensuite les pommes et mélangez à nouveau avec précaution. La mousse est prête, laissez-la refroidir 1 heure au réfrigérateur avant de servir.

La mousse peut se conserver 2 jours au réfrigérateur.

Pomme de pin au chocolat

Pour 8 personnes

330 g de chocolat • 75 g de poudre d'amandes • 30 g de farine • 175 g de sucre semoule • 4 blancs d'œufs • 20 cl de lait • 280 g de beurre en pommade • 80 g de pralines concassées • 2 paquets de langues-de-chat

1 batteur à œufs • papier sulfurisé • 1 poche à douille lisse • carton • feuille d'aluminium

① Avec un crayon, dessinez une forme de pomme de pin sur du papier sulfurisé et, sur un second papier, une forme identique mais légèrement plus petite.

② Dans un récipient, mélangez bien la poudre d'amandes avec la farine et 100 g de sucre semoule.

③ Séparez les blancs des jaunes d'œufs. Montez les blancs en neige en y incorporant, petit à petit, le sucre restant. Fouettez lentement pour commencer, puis plus rapidement.

④ Incorporez le mélange poudre d'amandes-farine-sucre aux blancs en neige. Mélangez très délicatement de façon à ne pas faire retomber les blancs d'œufs. Vous obtenez ainsi le biscuit de la pomme de pin. Préchauffez le four à 175 °C (thermostat 4-5).

⑤ Mettez le biscuit dans une poche avec une douille lisse et tapissez toute la surface des deux empreintes dessinées. Mettez au four pendant 20 minutes environ. Si possible, laissez la porte légèrement entrouverte. Le biscuit doit rester bien moelleux.

⑥ Pendant ce temps, faites bouillir le lait. Cassez le chocolat en morceaux, mettez-le dans un récipient et versez le lait bouillant dessus. Laissez le chocolat fondre un instant, puis mélangez bien. Incorporez le beurre en pommade, laissez-le fondre également, puis mélangez bien cette ganache.

⑦ Découpez un carton de la même forme que la plus grosse pomme de pin en papier sulfurisé, et recouvrez-le d'une feuille d'aluminium. Quand les deux biscuits sont cuits, laissez-les refroidir pendant 1 heure environ. Retirez le papier sulfurisé et égalisez-les avec des ciseaux de cuisine pour que les bords soient nets. Posez le plus gros biscuit sur la forme en carton. La rigidité du carton permettra un bon maintien au moment de servir.

⑧ Recouvrez le plus gros biscuit d'une bonne moitié (3/5) de la ganache, puis d'une bonne moitié des pralines. Posez le petit biscuit bien centré dessus. Recouvrez-le de ganache (gardez-en juste un peu pour napper le gâteau une fois terminé afin de faciliter la fixation des langues-de-chat), et du reste de pralines. Mettez la pomme de pin au réfrigérateur pendant 1 heure.

⑨ Nappez le gâteau froid du reste de la ganache à l'aide d'une spatule, en donnant bien la forme arrondie de la pomme de pin. Puis disposez les langues-de-chat, une à une, en commençant par la pointe de la pomme de pin. Remettez au réfrigérateur pendant au moins 1 heure avant de servir ; mais 1 jour ou 2, c'est mieux.

Vous pouvez saupoudrer la pomme de pin de cacao en poudre pour une finition parfaite.

Jean-Luc Poujauran

« Boulangerie Poujauran »
(Paris, VIIe)

Jean-Luc Poujauran est un boulanger de tradition, il est un artisan authentique capable de faire un pain sans chiqué. Chez lui, la baguette croustille, le pain de campagne a le goût de l'authentique et les croissants font rêver de petits déjeuners qui dureraient tout un dimanche. Les origines du Sud-Ouest de Jean-Luc Poujauran lui font privilégier quelques spécialités de sa région comme le gâteau basque ou les cannelés bordelais. Mais il est aussi le roi de l'Épiphanie, un véritable expert de la galette : la queue qui se forme le 6 janvier devant la boutique rose est révélatrice ! Je ne pouvais trouver meilleur partenaire avec qui rouler la pâte.

La galette

• Depuis la nuit des temps, des gâteaux prennent part au rituel des fêtes.

• Le 6 janvier, par exemple, jour de l'Épiphanie, la coutume veut que l'on se partage les parts d'une galette. Dans l'une d'elles a été dissimulée une fève et celui ou celle qui la découvre est déclaré roi ou reine.

• Chaque région a sa spécialité. En Provence, par exemple, on tire les rois avec une brioche en forme de couronne et décorée de fruits confits ; dans le Nord, la galette est garnie de raisins secs et de morceaux de sucre concassés ; à Bordeaux, elle est parfumée à la fleur d'oranger et dorée au jaune d'œuf... Toutefois le plus souvent, il s'agit d'un gâteau rond fait avec une pâte feuilletée.

• Nous mangeons la galette nature, fourrée de frangipane ou à la confiture.

• La fève était jadis un vrai haricot, elle est aujourd'hui le plus souvent en porcelaine et prend tous les aspects imaginables, allant du bébé emmailloté à tous les animaux du ciel et de la terre en passant par le croissant de lune et le fer à cheval, elle va même jusqu'à prendre la forme du petit camion de mon boulanger préféré !

▶ Le tour de main de Robuchon

Ma crème d'amandes

Voici la recette de crème d'amandes la plus simple que je connaisse. Pour la réussir, il faut une quantité égale d'amandes, de sucre et de beurre.

Pour une galette de 6 à 8 personnes :
60 g d'amandes en poudre • 60 g de beurre en pommade • 1 œuf • 1 cuil. à soupe de crème double • 60 g de sucre glace • 1 cuil. à soupe de rhum

• Dans un saladier, mélangez au fouet les amandes en poudre avec le beurre. Incorporez l'œuf entier, la crème double et le sucre glace. Fouettez jusqu'à ce que le mélange blanchisse.
• Quand la pâte est blanchie, ajoutez le rhum, fouettez encore un peu pour bien mélanger. Il ne reste plus qu'à fourrer la galette.

Galette feuilletée à la confiture

Pour 5 à 6 personnes

500 g de pâte feuilletée • 1 jaune d'œuf • 1 cuil. à soupe de lait • 200 g de confiture au choix • farine pour travailler la pâte • 1 fève

① Battez le jaune d'œuf et mélangez-le avec le lait pour faire la dorure de la galette. Réservez au réfrigérateur.
② Étalez la pâte feuilletée sur 1/2 cm environ d'épaisseur. Parsemez-la d'un peu de farine. Déposez dessus un cercle de la taille de la galette souhaitée et, à l'aide d'un couteau, découpez tout autour de façon à obtenir un joli cercle. (Vous pouvez tout simplement utiliser une assiette.)
③ Après avoir découpé un cercle, chiquetez les bords de la galette : appuyez légèrement sur les bords de la pâte avec le dos de la lame d'un couteau et remontez vers l'intérieur, comme pour faire une virgule. Ces petites entailles doivent être obliques et si possible régulières de façon à faciliter le gonflage à la cuisson et une parfaite présentation.

④ Faites une légère incision dans la pâte sans la transpercer pour y dissimuler la fève, passez un peu de dorure dessus, la pâte se recollera à la cuisson. Retournez la pâte et déposez-la sur une plaque de cuisson. Laissez reposer pendant 20 minutes au réfrigérateur. Préchauffez le four à 180 °C-200 °C (thermostat 5-6).
⑤ Une fois la pâte reposée, passez deux fois de suite la dorure dessus, en prenant garde de ne pas en faire couler sur les bords de la galette, ni sur la plaque du four car cela empêcherait la pâte de monter. Avec un couteau, piquez la pâte en cinq endroits puis réalisez une petite décoration dessus.
⑥ Enfournez la galette ; après 15 minutes, baissez le four à 150 °C (thermostat 3-4) et laissez-la finir sa cuisson pendant 5 minutes.
⑦ Sortez la galette du four, dédoublez-la, garnissez-la de la confiture de votre choix et reconstituez la galette. Repassez-la au four à peine 1 minute, juste le temps de tiédir la confiture. Dégustez-la tiède.

Vous pouvez servir cette galette nature, sans la fourrer de confiture ; au sortir du four, le feuilletage est très moelleux.

Galettes sablées aux amandes

Pour 2 galettes de 4 personnes

400 g de farine • **200** g de beurre • **150** g de sucre glace • **50** g de poudre d'amandes • **3** œufs • **3** citrons non traités • **1** pincée de vanille en poudre • **1** pincée de sel • **2** fèves

① Laissez le beurre à température ambiante suffisamment longtemps pour qu'il soit en pommade de façon à le travailler plus facilement.
② Dans un récipient, mélangez à la spatule le beurre avec le sucre, incorporez ensuite successivement le sel, la vanille, la poudre d'amandes, 1 œuf et la moitié de la farine. Mélangez bien à chaque adjonction. Ajoutez pour finir un deuxième œuf et le reste de la farine, mélangez à nouveau.
③ Lavez les citrons, et prélevez leur zeste. Incorporez-le à la pâte. Recouvrez-la de film étirable ou d'un linge et laissez-la reposer au mini-

mum 1 heure (ou une nuit) au réfrigérateur. (La pâte sablée se travaille mieux lorsqu'elle est bien froide.)

④ Coupez la pâte en deux parties équivalentes et faites-en deux boules. Étalez-les de façon à faire deux abaisses de 1 cm environ d'épaisseur, sans trop travailler la pâte. Faites une légère incision dans chaque abaisse pour y dissimuler les fèves. Retournez les galettes et déposez-les sur une plaque de cuisson. Laissez reposer au réfrigérateur pendant 20 minutes environ. Préchauffez le four à 150 °C (thermostat 3-4).

⑤ Séparez le blanc du jaune du dernier œuf. Battez le jaune avec une cuillerée à soupe d'eau. Dorez les galettes avec le jaune d'œuf battu. Réalisez au couteau un décor sur les galettes.

⑥ Mettez les galettes dans le four pendant 45 minutes. Sortez-les du four et laissez-les refroidir. Servez ces galettes froides.

Cette galette sablée est traditionnellement servie comme galette des rois dans le sud-est de la France.

Galette fourrée à la frangipane

Pour 6 à 8 personnes

500 g de pâte feuilletée • 5 œufs • 180 g de sucre • 30 g de farine • 1 gousse de vanille • 25 cl de lait • 150 g de beurre en pommade • 150 g de poudre d'amandes • 1 citron non traité • 2 cuil. à soupe de rhum • quelques gouttes d'extrait de vanille liquide • 1 fève

1 fouet électrique (facultatif)

① Dans un récipient mélangez 2 jaunes d'œufs avec 60 g de sucre. Fouettez de façon à ce que le mélange soit bien crémeux. Incorporez ensuite la farine.

② Fendez la gousse de vanille en deux dans la longueur. Faites bouillir le lait avec la gousse de vanille. À ébullition, retirez la gousse de vanille et versez 2 à 3 petites louches de lait chaud sur le mélange œufs-sucre-farine, délicatement pour ne pas cuire trop vite les œufs ; délayez bien. Reversez cette crème dans le lait et mélangez. Portez à nouveau à ébullition en mélangeant énergiquement. Retirez du feu, laissez refroidir en posant la casserole dans un saladier de glaçons. Recouvrez-la et réservez cette crème pâtissière au réfrigérateur.

③ Lavez le citron et râpez le zeste. Dans un récipient, mélangez, à l'aide d'une spatule, le beurre avec le sucre restant. Incorporez ensuite la poudre d'amandes, 1 œuf, le rhum, le zeste du citron, 6 à 8 gouttes d'extrait de vanille et, pour finir, le quatrième œuf. Mélangez bien à chaque adjonction. Incorporez une bonne moitié de la crème pâtissière et mélangez bien cette frangipane.

④ Étalez la pâte feuilletée sur 1/2 cm d'épaisseur. Posez deux assiettes sur la pâte et, avec la pointe d'un couteau, incisez autour pour obtenir deux cercles. Séparez le blanc du jaune du dernier œuf. Battez le jaune avec 1 cuillerée à soupe d'eau.

⑤ Posez un rond de pâte feuilletée sur la plaque du four, étalez la frangipane dessus en laissant un bord de 2 à 3 cm libre tout autour. À l'aide d'un pinceau, humidifiez le bord libre de la pâte feuilletée avec la dorure. Déposez la fève sur la frangipane et recouvrez l'ensemble avec le deuxième cercle de pâte. Soudez les deux cercles de pâte en pressant les bords. Toujours à l'aide d'un pinceau, dorez la surface avec le reste du jaune d'œuf battu.

⑥ Chiquetez les bords de la galette (voir page 167). Faites une cheminée au centre de la galette. Réalisez un décor sur la surface de la galette sans transpercer la pâte, et piquez-la quatre à cinq fois. Laissez reposer la galette pendant 1 heure au réfrigérateur.

⑦ Préchauffez le four à 190 °C (thermostat 5-6). Mettez la galette au four et faites-la cuire pendant 25 minutes. Servez tiède.

La crème pâtissière étant difficile à réaliser en petite quantité, gardez la seconde moitié pour une autre préparation.

Couronne briochée landaise

Pour 6 à 8 personnes

650 g de farine • 23 g de levure de boulanger • 10 cl d'eau tiède • 180 g de beurre • 100 g de sucre • 1 cl de vanille liquide • 2 cuil. à soupe de rhum • 2 cuil. à soupe de fleur d'oranger • 2 cuil. à soupe d'armagnac • 5 g de sel • 4 œufs • 1/2 verre de lait • 50 g de grains de sucre candi • 1 fève

1 robot • papier sulfurisé

① Préparez le levain 2 à 3 heures à l'avance : délayez 3 g de levure de boulanger avec l'eau tiède. Dans un récipient, mettez 150 g de farine en fontaine, versez la levure délayée et mélangez bien avec une spatule. Recouvrez le tout d'un linge et laissez reposer dans un endroit tempéré, plutôt tiède.

② Dans un autre récipient, mettez le beurre avec le sucre, la vanille liquide, la fleur d'oranger, le rhum et l'armagnac. Ne mélangez pas, mais laissez infuser et fondre le beurre. Recouvrez et entreposez dans un endroit tiède, pendant 2 à 3 heures.

③ 3 heures plus tard, le beurre est ramolli ; le levain est prêt.

Pétrissez la pâte à brioche (dans un robot ménager) : dans le bol du robot, mettez le reste de farine avec 3 œufs, le lait, la levure restante en l'égrenant et le levain. Mélangez à vitesse minimum. Puis incorporez petit à petit une bonne partie de la préparation à base de beurre, tout au long du pétrissage. Si la pâte est ferme, ajoutez 10 cl d'eau pour la rendre plus malléable. Mélangez bien, toujours à petite vitesse pendant 3 à 4 minutes.

Ajoutez les 5 g de sel (surtout ne l'incorporez pas avant), pétrissez pendant 6 à 7 minutes, puis versez le reste du beurre en augmentant un peu la vitesse du batteur et pétrissez à nouveau 5 minutes. Le pétrissage doit durer environ 15 minutes en tout.

④ Mettez cette pâte dans un récipient assez grand car la préparation va pousser. Recouvrez-la d'un linge et laissez-la dans un endroit frais, elle montera moins vite mais elle sera plus fine. Laissez-la doubler de volume, cela demande 1 heure environ.

⑤ Au bout d'1 heure, soulevez la pâte en lui donnant un petit mouvement de rotation, laissez-la se replier sur elle-même jusqu'à ce qu'elle reprenne son ancien volume, remettez-la au frais et renouvelez l'opération 1 heure plus tard.

⑥ Après avoir rabattu deux fois la pâte, divisez-la en trois boules. Prenez l'une d'elles pour réaliser votre couronne. (Conservez le reste pour un autre usage.) Faites un creux au milieu de cette boule (les boulangers se servent de leur coude).

Prenez ce cercle entre les mains et tournez-le sans arrêt, comme un volant. La pâte s'étend alors jusqu'à la taille souhaitée.

⑦ Faites une petite entaille sur le dessous pour y dissimuler la fève. Recouvrez la plaque du four de papier sulfurisé et déposez la couronne dessus. Recouvrez-la d'un linge et laissez-la reposer pendant encore 2 heures à température ambiante, la couronne doit doubler de volume.

⑧ Préchauffez le four à 180 °C (thermostat 5). Dorez la couronne très délicatement avec un jaune d'œuf battu mélangé à 1 cuillerée d'eau. Parsemez-la de grains de sucre candi (tout autour ou en cinq ou six petits tas). Mettez la couronne au four et faites-la cuire pendant 20 à 25 minutes. La couronne landaise se déguste froide.

Il est difficile de faire moins de pâte à brioche, vous pouvez donc conserver les deux autres boules soit au congélateur, soit au réfrigérateur si vous souhaitez vous en servir le lendemain

Serge Zagori

Glacier
(Paris, VIIIe)

Mon ami Serge Zagori a beau fournir en glaces et en sorbets des centaines de boutiques et de restaurants parisiens, il n'en reste pas moins l'un des meilleurs artisans glaciers de France. Rien n'est laissé au hasard et si ses glaces sont tellement bonnes, c'est grâce à son talent, mais aussi à la fraîcheur et à la qualité des ingrédients et des fruits. Il faut lui demander de raconter d'où viennent les petites framboises qui composent son sorbet et avec quel café il parfume le parfait ; en l'écoutant on se régale déjà. Ensemble, nous allons vous révéler quelques-uns de ses secrets.

La glace

• Si vous voulez faire plaisir à vos jeunes convives, faites-leur une glace ou un sorbet, il s'agit sans aucun doute de leur dessert préféré.

• On confond parfois glace et sorbet. Sachez que dans la composition d'une glace entrent des jaunes d'œufs, du lait ou de la crème fraîche auxquels on ajoute le parfum choisi, alors que dans un sorbet on ne met que de la purée (ou du jus) de fruits et du sucre ou du sirop.

• Dans les deux cas, vous avez besoin d'une sorbetière, un appareil composé d'une cuve réfrigérée dans laquelle des batteurs entraînés par un moteur brassent le mélange pour éviter la formation de paillettes. On vend maintenant des petites machines pas très chères qui fonctionnent très bien.

• Quand vous faites votre glace vous-même, servez-la aussitôt faite, elle aura une onctuosité inimitable. Évitez de la congeler, vous risqueriez d'être déçu.

• Si vos glaces et vos sorbets sont conservés au congélateur, pensez à les sortir quelques minutes avant de les servir (le temps variant selon la température de la pièce), car une glace trop dure perd toute sa saveur.

• Pour démouler une glace, plongez le moule 15 secondes dans de l'eau tiède, essuyez-le et retournez-le sur le plat de service.

▶ Le tour de main de Robuchon

Ma glace allégée minute aux framboises

Mon ami Serge Zagori m'a confié le secret d'une recette de glace minute qui ne fait pas grossir. Je vous le livre à mon tour.

300 g de framboises surgelées • 150 g de fromage blanc à 0 % de matière grasse bien froid • 200 g de lait concentré demi-écrémé non sucré • 4 cuil. à soupe de substitut de sucre en poudre à base d'aspartam

1 mixeur

• C'est vraiment tout simple. Mettez les fruits surgelés dans un mixeur, ajoutez le fromage blanc, le lait concentré bien froid puis le sucre.
• Mixez pendant 1 minute environ, et c'est prêt.

C'est bon, et c'est vraiment léger : la valeur énergétique n'est que de 67 Kcal pour 100 g.

Glace à la vanille

Pour 6 personnes

300 g de lait entier • 120 g de sucre semoule • 30 g de sucre à confiture • 170 g de crème fleurette • 6 jaunes d'œufs • 1 gousse de vanille • 200 g de lait concentré non sucré

1 fouet • 1 chinois • 1 turbine à glace ou 1 sorbetière • film étirable

① Dans une casserole, faites cuire le lait. Versez d'abord un petit fond d'eau, pour éviter que le lait n'attache. Versez le lait et le sucre à confiture. Fendez la gousse de vanille en deux dans la longueur, récupérez les grains et ajoutez gousse et grains dans la casserole. Portez à ébullition.
② Dans un récipient, battez les 6 jaunes d'œufs, puis incorporez petit à petit le sucre semoule, en fouettant énergiquement jusqu'à ce que le mélange blanchisse, c'est-à-dire devienne mousseux et clair.

③ Quand le lait est bouillant, retirez la gousse de vanille, puis versez le lait petit à petit sur les jaunes, mélangez en même temps avec une spatule, énergiquement pour que les jaunes ne cuisent pas.
④ Versez le tout dans une casserole, faites chauffer jusqu'à ce que le mélange épaississe et devienne crémeux, remuez sans cesse et ne laissez surtout pas bouillir. Pour savoir si le mélange a la bonne consistance, sortez la spatule de la casserole et passez un doigt dessus : si la trace du doigt demeure et que la crème ne coule pas, c'est bon.
⑤ Retirez du feu, ajoutez le lait concentré et la crème fleurette, mélangez.
⑥ Passez cette préparation au chinois dans un récipient, recouvrez-la de film étirable, puis entreposez-la au réfrigérateur pendant une demi-journée. Idéalement, il faudrait la laisser reposer une nuit. Les saveurs se mélangent mieux et la glace sera bien meilleure.
⑦ Versez cette préparation dans la turbine à glace, posez le couvercle et mettez la turbine en marche en fonction de votre sorbetière. La glace à la vanille est prête.

Une glace faite à la maison est meilleure fraîche, mais elle peut se conserver 2 à 3 jours, pas plus, dans le congélateur.

Sorbet mandarine

Pour 6 personnes

1,5 kg de mandarines • 1 citron • 180 g de sucre en morceaux • 30 g de sucre à confiture • 1/2 sachet de sucre vanillé

1 presse-agrumes • 1 sorbetière

① Lavez soigneusement les mandarines puis essuyez-les.
② Grattez chaque mandarine (entière avec sa peau) avec un morceau de sucre. Utilisez l'arête des morceaux de sucre de façon à bien gratter le zeste. Les morceaux de sucre vont ainsi s'imbiber du parfum un peu amer des écorces.
③ Pelez et pressez les mandarines. Vous devez obtenir environ 750 g de jus. Pressez le citron et réservez le jus à part.

④ Mettez sur feu doux, dans une casserole, tous les morceaux de sucre avec 1/3 du jus de mandarine. Ajoutez le sucre à confiture et le sucre vanillé. Chauffez doucement en remuant, de façon à obtenir la dissolution des différents sucres. Ne portez surtout pas à ébullition.
⑤ Lorsque les sucres sont dissous, ajoutez le reste du jus de mandarine et le jus de citron, mélangez.
⑥ Versez le tout dans la sorbetière et mettez la turbine en marche en fonction de votre sorbetière.
⑦ Le sorbet mandarine est prêt.
Le sorbet ne sera jamais aussi savoureux qu'au moment où il sort de la sorbetière. Mais vous pouvez, bien sûr, le conserver au congélateur.

Le sucre à confiture contient de la pectine qui donne plus d'onctuosité au sorbet. On en trouve dans toutes les épiceries.
Si vous n'en avez pas, remplacez-le par 30 g de sucre normal.

Glace au chocolat

Pour 6 à 8 personnes

1/2 l de lait entier • 150 g de chocolat amer à 70 % de cacao • 50 g de cacao en poudre • 1 pincée de café soluble • 1 gousse de vanille • 5 jaunes d'œufs • 150 g de sucre • 250 g de lait concentré non sucré

1 fouet (manuel ou électrique) • 1 chinois • 1 turbine à glace ou 1 sorbetière

① Faites fondre au bain-marie, dans une eau juste frémissante, le chocolat cassé en morceaux.
② Dans une casserole, versez un fond d'eau puis le lait et portez à ébullition. Lorsqu'il est bouillant, ajoutez le cacao en poudre et délayez-le, puis ajoutez le café soluble. Fendez la gousse de vanille en deux dans la longueur, extrayez les graines et jetez-les dans la casserole (gardez les gousses pour une autre préparation). Portez à nouveau à ébullition.

③ Au fouet (manuel ou électrique), battez les jaunes d'œufs, ajoutez ensuite le sucre tout doucement et fouettez jusqu'à ce que le mélange blanchisse, c'est-à-dire devienne mousseux et clair.
④ Versez tout doucement le mélange chocolat-lait sur les jaunes d'œufs. Remettez sur le feu et faites chauffer sans cesser de remuer et sans faire bouillir jusqu'à ce que le mélange épaississe et devienne crémeux. Mélangez pour commencer avec un fouet puis, dès que le chocolat s'épaissit, avec une spatule. Pour savoir si le mélange a la bonne consistance, sortez la spatule de la casserole et passez un doigt dessus : si la trace du doigt demeure et que la crème ne coule pas, le mélange est bon.
⑤ Versez le lait concentré, mélangez, puis ajoutez le chocolat fondu, mélangez bien le tout. Passez cette préparation au chinois et laissez-la refroidir.
⑥ Quand la préparation est froide, versez-la dans la turbine, mettez le couvercle et mettez la turbine en marche en fonction de votre sorbetière. La glace au chocolat est prête.

Parfait au café

Pour 4 à 6 personnes

1/4 l de crème fraîche liquide • 12 g de café soluble • 75 g de sucre en poudre • 4 œufs

1 fouet électrique • 1 robot

① Fouettez la crème bien froide en chantilly dans un saladier très froid, voire glacé. (Si la température environnante est supérieure à 18 °C, il est vivement conseillé de placer le récipient dans un autre, plus grand, contenant des glaçons.) Conservez cette crème Chantilly au réfrigérateur.
② Portez à ébullition, dans une casserole, 75 g d'eau avec le sucre. Dès le début de l'ébullition, retirez du feu et ajoutez le café soluble, mélangez.

③ Dans le bol du robot, fouettez les œufs entiers à petite vitesse, puis versez dessus en filet le café chaud en laissant tourner le robot. Fouettez jusqu'à ce que le bol du robot soit froid.

④ Incorporez délicatement avec une spatule ce mélange dans la crème Chantilly.

⑤ Versez ce parfait au café dans des moules puis entreposez au congélateur pendant 1 à 2 heures minimum avant de le déguster.

Ce parfait peut se conserver 3 semaines au congélateur.

Sylvain Vandenameele

« La Poularde de Houdan »
(Houdan, Yvelines)

Sylvain Vandenameele a repris l'affaire familiale et s'applique à maintenir la qualité du restaurant *La Poularde de Houdan* que Pierre, son père, avait créé. L'accueil amical que l'on reçoit en franchissant la porte de cette belle maison bourgeoise laisse présager du bon repas qui nous attend. Notre attente ne sera pas déçue : le savoir-faire de Sylvain est là pour réaliser des plats traditionnels de grande qualité tirant le meilleur parti des produits sélectionnés avec soin. J'ai eu envie de parler avec lui du potiron, ce légume à l'allure bonhomme qui évoque les soirées d'automne en famille.

Le potiron

• Le potiron appartient à la famille nombreuse des cucurbitacées, il est frère ou cousin de la courge, de la citrouille, du potimarron, du giraumon ou bonnet turc, de la coloquinte...
• Sa chair sucrée et douce ne se consomme que cuite.
• Choisissez un potiron ventru à peau épaisse de couleur franche, son poids ne doit guère dépasser 5 kg. Évitez les potirons vendus en portions : elles ont en général été coupées dans des potirons trop gros pour avoir vraiment du goût, et d'autre part, une fois coupé, l'arôme du potiron s'évente très vite. Néanmoins un potiron entamé se conserve plusieurs jours à l'abri de la lumière.
• Chargée de légendes, la citrouille s'illumine pour la fête d'« Halloween » et se transforme en « pie » pour le « Thanksgiving » américain.

Ma crème de potiron

Pour moi, le potiron, c'est la soupe fumante qui embaume la cuisine.

Pour 4 personnes :
500 g de potiron • 500 g de bouillon de volaille • 3 g de sucre • le zeste d'1/4 d'orange • 15 g de Maïzena • 150 g de crème fraîche liquide • 50 g de beurre • sel et poivre

1 mixeur • 1 fouet

• Coupez le potiron en morceaux. Dans une casserole, versez le bouillon de volaille, puis ajoutez les morceaux de potiron, le sucre, le zeste d'orange, ne salez pas car le bouillon de volaille l'est suffisamment. Faites chauffer et, dès les premiers frémissements, baissez à feu doux et laissez cuire à couvert pendant 18 minutes.
Retirez le zeste d'orange puis mixez.
• Délayez au fouet la Maïzena avec un peu d'eau et versez-la dans la soupe, toujours en mélangeant au fouet. Portez à ébullition, puis ajoutez la crème liquide et mixez. Ajoutez ensuite le beurre froid, mixez à nouveau, vérifiez l'assaisonnement, ajoutez si nécessaire du sel et du poivre, mixez une dernière fois. Servez aussitôt.

Tout le secret de cette préparation réside dans une bonne émulsion finale qui donne toute son onctuosité ; une vraie gourmandise.
Cette crème de potiron peut être réchauffée, mais elle sera moins onctueuse.

Potiron en garbure au pain

Pour 4 personnes

550 g de potiron • **1** gros oignon • **20** g de beurre • **1** l de bouillon de volaille • **1** bouquet garni • **20** cl d'huile d'olive • **1** gousse d'ail • **1** petit bouquet de persil plat • **4** tranches de pain de campagne • sel et poivre

1 mixeur

① Coupez 400 g de potiron en morceaux. Pelez l'oignon et hachez-le pour en obtenir 100 g. Dans une casserole, faites fondre le beurre puis ajoutez l'oignon et faites-le suer sans coloration.

② Lorsque les oignons sont à mi-cuisson, quand ils sont encore un peu fermes, ajoutez les morceaux de potiron et laissez suer sur feu moyen. Dès que vous obtenez une légère coloration du potiron, mouillez avec le bouillon de volaille, ajoutez le bouquet garni, une pincée de sel et portez à ébullition, puis faites cuire à frémissements pendant 20 minutes.

③ Coupez les 150 g de potiron restant en bâtonnets. Dans une cocotte, mettez l'huile d'olive à chauffer. Lorsque l'huile est chaude (100 °C-120 °C, moins qu'une friture), plongez les bâtonnets de potiron dedans. (Si une légère ébullition apparaît tout autour, c'est que l'huile est à bonne température.) Laissez confire pendant 3 à 5 minutes. Vérifiez la cuisson à la pointe d'un couteau, les bâtonnets doivent être « al dente », puis égouttez-les sur du papier absorbant.

④ Frottez les tranches de pain de campagne d'un côté avec de l'ail puis passez-les au four, position gril, et faites-les colorer des deux côtés.

⑤ Pendant la cuisson de la soupe, lavez le persil, équeutez-le et hachez les feuilles. Au bout des 20 minutes de cuisson, retirez le bouquet garni de la casserole et mixez. Vérifiez l'assaisonnement, salez et poivrez si nécessaire. Mixez à nouveau puis ajoutez le persil plat haché, mélangez.

⑥ Disposez les tranches de pain grillé dans des assiettes, déposez quelques bâtonnets de potiron frits dessus et recouvrez de la soupe bien chaude. Servez aussitôt.

Ce plat se sert en potage ou en plat principal.

Gratin de potiron au cumin

Pour 4 personnes

400 g de pulpe de potiron • 1 gros oignon • 3 gousses d'ail + 1/2 gousse non pelée • 50 g de beurre • 10 g de farine • 20 cl de lait • 10 g de cumin • 60 g de fromage râpé • sel, poivre • gros sel

1 plat à gratin • 1 fouet

① Coupez le potiron en lamelles de 1/2 cm d'épaisseur environ. Mettez les lamelles dans une casserole, recouvrez-les d'eau froide, ajoutez une poignée de gros sel, portez à ébullition pendant 2 à 3 minutes, le potiron doit être « al dente ». Égouttez les lamelles de potiron sur une grille en évitant de les empiler pour qu'elles sèchent bien.

② Frottez le plat de cuisson avec la demi-gousse d'ail, ce qui parfumera délicatement le gratin et l'empêchera d'attacher. Disposez les lamelles de potiron dans le plat en les faisant se chevaucher mais sans les coucher complètement.

③ Pelez et hachez l'oignon jusqu'à en avoir 100 g. Pelez et hachez très finement l'ail pour en avoir 25 g. Versez le beurre et l'oignon dans une casserole et faites-le suer à petit feu jusqu'à obtenir une couleur blonde, mélangez bien avec une spatule. Ajoutez l'ail haché et mélangez. Incorporez ensuite la farine sur feu doux, mélangez bien et, au bout de 1 minute, versez le lait et délayez à l'aide d'un fouet. Tout en mélangeant, laissez bouillir 1 à 2 minutes jusqu'à ce que cette préparation épaississe. Vérifiez l'assaisonnement, ajoutez du sel et du poivre si nécessaire, puis ajoutez le cumin.

④ Préchauffez le four à 170 °C (thermostat 4-5).

Nappez les lamelles de potiron de la sauce et parsemez de fromage râpé. Mettez au four et laissez cuire pendant 20 à 25 minutes. Sortez du four et servez sans attendre.

Ce gratin se déguste avec toutes sortes de viandes rouges ou du gibier.

Blinis de potiron au sésame

Pour 4 à 6 personnes

500 g de pulpe de potiron • 2 citrons non traités • 3 œufs • 25 g de beurre • 60 g de farine tamisée • 25 g de sucre • 20 g de graines de sésame doré • 1 pincée de noix muscade • sel et poivre

1 batteur • 1 poêle antiadhésive ou 1 poêle à blinis • 1 fouet

① Coupez la pulpe de potiron en gros morceaux. Faites bouillir de l'eau dans une cocotte, plongez-y les morceaux de potiron, salez et laissez cuire pendant 20 minutes environ, jusqu'à ce que les morceaux de potiron soient facilement traversés par la lame d'un couteau. Égouttez-les et réservez-les.

② Lavez les citrons et râpez leur zeste. Pressez 1 citron pour en extraire le jus. Séparez les blancs des jaunes d'œufs. Réservez tous ces éléments séparément.

③ Mettez le beurre à fondre dans une casserole, ajoutez le potiron et fouettez pour le réduire en purée. Incorporez les zestes puis le jus de citron. Hors du feu, incorporez une pincée de noix muscade, les jaunes d'œufs petit à petit, puis la farine.

④ Montez les blancs d'œufs en neige avec une pincée de sucre. Lorsqu'ils sont bien montés, incorporez le reste du sucre, petit à petit, en fouettant à vitesse rapide.

⑤ Mélangez au fouet la moitié de ces blancs en neige avec la purée de potiron, puis, délicatement avec une spatule, le reste des blancs.

⑥ Déposez dans une poêle antiadhésive chaude, à l'aide d'une cuillère à soupe, des petits tas de cet appareil en leur donnant la forme de blinis (petites crêpes). Pendant qu'ils colorent sur une face, parsemez l'autre face de graines de sésame puis retournez-les pour dorer cette deuxième face et griller le sésame.

Servez ces blinis chauds avec du gibier, ou tièdes en dessert ou en petits-fours.

Petits pots au potiron

Pour 4 personnes

300 g de potiron • le zeste de 2 citrons • 4 œufs • 50 g de sucre • 50 g de beurre

4 petits pots ou ramequins • 1 pinceau • 1 mixeur • papier sulfurisé

① Coupez le potiron en cubes. Faites-les cuire dans de l'eau bouillante salée pendant 20 minutes environ, jusqu'à ce que les morceaux de potiron soient facilement traversés par la lame d'un couteau. Égouttez-les sur une grille.

② Dans une petite casserole, faites fondre le beurre. Beurrez le fond et les bords des petits pots au pinceau.

③ Dans le bol du mixeur, mettez le zeste des citrons, 2 jaunes d'œufs, 2 œufs entiers, le sucre et mixez jusqu'à ce que le mélange blanchisse. Toujours en mixant, incorporez petit à petit le potiron, puis le reste du beurre fondu en filet.

④ Versez cet appareil dans les petits pots. Préchauffez le four à 150 °C (thermostat 3-4).

Tapissez un plat de papier sulfurisé (dans lequel vous faites des entailles, de façon à éviter que les pots s'entrechoquent), puis déposez les petits pots dedans pour les faire cuire au bain-marie.

⑤ Remplissez le plat d'eau bouillante jusqu'aux 3/4 de la hauteur des moules, puis mettez au four pendant 25 minutes.

⑥ Servez ce dessert froid ou chaud.

Guy Martin

« Le Grand Véfour »
(Paris, 1er)

Il est un restaurant à Paris qui vit s'asseoir Napoléon et Joséphine, Victor Hugo, Colette, Jean Cocteau ; ce haut lieu de la gastronomie vécut de nombreuses années sous le règne du grand Raymond Oliver. Guy Martin, venu de sa Savoie natale, avait donc la tâche difficile, il s'en est acquitté le plus habilement du monde, redonnant à ce lieu magique ses lustres d'antan. Il faut dire, comme l'écrivait François Mauriac, que : « La vérité naît en province et se révèle à Paris. »

L'orange

• Il n'y a pas si longtemps l'orange était un fruit exotique rare, synonyme de délicatesse et de luxe : on l'emballait dans du papier de soie pour la déposer dans les chaussures des enfants à Noël. Aujourd'hui, l'orange est le deuxième fruit le plus consommé après la pomme.
• Une belle orange doit être lourde à la main, avec une peau brillante mais sans plus, exempte de taches et de griffures. Sa fraîcheur se décèle à la présence du pédoncule fortement attaché au corps du fruit.
• Une écorce fine et serrée est souvent signe d'un fruit juteux.
• La couleur des oranges n'est pas forcément significative, ce sont les écarts de température entre le jour et la nuit en période de maturation qui provoquent la coloration du fruit.

▶ Le tour de main de Robuchon

En cuisine et en pâtisserie, le zeste d'orange est un allié précieux. Mais attention, si vous voulez que le zeste d'orange exprime tous ses arômes, il ne faut utiliser que des oranges non traitées car, même en les lavant plusieurs fois, on ne retire pas le goût de produits chimiques. Pour prélever le zeste, utilisez un couteau spécial, un zesteur ou un économe, qui vous permettra de séparer l'écorce de la partie blanchâtre génératrice d'amertume. Vous pouvez utiliser le zeste entier, haché ou taillé en julienne.

Les zestes taillés sont parfois blanchis pour les attendrir ; pour cela, plongez-les 5 à 6 secondes dans de l'eau bouillante, puis égouttez-les. Les zestes s'utilisent encore frottés sur des morceaux de sucre pour aromatiser des gâteaux ou des crèmes. D'aucuns pensent que presser le zeste permet de dégager une « essence essentielle », cela est bien aléatoire tant elle est volatile, mais que voulez-vous ! En cuisine aussi, parfois, il n'y a que la foi qui sauve !

Soupe d'oranges à la laitue

Pour 4 personnes

1 laitue • 2 oranges sanguines non traitées • 500 g de pommes de terre (bintje, par exemple) • 1 échalote • 20 g de beurre • 30 g de crème fraîche froide • 1 jaune d'œuf • gros sel • sel et poivre du moulin

1 mixeur • 1 presse-agrumes • 1 chinois

① Lavez la laitue, essorez-la, puis émincez-la grossièrement en roulant les feuilles sur elles-mêmes. Pelez et coupez les pommes de terre en petits morceaux. Plongez-les dans un récipient d'eau de manière à les rincer et à laisser la fécule dans le fond. Pelez et émincez l'échalote. Réservez le tout séparément.

② Dans une grande casserole, mettez le beurre et l'échalote émincée et faites suer à petit feu sans coloration. Dès que l'échalote devient translucide, ajoutez la laitue et laissez-la suer légèrement.

③ Mouillez ensuite avec 1 litre d'eau et portez à ébullition. Ajoutez alors les pommes de terre coupées et faites reprendre l'ébullition.

④ Prélevez un zeste sur toute la hauteur d'une des oranges, puis pressez le jus des oranges. Mettez l'équivalent du jus d'une orange et demie dans la casserole où cuisent la laitue et les pommes de terre, ajoutez le zeste, une pincée de gros sel, puis laissez cuire à feu doux pendant 30 minutes.

⑤ Fouettez la crème, froide, jusqu'à ce qu'elle soit bien mousseuse (mais sans la monter en chantilly). Versez cette crème sur le jaune d'œuf, mélangez, puis incorporez le jus d'orange restant, réservez.

⑥ Au bout de 35 minutes de cuisson, retirez le zeste d'orange, mixez la soupe et passez-la au chinois en appuyant avec une petite louche pour aider le jus à passer. Vous aurez ainsi une soupe bien lisse. Portez-la à nouveau à frémissements, baissez le feu, incorporez ensuite la crème en fouettant, toujours sur feu doux et surtout sans faire bouillir, rectifiez l'assaisonnement en sel et en poivre du moulin.

⑦ Mixez une dernière fois et dressez dans une soupière. Servez aussitôt.

Compote de pommes reinettes aux oranges

Pour 4 personnes

1 kg d'oranges • 1 kg de pommes reinettes • 8 g de cannelle en bâton • 100 g de sucre en poudre • 10 cl d'eau • 2 pointes de couteau de safran • 20 g de beurre • 50 g de sésame, blanc de préférence • 100 g de noix de pécan

1 passoire • papier absorbant • 1 mixeur

① Prélevez le zeste d'une orange en la pelant avec un économe, le plus finement possible de façon à ne pas prendre la chair blanchâtre de l'orange qui est amère. Coupez-le en morceaux. Pelez ensuite à vif toutes les oranges de façon à retirer cette chair blanchâtre.

② Coupez les oranges en deux, puis chaque moitié en trois dans la longueur. Émincez-les grossièrement dans le sens opposé.

③ Pelez les pommes et coupez-les en dés à peu près de la même grosseur que les oranges.

④ Dans une casserole, mettez les oranges, les pommes, le zeste coupé en morceaux, la cannelle, le sucre, l'eau et le safran, ne mélangez pas, couvrez, et laissez mijoter 30 minutes à feu doux.

⑤ Dans une poêle, faites fondre le beurre. Lorsqu'il devient noisette, ajoutez les graines de sésame et laissez-les colorer tout en les mélangeant.

⑥ Égouttez les graines de sésame dans une passoire fine, puis posez-les sur du papier absorbant pour retirer l'excédent de beurre et réservez-les.

⑦ Au bout de 30 minutes de cuisson, les fruits sont cuits. Retirez le bâton de cannelle de la casserole et réservez-le pour la décoration finale.

⑧ Mixez la compote et dressez-la dans un saladier. Déposez le bâton de cannelle dessus et parsemez des noix de pécan et des graines de sésame.

⑨ Servez cette compote tiède ou froide.

Confit d'agrumes au fenugrec

Pour 4 personnes

2 oranges non traitées • **150** g de mangue • **150** g d'ananas • **1** pomme granny smith • **1** poire • **35** g de gingembre • **50** g de miel, d'acacia de préférence • **35** g de fenugrec • sel et poivre

① Pelez les oranges, le plus finement possible, de façon à ne récupérer que les zestes, sans la chair blanchâtre qui est très amère. Puis pelez à nouveau ces oranges de façon à détacher cette chair blanchâtre de la chair.

② Coupez ces oranges en deux dans la hauteur, puis coupez chaque moitié en trois dans la longueur puis en cinq dans le sens opposé.

③ Épluchez et coupez tous les autres fruits en petits dés ; hachez les zestes d'oranges et le gingembre. Réservez.

④ Dans une casserole, faites chauffer le miel jusqu'à ce qu'il soit bien coloré. Lorsqu'il devient brun, incorporez-y les oranges puis la mangue, l'ananas, la pomme, la poire, et mélangez.

⑤ Ajoutez ensuite le gingembre, les zestes d'oranges, le fenugrec, salez plus que vous ne poivrez. Mélangez bien et laissez compoter sur feu doux pendant 3 heures à petits frémissements en remuant de temps en temps (toutes les 8 à 10 minutes environ).
⑥ Au bout de ces 3 heures de cuisson, servez chaud.

Ce confit d'agrumes se marie très bien avec des rognons, de préférence, des viandes blanches, comme du gigot d'agneau, ou des poissons grillés.

Eau-de-vie d'orange

Pour 1 litre et demi

5 oranges • **1/2** citron • **100** g de sucre roux en morceaux • **25** g de céleri en branches • **3** g de cannelle en écorce • **2** clous de girofle • **10** grains de coriandre • **5** baies de piment de la Jamaïque • **1** feuille de laurier • **1/4** de l d'eau-de-vie de fruits • **5** cl de rhum brun, de préférence

1 presse-agrumes

① Lavez soigneusement les oranges et le citron. Pelez les oranges, le plus finement possible, de façon à ne récupérer que les zestes, sans la chair blanchâtre qui est très amère. Faites de même avec la moitié du citron. Réservez les zestes. Pressez ensuite les oranges et le demi-citron.
② Dans une jolie bouteille ou un bocal, mettez les morceaux de sucre, le céleri, la cannelle, les clous de girofle, les grains de coriandre, les baies de piment de la Jamaïque, la feuille de laurier, les zestes des oranges et du demi-citron, le jus des oranges et du citron, l'eau-de-vie et, pour finir, le rhum.
③ Bouchez la bouteille et laissez macérer cette eau-de-vie, à température ambiante, pendant 8 jours avant de la consommer.

Cette eau-de-vie peut se conserver 1 an.

Régis Marcon

« L'Auberge de Cimes »
(Saint-Bonnet-le-Froid, Haute-Loire)

À Saint-Bonnet-le-Froid, aux confins de l'Auvergne et de l'Ardèche, existe une auberge où l'on aimerait que les week-ends ne finissent pas. On y est bien et on se régale grâce à Régis Marcon, un enfant du pays qui sait imprimer sa propre personnalité à la cuisine de sa région. Chaque produit est sélectionné avec soin chez les éleveurs et les cultivateurs locaux.
Si parler de lentilles évoque immédiatement la région autour de la ville du Puy, nul mieux que Régis Marcon n'était désigné pour parler de ce légume sec.

La lentille

• Pendant des siècles, les lentilles furent la nourriture des plus humbles, aujourd'hui elles ont acquis leurs lettres de noblesse au travers des plus authentiques de nos plats du terroir.
• Il existe des lentilles blondes, orangées, corail, brunes et vertes. Les petites vertes du Puy que l'on cultive dans le Velay sont les plus fines et les seules à être protégées par une Appellation d'origine contrôlée.
• Depuis la nuit des temps, les lentilles font partie de l'alimentation des hommes, elles sont même entrées dans la Bible avec Ésaü qui en monnaya un plein plat contre le droit d'aînesse de son frère Jacob.

▶ Le tour de main de Robuchon

Si vous voulez garder le bon contact avec les lentilles, voici comment il faut les préparer : avant de les faire cuire, lavez-les avec soin, car elles peuvent être poussiéreuses, puis égouttez-les aussitôt. Mais attention ! – et c'est très important –, les faire tremper dans l'eau la veille est une grave erreur. Certains disent que cela les fait gonfler, les attendrit et les rend plus digestes, or c'est tout le contraire qui se produit : les lentilles se mettent à germer et à fermenter, ce qui est nuisible au goût et à la santé. Il est préférable que vous les fassiez blanchir en les recouvrant d'eau froide, que vous les portiez à ébullition et que vous les égouttiez aussitôt. Une fois les lentilles blanchies et égouttées, remettez-les dans une casserole avec beaucoup d'eau, car elles vont alors gonfler. Comptez 3/4 d'eau pour 1/4 de lentilles et salez avec 7 g de sel pour 1 litre d'eau, pas plus car l'eau, en s'évaporant, va concentrer le sel. Ensuite vous pouvez les cuisiner : mettez-les à feu doux sans couvrir, écumez l'eau en surface, lorsque l'eau de cuisson est devenue claire au bout de 10 minutes ajoutez une garniture aromatique selon votre goût, couvrez la casserole et comptez 45 minutes à 1 heure de cuisson selon les variétés.

Dos de cabillaud au ragoût de lentilles vertes

Pour 2 personnes

200 g de lentilles vertes du Puy • 2 tronçons de cabillaud de 120 g • 60 cl de bouillon de volaille • 2 oignons dont 1 piqué de 1 clou de girofle • 1 carotte • 1 bouquet garni • 2 pointes d'anis étoilé • 100 g de lard fumé • 1 gousse d'ail • 1 petit bouquet de persil plat • 1 cuil. à café de moutarde • 100 g de beurre • sel et poivre

1 mixeur • 1 chinois • 1 poêlon allant au four

① Faites blanchir les lentilles : mettez-les dans une casserole, recouvrez-les d'eau froide, faites chauffer et, dès l'ébullition, égouttez-les.

② Mettez les lentilles blanchies et égouttées dans une casserole, recouvrez-les du bouillon de volaille, ajoutez l'oignon piqué du clou de girofle, la carotte, le bouquet garni, l'anis étoilé, et portez à ébullition. Dès l'ébullition, baissez à feu plus doux et laissez cuire à découvert pendant 25 à 30 minutes. Salez à mi-cuisson.

③ Au bout de ces 25 à 30 minutes de cuisson, égouttez les lentilles en conservant le bouillon de cuisson et réservez-les. Versez le bouillon dans une casserole et faites-le réduire de 1/4.

④ Mettez dans une casserole 20 à 30 g de beurre avec le dernier oignon, pelé et haché finement, faites compoter pendant 5 à 10 minutes à feu doux sans coloration, ajoutez une pointe de sel en fin de cuisson. Incorporez alors le lard fumé et faites-le revenir.

Ajoutez ensuite les lentilles, mélangez, arrosez avec 2 à 3 cuillerées de bouillon de cuisson des lentilles et laissez compoter pendant 10 minutes.

⑤ Mettez le bouillon de cuisson des lentilles réduit dans un mixeur avec 4 à 5 cuillerées de lentilles compotées, ajoutez ensuite 1/4 de la gousse d'ail hachée, la moutarde et 40 g de beurre. Mixez à nouveau et passez au chinois.

⑥ Préchauffez le four à 150 °C (thermostat 3-4).

⑦ Assaisonnez le cabillaud. Dans un poêlon, faites fondre 30 g de beurre. Lorsque le beurre a une couleur noisette, faites-y colorer les morceaux de cabillaud de chaque côté.

⑧ Dès que les morceaux de cabillaud sont blonds, mettez le poêlon dans le four pendant 10 à 15 minutes.
⑨ En fin de cuisson, ajoutez dans les lentilles 1 cuillerée de persil haché et le reste de la gousse d'ail hachée, vérifiez l'assaisonnement.
⑩ Dressez un lit de lentilles dans des assiettes ou dans un plat de service, puis déposez les morceaux de cabillaud dessus, nappez de la sauce tout autour et servez chaud.

Crème de lentilles vertes aux petits croûtons

Pour 4 personnes

300 g de lentilles vertes du Puy • 30 g de beurre • 100 g de lard demi-sel • 1 blanc de poireau • 1 carotte • 1/2 branche de céleri • 2 gousses d'ail • 1,5 l de bouillon de volaille • 1 bouquet garni • 100 g de poitrine fumée • 10 cl de crème fraîche • quelques petits croûtons • sel et poivre

1 mixeur • 1 passoire

① Mettez les lentilles dans une casserole, recouvrez-les d'eau froide, faites chauffer et, dès l'ébullition, égouttez-les.

② Coupez le blanc de poireau en deux et lavez-le bien pour retirer la terre qui aurait pu se glisser entre les feuilles. Épluchez la carotte et coupez-la en petits morceaux. Lavez la demi-branche de céleri. Pelez les gousses d'ail et retirez-en le germe. Coupez le lard demi-sel en lardons.

③ Dans une grande casserole, mettez le beurre à fondre à feu très doux, puis ajoutez-y le lard, la carotte, le poireau, le céleri et les gousses d'ail et faites suer jusqu'à ce que les légumes soient fondus, presque translucides, mais sans coloration.

④ Ajoutez ensuite les lentilles blanchies et mélangez. Puis versez le bouillon de volaille, mettez le bouquet garni et portez à ébullition. Dès l'ébullition, écumez, salez légèrement, posez un couvercle sur la casserole, décalez-le de façon à ne pas couvrir la totalité de la casserole, et laissez cuire à frémissements pendant 45 minutes.

⑤ Coupez la poitrine fumée en lardons très fins. Faites-les dorer dans une poêle, sans mettre de matière grasse, jusqu'à ce qu'ils soient croustillants, puis égouttez-les sur du papier absorbant.

⑥ Au bout de 45 minutes de cuisson des lentilles, retirez le bouquet garni, passez le contenu de la casserole au mixeur, puis passez cette soupe dans une passoire et pressez bien.

⑦ Une fois la soupe passée, ajoutez la crème fraîche, mixez à nouveau et vérifiez l'assaisonnement.

⑧ Versez la soupe dans une soupière, parsemez-la des lardons et des croûtons et servez aussitôt.

Tartare de saumon aux lentilles vertes

Pour 4 à 6 personnes

200 g de lentilles vertes du Puy • 400 g de saumon très frais • 1 bouquet garni • le jus de 4 oranges • 20 g de persil • 20 g de ciboulette • 2 échalotes • 10 g de câpres • 30 g de cornichons • le jus d'1 citron • quelques gouttes de tabasco • 1 cuil. à soupe de mayonnaise moutardée • 15 cl d'huile de pépins de raisin • 1 cuil. à soupe de vinaigre de vin • moutarde • 1 gousse d'ail • 1 petit bouquet de cerfeuil • sel et poivre

film étirable

① Mettez les lentilles dans une casserole, recouvrez-les d'eau froide, faites chauffer et, dès l'ébullition, égouttez-les.

② Mettez les lentilles blanchies et égouttées dans une casserole, recouvrez-les d'eau froide et portez à ébullition. Écumez, ajoutez le bouquet garni et laissez cuire pendant 20 à 25 minutes sur feu doux. Au bout de 10 minutes de cuisson, écumez, salez et rajoutez un peu d'eau chaude si nécessaire.

③ Versez le jus d'orange dans une casserole, portez à ébullition et laissez réduire de 2/3.

④ Coupez le saumon en petits dés. Mettez ce saumon dans un récipient, ajoutez-y le persil haché très fin, la moitié de la ciboulette ciselée, 1 échalote hachée, les câpres hachées, les cornichons hachés, la moitié du jus de citron et assaisonnez. Ajoutez ensuite 4 à 5 gouttes de tabasco, la mayonnaise puis mélangez bien le tout. Recouvrez de film étirable puis réservez au réfrigérateur.

⑤ Quand le jus d'orange a réduit, versez-le tiède dans un récipient, ajoutez-y une pointe de sel, du poivre, autant d'huile de pépins de raisin qu'il y a de jus d'orange, et le reste du jus de citron. Mélangez puis recouvrez de film étirable et réservez au réfrigérateur.

⑥ Une fois les lentilles cuites, égouttez-les et laissez-les tiédir. Quand elles sont tièdes, arrosez-les de 3 cuillerées de vinaigrette bien moutardée faite avec 10 cl d'huile de pépins de raisin et le vinaigre de vin.

Ajoutez l'ail haché, la seconde échalote hachée et le reste de la ciboulette ciselée, salez et poivrez.

⑦ Dressez le tartare de saumon : dans des assiettes individuelles, disposez au centre, en vous aidant d'un cercle, une couche de tartare de saumon puis recouvrez de lentilles assaisonnées, versez un peu de la vinaigrette d'orange en cordon tout autour et parsemez de façon harmonieuse les pluches de cerfeuil. Servez sans attendre.

Lentilles vertes confites à la vanille et au gingembre

Pour 4 personnes

200 g de lentilles vertes du Puy • 1 citron non traité • 1 gousse de vanille • 5 g de gingembre • 180 g de sucre • 100 g de crème Chantilly (éventuellement parfumée au kirsch) • sel

4 petites coupelles

① Mettez les lentilles dans une casserole, recouvrez-les d'eau froide et portez à ébullition. Au bout d'1 minute d'ébullition, égouttez les lentilles, passez-les sous l'eau froide, égouttez-les à nouveau.

② Une fois les lentilles blanchies, refroidies et égouttées, remettez-les dans une casserole, recouvrez-les de 80 cl d'eau – elles doivent être bien immergées –, salez, puis portez à ébullition. Dès l'ébullition, baissez pour porter à petits frémissements et laissez cuire de 30 à 35 minutes.

③ Pelez le citron, le plus finement possible, de façon à ne récupérer que le zeste, sans la chair blanchâtre qui est très amère. Plongez-le quelques secondes dans de l'eau bouillante, égouttez-le et plongez-le dans de l'eau très froide pour fixer la couleur, puis égouttez-le à nouveau. Fendez la gousse de vanille en deux dans le sens de la longueur. Coupez le gingembre en tout petits dés.

④ Dans une autre casserole, préparez le sirop : versez le sucre et 75 cl d'eau. Ajoutez 2 morceaux de zeste de citron blanchi, la gousse de vanille et les dés de gingembre. Portez à ébullition, puis retirez du feu et laissez infuser 15 minutes.

⑤ Au bout des 35 minutes de cuisson, les lentilles sont prêtes, égouttez-les puis versez-les dans le sirop infusé et portez à ébullition. Dès l'ébullition, baissez et portez à frémissements pendant 1 heure 30.

⑥ La cuisson terminée, laissez les lentilles refroidir dans un récipient, puis entreposez-les au réfrigérateur pendant au moins 1 journée (elles peuvent y rester 3 à 4 jours).

⑦ Au moment de servir, dressez les lentilles froides dans des petites coupelles et recouvrez-les d'une pointe de crème Chantilly parfumée au kirsch.

Ce plat se sert
en dessert.

Jacques Guillo

« Auberge Grand'Maison »
(Mûr-de-Bretagne, Côtes-d'Armor)

Au cœur de la Bretagne, l'hostellerie *Grand'Maison* de Jacques Guillo et de sa femme mérite le séjour. La réputation de remarquable cuisinier de Jacques Guillo n'est plus à faire, son amour pour sa région et pour le travail bien fait se reflète au travers de chaque plat de sa carte. Il mêle avec intelligence tradition et invention. Avoir eu l'occasion de goûter les petites crêpes fondantes à la mandarine que Jacques Guillo propose au dessert n'a fait que me confirmer dans mon choix de parler des crêpes avec lui.

Les crêpes

• Les crêpes se mangent toute l'année mais la coutume veut qu'on les fasse sauter à la Chandeleur et au Mardi gras. À l'origine il s'agissait d'une galette rustique puis la recette s'est affinée. Le jour de la Chandeleur, chacun à tour de rôle fait sauter sa crêpe, un louis d'or serré dans le creux de la main ; si après avoir virevolté la crêpe retombe sagement dans la poêle, on est alors assuré d'avoir de l'argent toute l'année.

• Salées ou sucrées, les crêpes sont devenues l'une des spécialités de la Bretagne. Salées, elles portent alors le nom de galette et se préparent avec de la farine de sarrasin reconnaissable à sa couleur grise et à son odeur légèrement acide. Sucrées, elles se font avec de la farine blanche de froment à laquelle on ajoute du lait et des œufs.

• En Bretagne, les crêpes sont cuites sur une plaque spéciale appelée « bilig ». On peut utiliser à la place une poêle épaisse dont on graissera le fond à l'aide d'un chiffon imprégné d'un corps gras.

• Une bonne crêpe doit répondre à trois conditions : être légère, non grasse et bien cuite.

► Le tour de main de Robuchon

Ma pâte à crêpes

Voici comment réaliser facilement une pâte à crêpes à utiliser tout de suite sans devoir la laisser reposer.

Pour 24 crêpes environ :
120 g de beurre • 250 g de farine • 3 œufs + 2 jaunes • 100 g de sucre en poudre • 1/2 l de lait • parfum au choix : fleur d'oranger, rhum, zeste de citron... • sel

• Mettez le beurre dans une casserole sur feu moyen et laissez-le fondre jusqu'à couleur noisette.
• Dans un mixeur, réunissez la farine, les œufs entiers, les jaunes, le sucre en poudre, le lait et une pincée de sel et mixez pendant 10 secondes environ. Incorporez le beurre noisette et mixez à nouveau pendant 10 secondes. Ajoutez ensuite à cette pâte le parfum souhaité, soit de la fleur d'oranger, soit du rhum, soit un zeste de citron... Votre pâte est prête !

Après la cuisson, si vous voulez garder vos crêpes chaudes et moelleuses jusqu'au moment de les déguster, recouvrez-les d'une serviette ou d'une assiette retournée. Une astuce pour tenir les crêpes au chaud : empilez-les sur une assiette plate posée sur une casserole remplie aux 2/3 d'eau frémissante.

Galettes de blé noir au saumon fumé, crème froide océane

Pour 4 personnes

100 g de farine de blé noir • **25** g de farine de froment • **1** œuf • **15** cl d'eau • **15** cl de lait • **200** g de crème fraîche très froide • **20** g de purée de corail d'oursins (chez certains poissonniers) • **1/2** botte de ciboulette ciselée • le jus d'**1/2** citron • **40** g de beurre • **300** g de saumon fumé en tranches • **2** g de gros sel • sel et poivre

film étirable • 1 fouet électrique

① Préparez votre pâte à galettes à l'avance ; il est même préférable de la faire la veille. Dans un récipient, mélangez les 2 farines, puis incorporez l'œuf, le gros sel et mélangez à la main, selon la méthode traditionnelle. Pour finir, ajoutez l'eau petit à petit, puis le lait, tout en mélangeant. Recouvrez le récipient de film étirable et mettez la pâte au réfrigérateur pendant au moins 2 heures.

② Fouettez la crème bien froide en chantilly. Incorporez, à la cuillère en bois, délicatement, la purée de corail d'oursins, ajoutez 3 cuillerées à café de ciboulette ciselée, le jus de citron, salez, poivrez et mélangez. Réservez cette crème au réfrigérateur.

③ Préparez le beurre clarifié : faites fondre le beurre au bain-marie, laissez-le reposer quelques minutes. Avec une cuillère, retirez la partie crémeuse du dessus et, avec une petite louche, récupérez la partie clarifiée en prenant garde à ne pas prendre le résidu qui se trouve au fond.

④ Faites cuire les galettes : mettez dans la poêle un peu de beurre clarifié. Dès qu'il fume, versez-y une petite louche de pâte à galettes et étalez-la bien. Laissez cuire 1 à 2 minutes. Ne faites pas sauter les galettes comme les crêpes, car les galettes sont plus fragiles, servez-vous d'une spatule pour les retourner et laissez cuire encore 1 à 2 minutes. Empilez les galettes les unes sur les autres dès qu'elles sont cuites, recouvrez-les d'une serviette ou d'une assiette retournée pour qu'elles restent chaudes et moelleuses.

⑤ Mettez une galette dans chaque assiette, déposez une tranche de saumon sur chacune d'elles, accompagnez d'une cuillerée de crème, finissez par un tour de moulin à poivre sur les tranches de saumon et servez.

La crème Chantilly étant difficile à réaliser en petite quantité, vous utiliserez le reste pour une autre préparation.

Galettes de blé noir à l'andouille de Guéméné et au miel de sarrasin

Pour 4 personnes

100 g de farine de blé noir • **25** g de farine de froment • **16** tranches d'andouille de Guéméné **1** œuf • **15** cl d'eau • **15** cl de lait • **2** cuil. à soupe de miel (de blé noir de préférence) • **1** cuil. à soupe de moutarde à l'ancienne • **1** cl de vinaigre de cidre • **40** g de beurre • **2** g de gros sel

film étirable • 1 poêle à crêpes • 1 autre poêle

① Préparez votre pâte à galettes comme indiqué page 209.

② Dans une petite casserole, mettez le miel à chauffer sur feu doux, de façon à le liquéfier. Ajoutez la moutarde et mélangez, puis versez le vinaigre de cidre et mélangez à nouveau. Réservez au chaud.

③ Préparez le beurre clarifié et faites cuire vos galettes comme indiqué page 209.

④ Dans la poêle, mettez le reste de beurre clarifié, laissez chauffer et faites-y saisir les tranches d'andouille de chaque côté ; retirez-les dès qu'elles sont chaudes.

⑤ Disposez 4 tranches d'andouille sur chaque galette, nappez de sauce au miel tout autour et recouvrez d'une seconde galette. Servez aussitôt.

Pour que les galettes soient bien imprégnées du goût de l'andouille, vous pouvez les réchauffer quelques secondes dans la poêle dans laquelle vous avez fait cuire l'andouille.

Crêpes aux pommes et au caramel

Pour 2 à 4 personnes

4 pommes (golden) • 125 g de farine de froment • 2 œufs • 40 g de sucre en poudre • 50 g de beurre • 50 g de sucre en morceaux • 27,5 cl de lait • 5 cl de crème • sucre glace (facultatif) • sel

1 fouet • film étirable • 1 pinceau

① Préparez la pâte à crêpes au moins 2 heures avant son utilisation : il est même préférable de la faire la veille. Dans un récipient, versez la farine en fontaine, cassez les œufs au milieu, ajoutez une pointe de sel et mélangez au fouet. Ajoutez ensuite le sucre en poudre, mélangez puis, pour finir, incorporez 25 cl de lait tout en continuant à mélanger. Recouvrez le récipient de film étirable et laissez reposer la pâte au réfrigérateur pendant au moins 2 heures.

② Dans une casserole, mettez les morceaux de sucre à fondre à petit feu. Lorsque le sucre devient un caramel blond, versez 2,5 cl de lait froid dessus, en faisant attention de ne pas vous brûler. Ajoutez ensuite la crème et portez à ébullition tout en mélangeant, le caramel doit être bien fondu. Réservez en maintenant au chaud.

③ Préparez le beurre clarifié comme indiqué page 209.

④ Pelez les pommes, coupez-les en quatre, épépinez-les et taillez-les en gros quartiers. Dans une poêle, mettez 3 cuillerées à soupe de beurre clarifié à chauffer. Lorsqu'il est chaud, déposez les quartiers de pommes dans la poêle sur feu doux et faites-les colorer de chaque côté.

⑤ Faites cuire les crêpes : badigeonnez le fond d'une poêle de beurre clarifié à l'aide d'un pinceau. Dès qu'il fume, versez une petite louche de pâte à crêpes dans la poêle et étalez-la bien. Dès que la crêpe devient blanche, retournez-la soit avec une spatule soit en la faisant sauter. Faites cuire l'autre côté, puis, dès que la crêpe se décolle de la poêle, retirez-la.

Empilez les crêpes les unes sur les autres dès qu'elles sont cuites, recouvrez-les d'une serviette ou d'une assiette retournée pour qu'elles restent chaudes et moelleuses.

⑥ Présentez ce dessert dans les assiettes : pliez une crêpe en deux, mettez un peu de sauce caramel dessus, disposez 4 quartiers de pommes par-dessus de façon à pouvoir replier à nouveau la crêpe en deux, nappez de la sauce caramel tout autour, puis saupoudrez, si vous le souhaitez, de sucre glace.

Crêpes soufflées à la pistache, sauce à l'ananas et au rhum

Pour 4 personnes

125 g de farine de froment • **6** œufs • **120** g de sucre • **25** cl de lait • **250** g de chair d'ananas • **1** trait de rhum blanc • **50** g de beurre • **50** g de fromage blanc • **12** g de pâte à pistache • sucre glace (facultatif) • sel

1 fouet • film étirable • 1 pinceau • 1 mixeur • 1 batteur • 1 plat allant au four

① Préparez la pâte à crêpes au moins 2 heures avant son utilisation ; il est même préférable de la faire la veille. Dans un récipient, versez la farine en fontaine, cassez 2 œufs au milieu, ajoutez une pointe de sel et mélangez au fouet. Ajoutez ensuite 40 g de sucre en poudre, mélangez puis, pour finir, incorporez le lait tout en continuant à mélanger. Recouvrez le récipient de film étirable et laissez reposer la pâte au réfrigérateur pendant au moins 2 heures.
② Coupez l'ananas en petits morceaux, mettez-les dans un mixeur, mixez pendant 10 secondes. Ajoutez 20 g de sucre et 20 cl d'eau et mixez encore 10 secondes. Versez ensuite le coulis ainsi obtenu dans une casserole, ajoutez le rhum blanc et faites tiédir doucement.
③ Préparez le beurre clarifié comme indiqué page 209.
④ Faites cuire les crêpes comme indiqué page 212.
⑤ Mettez le fromage blanc dans un récipient, ajoutez 1 jaune d'œuf, la pâte à pistache et mélangez. Puis incorporez 45 g de sucre et mélangez au fouet.
⑥ Préchauffez le four à 200 °C (thermostat 6).

⑦ Dans un batteur, faites monter 3 blancs d'œufs en neige avec 1 cuillerée à café de sucre, à vitesse lente. Lorsque les blancs sont sur le point d'être terminés, ajoutez le reste du sucre (2 cuillerées à café) en fouettant à vitesse rapide.

⑧ Incorporez au fouet 1/3 de ces blancs en neige au mélange fromage blanc-pistache, puis incorporez le reste des blancs plus délicatement en soulevant la préparation de bas en haut.

⑨ Étalez cet appareil à soufflé sur les 4 crêpes, roulez les crêpes, posez-les sur un plat allant au four et mettez-les au four pendant 8 à 10 minutes.

⑩ Lorsque les crêpes sont prêtes, saupoudrez-les de sucre glace et versez tout autour un peu de coulis d'ananas. Servez aussitôt car, comme un soufflé, ces crêpes n'attendent pas.

José Moll

« La Sort »
(Moraira, Espagne)

Grand de la cuisine d'Espagne, José Moll a deux grandes spécialités, le poisson et la paella. Faire une bonne paella est un grand art qui exige un long temps de préparation, beaucoup d'amour et un peu de rigueur. José Moll est passé maître dans cet art très subtil. Je lui ai demandé de vous transmettre son savoir.

Le riz

• Saviez-vous que le riz est la céréale la plus cultivée après le blé ! Avec ses huit mille variétés réparties dans le monde, il nourrit environ les trois quarts de l'humanité.

• En France, les variétés que nous choisissons dépendent des plats que nous voulons préparer. Nous préférons le riz à grains longs bien fermes, le plus souvent prétraité et incollable, pour les garnitures de plats et les salades, et le riz à grains ronds pour les desserts, les risottos, les croquettes. Nous consommons aussi du riz sauvage, du riz basmati complet ou blanchi, du riz parfumé qui nous vient de Thaïlande, du riz noir américain...

• Le riz se mange toujours cuit, mais il existe plusieurs manières de le cuire : à la créole, c'est-à-dire jeté dans de l'eau bouillante salée ; à la vapeur où, après avoir été rincé à l'eau froide, il cuit 20 à 40 minutes ; dans du lait dans lequel il gonfle tout doucement à feu doux ; à l'indienne où le volume d'eau équivalent à la quantité de riz est lentement absorbé ; à la turque (ou à l'africaine), méthode dans laquelle le riz est préalablement revenu dans une matière grasse puis cuit à l'indienne – cette cuisson est idéale pour le risotto ou le pilaf.

▶ Le tour de main de Robuchon

Mon riz pilaf

Voici une bonne recette de riz classique très prisée dans les restaurants : le riz pilaf.

Pour 4 personnes :
400 g de riz (thaï ou basmati) • 120 g de beurre • 100 g d'oignons hachés • 1 bouquet garni • sel

1 sauteuse allant au four et son couvercle • papier sulfurisé

• Lavez le riz et égouttez-le. Préchauffez le four à 200 °C (thermostat 6).
• Faites chauffer 80 g de beurre dans une sauteuse, ajoutez les oignons finement hachés et faites-les suer sans coloration. Ajoutez le riz, mélangez sans coloration, puis mouillez avec de l'eau (1 volume 1/4 de celui du riz), mélangez à nouveau et ajoutez le bouquet garni. Salez et portez à ébullition.
• À la première ébullition, couvrez le riz d'un papier sulfurisé puis du couvercle. Mettez la sauteuse au four pendant 15 minutes.
• Sortez la sauteuse du four, enlevez le couvercle, le papier sulfurisé et ajoutez le beurre restant coupé en petites lamelles. Remettez le couvercle et laissez reposer pendant 2 à 3 minutes. Retirez le bouquet garni, égrenez le riz et servez aussitôt.

Paella de légumes

Pour 2 personnes

150 g de riz long non lavé • 2 tomates • 3 gousses d'ail • 1 bouquet de persil plat • 40 g de haricots verts ou de pois gourmands • 2 petits artichauts poivrade • 40 g de chou-fleur • 100 g d'épinards • 50 g de fèves • 1 bonne pincée de safran en pistil • 10 cl d'huile d'olive • sel

1 mixeur • 1 poêle à paella

① Pelez les tomates (en les plongeant quelques secondes dans de l'eau bouillante ou en les passant sur la flamme du gaz, la peau se retirera très facilement). Pelez les gousses d'ail et hachez-les. Lavez et hachez le persil pour en obtenir 1 cuillerée à soupe. Mettez dans le mixeur les tomates pelées entières, les gousses d'ail hachées, la cuillerée de persil plat haché et mixez. Réservez cette purée de tomates.

② Coupez les haricots verts ou les pois gourmands en morceaux. Sélectionnez des petits bouquets de chou-fleur. Retirez les feuilles des artichauts puis coupez le cœur en dés, sans retirer le foin. Lavez soigneusement les feuilles d'épinards. Écossez les fèves, plongez-les pendant 5 minutes dans de l'eau bouilante salée, égouttez-les et passez-les sous l'eau froide pour arrêter la cuisson. Retirez délicatement les peaux blanches et épaisses qui les recouvrent.

③ Dans une poêle à paella, versez l'huile d'olive, laissez chauffer, mettez les épinards et mélangez. Ajoutez ensuite les fèves, les haricots verts ou les pois gourmands, les dés d'artichauts, le chou-fleur et faites suer le tout sans coloration. Ajoutez la purée de tomates et le safran en pistil, mélangez et salez légèrement. Mouillez avec 70 cl d'eau, portez à ébullition et laissez cuire pendant 15 à 20 minutes. À mi-cuisson, rajoutez 30 cl d'eau.

④ Au bout de ces 20 minutes de cuisson, ajoutez le riz et laissez-le cuire pendant 10 minutes à feu vif sans mélanger, baissez le feu et faites cuire encore 5 minutes à feu doux. Vérifiez que le riz est cuit et a absorbé tout le jus. Prolongez éventuellement la cuisson.

⑤ Laissez reposer 2 à 3 minutes avant de servir.

Paella aux fruits de mer

Pour 2 personnes

200 g de riz long (de Valence de préférence) • 8 grosses moules d'Espagne • 8 langoustines • 150 g de calamars • 150 g de lotte • 2 tomates • 3 gousses d'ail • 1 bouquet de persil plat • 1 pincée de safran en poudre • 1 pincée de safran en pistil • 60 cl de fumet de poisson • 10 cl d'huile d'olive • sel • poivre du moulin (pour la cuisson des moules)

1 mixeur • 1 poêle à paella

① Pelez les tomates (en les plongeant quelques secondes dans de l'eau bouillante ou en les passant sur la flamme du gaz, la peau se retirera très facilement). Pelez les gousses d'ail et hachez-les. Lavez et hachez le persil pour en obtenir 1 cuillerée à soupe. Mettez dans le mixeur les tomates pelées entières, les gousses d'ail hachées, la cuillerée de persil plat haché et mixez. Réservez cette purée de tomates.
② Mettez les moules dans une casserole, donnez un tour de moulin à poivre, arrosez d'une louche d'eau, couvrez et faites chauffer jusqu'à l'ouverture des moules. Dès qu'elles s'ouvrent, retirez-les du feu et décortiquez-les.
③ Décortiquez les langoustines en ne gardant que les queues et en laissant juste la carapace du bout des queues. Coupez la lotte en petits dés et les calamars en lamelles. Salez les langoustines et la lotte.
④ Dans une poêle à paella, mettez l'huile d'olive froide et les calamars, faites-les revenir et salez-les. Lorsque l'huile est bien chaude, ajoutez la lotte salée et faites-la juste saisir.
⑤ Puis ajoutez les langoustines salées, en les faisant juste saisir de chaque côté, retirez-les de la poêle et réservez-les. Ajoutez la purée de tomates et le safran en pistil et mélangez.
⑥ Mettez le riz dans la poêle, mélangez et mouillez avec les 2/3 du fumet de poisson. Ajoutez une bonne pincée de safran en poudre, rectifiez l'assaisonnement, mélangez et portez à ébullition pendant 10 minutes. À mi-cuisson, ajoutez le reste du fumet de poisson.
⑦ Au bout de 10 minutes de cuisson, posez les moules sur le riz, puis

les langoustines, en enfonçant le bout avec la carapace dans le riz (cela donnera du goût sans trop cuire les langoustines). Faites chauffer à feu doux pendant 5 minutes environ, jusqu'à ce que le reste du fumet soit absorbé par le riz.
Laissez reposer encore 2 à 3 minutes avant de servir directement dans le plat de cuisson comme cela se fait à Valence.

Pour ne pas faire exploser le calamar, il est préférable de commencer la cuisson à froid. Si vous ne trouvez pas de riz long de Valence, vous pouvez prendre du riz à risotto, mais surtout pas du riz prétraité.

Paella de morue à l'oignon et au chou-fleur

Pour 2 personnes

250 g de morue • 180 g de riz non lavé, rond de préférence • 6 oignons • 4 bouquets de chou-fleur • 2 tomates • 1/2 l de fumet de poisson • 10 cl d'huile d'olive • 1 pincée de safran en pistil • 1 pincée de safran en poudre

1 mixeur • 1 poêle à paella

① Faites dessaler la morue pendant au moins 36 heures dans de l'eau en la renouvelant trois à quatre fois.
② Pelez les tomates (en les plongeant quelques secondes dans de l'eau bouillante ou en les passant sur la flamme du gaz, la peau se retirera très facilement), et mixez-les. Réservez cette purée de tomates.
③ Après les 36 heures de dessalage, et sans retirer la peau, coupez la morue en tranches de 1 cm d'épaisseur environ.
④ Mettez 5 à 8 cl d'huile d'olive dans la poêle à paella, laissez chauffer et faites poêler les tranches de morue, en les colorant légèrement de chaque côté. Retirez-les de la poêle et réservez-les.
⑤ Pelez et émincez les oignons. Lavez les bouquets de chou-fleur.
⑥ Dans la poêle à paella, faites suer les oignons dans l'huile de la morue, sans coloration. Versez le reste d'huile d'olive, mettez ensuite les morceaux de chou-fleur et faites-les revenir. Ajoutez une pincée de safran en pistil et la purée de tomates, faites chauffer à petit feu sans

coloration, puis mouillez avec les 2/3 du fumet de poisson. Portez à ébullition, faites cuire pendant 5 minutes. Ajoutez le restant de fumet et laissez cuire encore 5 minutes.

⑦ Quand les légumes ont cuit pendant 10 minutes, ajoutez le safran en poudre, le riz, la morue ; ne mélangez pas et laissez cuire à feu vif pendant 10 minutes, puis baissez le feu et faites cuire encore 5 minutes à feu doux. Vérifiez que le riz est cuit et a absorbé tout le jus. Prolongez éventuellement la cuisson.

⑧ Laissez reposer pendant 2 à 3 minutes avant de servir.

La morue étant salée, on ne sale pas ce plat ; et on ne poivre jamais la paella. Une poêle à paella est très large (au moins 30 cm de diamètre), assez profonde, plate, avec deux anses en place de la poignée.

Crème de riz fleur de Valence

Pour 4 personnes

125 g de riz non lavé (rond de préférence) • **1,5** l de lait • **200** g de sucre en poudre • **1** zeste d'orange • **15** cl de liqueur d'orange

1 mixeur

① Mettez le riz non lavé (c'est l'amidon qui fera la tenue de la crème) dans le mixeur et mixez-le pour bien le concasser, mais arrêtez avant qu'il ne devienne de la « farine ».

② Dans une casserole, versez le lait, ajoutez le sucre et le zeste d'orange haché, et portez à ébullition.

③ Dès que le lait commence à bouillir, ajoutez-y le riz et laissez cuire à petits frémissements pendant 15 minutes. Mélangez bien au fouet tout au long de la cuisson.

④ La cuisson terminée, sur feu éteint, incorporez la liqueur d'orange à cette crème et laissez refroidir.

⑤ Dressez dans une grande coupe, entreposez au réfrigérateur pendant au moins 1 heure et servez ce dessert froid.

Si vous voulez une crème plus fluide, mixez le riz plus longtemps pour avoir une brisure plus fine.

Christian Parra

«La Galupe»
(Urt, Pyrénées-Atlantiques)

Christian Parra a un cœur gros comme ça, il a ce don exceptionnel de savoir rendre heureux tous ceux qui l'approchent. Dans son auberge authentique, sa cuisine est un hymne d'amour au Pays basque, chacune de ses initiatives est une mise en valeur assurée des spécialités locales. Roi du poisson, il sait rendre exceptionnel un saumon de l'Adour ou une ventrêche de thon, même la banale morue devient grâce à lui un mets de roi dont il régale ses clients venus du monde entier. Quelle chance de pouvoir avec lui évoquer quelques recettes autour de ce poisson !

La morue

• Une belle morue doit présenter des filets raisonnablement épais (trop ils risqueraient d'être filandreux) d'une belle chair blanche ; la peau du dos doit être brune et celle des côtés argentée.
• Il faut éviter les morues d'aspect jaunâtre et celles trop sèches : pour vous assurer de la qualité d'un filet, il suffit de le tordre, si une poussière de sel s'en échappe, la morue est trop vieille et risque d'être dure et probablement rance.
• Jadis, la morue était sur toutes les tables de France le Vendredi saint.

▶ Le tour de main de Robuchon

Comment dessaler la morue ? Avant d'être cuite, la morue doit toujours être dessalée dans de l'eau froide. La durée du trempage varie en fonction de l'épaisseur du poisson. D'une façon générale on compte en moyenne 24 à 36 heures. Au préalable, lavez la morue à grande eau, coupez-la en morceaux de 150 g environ, mettez-la dans de l'eau, lavez-la bien et retirez le sel qui est dessus. Mettez une passoire dans un récipient rempli d'eau froide, déposez-y les morceaux de morue, côté chair contre la passoire, et entreposez au réfrigérateur. Renouvelez l'eau au moins trois fois pendant la dessalaison.

La morue étant ainsi dessalée, égouttez-la et préparez-la : soit sautée à l'huile, soit pochée.

Omelette ronde à la morue et à la ciboulette

Pour 4 personnes

260 g de morue séchée • 1/2 l de lait • 1 oignon • 1 gousse d'ail • 1 bouquet de ciboulette • 5 bonnes cuil. à soupe d'huile d'olive • 10 œufs • 2 pincées de piment d'Espelette • sel et poivre

① Faites dessaler la morue au moins 36 heures à l'avance en renouvelant l'eau trois à quatre fois.
② Faites blanchir la morue : mettez-la dans une casserole, recouvrez-la du lait froid et de 1/2 litre d'eau froide et portez à ébullition. Au premier bouillon, baissez le feu et laissez blanchir à frémissements pendant 2 à 3 minutes. Égouttez la morue et laissez-la refroidir à température ambiante. Retirez la peau et les arêtes éventuelles et effeuillez la morue.
③ Pelez et émincez l'oignon. Pelez et hachez la gousse d'ail. Lavez la ciboulette, épongez-la et ciselez-la.
④ Dans une casserole, versez 2 cuillerées à soupe d'huile d'olive et l'oignon émincé, laissez chauffer et faites blondir l'oignon. Ajoutez l'ail haché et faites-le juste chauffer.
⑤ Rajoutez 1 cuillerée d'huile d'olive dans la casserole et, quand elle est chaude, faites blondir la morue.
⑥ Cassez les œufs dans un bol et battez-les à la fourchette. Ajoutez une pointe de sel, de poivre et de piment d'Espelette, et 2 bonnes cuillerées à soupe de ciboulette hachée. Incorporez la morue et mélangez le tout.
⑦ Dans une poêle, mettez 2 cuillerées à soupe d'huile d'olive, laissez chauffer, puis versez-y la préparation, en remuant doucement la poêle par la poignée d'avant en arrière pour faire une belle omelette ronde.
⑧ Saupoudrez l'omelette d'une pincée de piment d'Espelette et servez aussitôt.

Salade de morue à la bayonnaise

Pour 4 personnes

480 g de morue • **480** g de pommes de terre (charlotte ou ratte) • **1/2** l de lait • **1** gousse d'ail • **1** oignon • **1** botte de persil plat • **5** cuil. d'huile d'olive • **1** cuil. à soupe de vinaigre de Xérès • **1** pincée de piment d'Espelette • poivre • gros sel

① Faites dessaler la morue au moins 36 heures à l'avance en renouvelant l'eau trois à quatre fois.

② Lavez les pommes de terre et mettez-les, sans les peler, dans une casserole, recouvrez-les d'eau froide et salez à raison de 7 g de gros sel par litre d'eau. Portez à ébullition et faites cuire pendant 25 minutes environ. Les pommes de terre sont cuites quand elles sont facilement traversées par la lame d'un couteau. Égouttez-les, épluchez-les et coupez-les en rondelles.

③ Faites blanchir la morue : mettez-la dans une casserole, recouvrez-la du lait froid et de 1/2 litre d'eau froide et portez à ébullition. Au premier bouillon, baissez le feu et laissez blanchir à frémissements pendant 2 à 3 minutes. Égouttez la morue et laissez-la refroidir à température ambiante. Retirez la peau et les arêtes éventuelles et effeuillez la morue.

④ Préchauffez le four à 160 °C (thermostat 4).

⑤ Pelez la gousse d'ail et hachez-la. Pelez et émincez l'oignon. Lavez le persil, essorez-le et ciselez-le de façon à en obtenir 3 cuillerées à soupe.

⑥ Versez 2 cuillerées à soupe d'huile d'olive dans une poêle et faites chauffer. Quand l'huile est chaude, mettez-y la morue, la gousse d'ail hachée et mélangez. Faites colorer légèrement la morue, juste le temps qu'elle se réchauffe.

⑦ Mettez les rondelles de pommes de terre dans un saladier, ajoutez l'oignon émincé, le persil haché, le vinaigre de Xérès, l'huile d'olive restante et mélangez. Incorporez ensuite la morue et mélangez à nouveau délicatement. Parsemez d'une pincée de piment d'Espelette, d'un tour de moulin à poivre et servez sans attendre.

La salade sera meilleure si la morue et les pommes de terre sont encore tièdes.

Croquettes de morue

Pour 4 personnes

400 g de morue • 1 l de lait • 100 g de beurre • 150 g de farine • 1 oignon • 2 échalotes • 2 gousses d'ail • 1/2 bouquet de persil plat • 6 à 7 cuil. à soupe d'huile d'olive • 1 pincée de piment d'Espelette • 3 œufs • 150 g de chapelure (ou de mie de pain rassis) • sel et poivre

1 fouet • film étirable • 1 plat rectangulaire

① Faites dessaler la morue au moins 36 heures à l'avance en renouvelant l'eau trois à quatre fois.

② Faites blanchir la morue : mettez-la dans une casserole, recouvrez-la de 1/2 litre de lait froid et de 1/2 litre d'eau froide et portez à ébullition. Au premier bouillon, baissez le feu et laissez blanchir à frémissements pendant 2 à 3 minutes. Égouttez la morue et laissez-la refroidir à température ambiante. Retirez la peau et les arêtes éventuelles et effeuillez la morue.

③ Préparez la béchamel : faites fondre le beurre dans une casserole, ajoutez-y 100 g de farine, mélangez et laissez cuire quelques minutes. Puis incorporez à ce roux (mélange beurre-farine) 1/2 litre de lait froid, en deux fois, sans cesser de remuer et laissez cuire encore quelques minutes. La béchamel doit être bien épaisse et lisse. Pour réussir une béchamel, il est important que le lait et le roux soient à température opposée : soit le roux est chaud et le lait froid, soit le roux est froid et le lait chaud.

④ Pelez l'oignon et les échalotes et hachez-les finement. Pelez et hachez les gousses d'ail. Lavez le persil, essorez-le et ciselez-le de façon à en obtenir 2 bonnes cuillerées à soupe.

⑤ Versez 3 cuillerées à soupe d'huile d'olive dans une poêle, mettez-y l'oignon et les échalotes hachés et faites-les suer sans coloration. Dès qu'ils sont translucides, ajoutez les gousses d'ail hachées, la morue, la béchamel, 2 bonnes cuillerées de persil haché et le piment d'Espelette. Mélangez bien pour que la morue s'émiette. Rectifiez l'assaisonnement si nécessaire.

⑥ Tapissez le fond d'un plat rectangulaire de film étirable, versez-y toute cette préparation et recouvrez de film. Entreposez au réfrigérateur pendant au moins 1 heure. Vous pouvez même la préparer la veille.
⑦ Cassez les œufs dans un bol et battez à la fourchette. Versez la farine restante dans un bol. Si vous n'avez pas de chapelure, vous pouvez la préparer en hachant 150 g de mie de pain rassis. Mettez-la également dans un bol.
⑧ Quand la préparation est bien froide, démoulez-la et coupez-la en carrés de la taille des croquettes désirée. Panez ensuite les croquettes en les passant dans la farine puis dans les œufs battus et pour finir dans la chapelure. Les croquettes sont prêtes à cuire.
⑨ Versez 3 bonnes cuillerées à soupe d'huile d'olive dans une poêle, laissez chauffer puis déposez-y les croquettes. Faites-les colorer sur feu doux de chaque côté, en les arrosant de l'huile de cuisson tout au long de leur cuisson.
⑩ Dès qu'elles sont cuites, déposez les croquettes un instant sur un papier absorbant, de façon à retirer l'excès de gras et à les rendre plus légères. Disposez-les sur un plat de service et servez encore tièdes.

Servez avec une sauce tomate parfumée au basilic, par exemple, ou toutes seules en tapas.

Pimentos rouges farcis à la morue

Pour 4 personnes

250 g de morue • 200 g de pommes de terre (BF 15) • 1/2 l de lait • 20 piments (poivrons de Piquillos, entiers et en boîte rectangulaire. À défaut, des petits poivrons d'Espagne) • 2 gousses d'ail • 400 g de sauce tomate • 1 pincée de piment d'Espelette • 10 cl de crème fraîche liquide • 10 cl d'huile d'olive • 1 petit bouquet de persil plat • sel et poivre • gros sel

1 mixeur • 1 poche à douille • 1 plat allant au four

① Faites dessaler la morue au moins 36 heures à l'avance en renouvelant l'eau trois à quatre fois.

② Lavez les pommes de terre et mettez-les, sans les peler, dans une casserole, recouvrez-les d'eau froide et salez à raison de 7 g de gros sel par litre d'eau. Portez à ébullition et faites cuire pendant 25 minutes environ. Les pommes de terre sont cuites quand elles sont facilement traversées par la lame d'un couteau. Égouttez-les, épluchez-les et coupez-les en morceaux.

③ Faites blanchir la morue : mettez-la dans une casserole, recouvrez-la du lait froid et de 1/2 litre d'eau froide et portez à ébullition. Au premier bouillon, baissez le feu et laissez blanchir à frémissements pendant 2 à 3 minutes. Égouttez la morue et laissez-la refroidir à température ambiante. Retirez la peau et les arêtes éventuelles et effeuillez la morue.

④ Évidez les piments en leur coupant la tête de façon à obtenir une enveloppe triangulaire. Pelez et hachez les gousses d'ail.

⑤ Préchauffez le four à 160 °C (thermostat 4).

⑥ Dans le bol du mixeur, versez la sauce tomate et 4 piments, mixez en incorporant 4 cuillerées à soupe de crème fraîche. Mixez à nouveau et vérifiez l'assaisonnement. Versez la sauce tomate aux piments dans le fond du plat de cuisson.

⑦ Mettez les pommes de terre encore chaudes dans le bol du mixeur et mixez-les. Ajoutez-y la morue en morceaux, les gousses d'ail hachées, le piment d'Espelette et mixez en versant l'huile d'olive. Puis, toujours en mixant, incorporez 5 cl de crème fraîche.

⑧ À l'aide d'une poche et d'une petite douille, farcissez sans excès les 16 piments restants de la purée de morue. Disposez harmonieusement les piments dans le plat de cuisson, sur la sauce tomate.

⑨ Enfournez et laissez cuire pendant 10 minutes, juste le temps que les piments farcis soient chauds. À la sortie du four, parsemez les pimentos de quelques pluches de persil et servez.

Fernand Mischler

« Auberge du Cheval Blanc »
(Lembach, Bas-Rhin)

Fernand Mischler est un homme sage qui aime l'ordre et la qualité. Son auberge est une école du bon goût, où les valeurs de la cuisine classique sont respectées avec scrupules. Fernand Mischler n'est pas timoré pour autant, il manie la modernité avec une certaine audace. Les produits qu'il sélectionne sont toujours de premier choix et la carte qu'il propose offre un éventail impressionnant de plats plus appétissants les uns que les autres. Notons aussi que le décor de la salle à manger reflète parfaitement l'élégance du maître de maison. Cuisiner les asperges me semblait parfaitement convenir à la personnalité de mon ami Fernand.

L'asperge

• Les asperges apparaissent en mars sur le marché. Il en existe plusieurs variétés : les douces blanches, les violettes plus ou moins amères, les délicieuses vertes, au goût plus prononcé, et les incomparables asperges sauvages.

• Les asperges se choisissent avec les tiges bien rigides et lisses sans trop d'écailles et les bourgeons bien serrés de couleur franche et brillante.

• Les asperges se mangent tout juste ramassées : leur fraîcheur se repère à leur fragilité et à l'humidité qui apparaît aux cassures.

▶ Le tour de main de Robuchon

Pour préparer les asperges, commencez par enlever les écailles au bas de la tête et autour de la tige, il peut se nicher des grains de terre ou de sable que ni le lavage ni la cuisson n'éliminent. Puis pelez l'asperge avec un économe, de la pointe vers la queue. Plongez-les au fur et à mesure dans de l'eau froide. Lavez-les bien et égouttez-les. Triez-les selon leur grosseur car le temps de cuisson varie selon la taille et le poids. Réunissez les asperges en bottes, en les liant sans trop les serrer. Rognez les extrémités des tiges pour qu'elles aient la même longueur.

Mettez les bottes debout dans une casserole d'eau salée frémissante, les queues au fond et les têtes hors de l'eau car elles cuisent plus vite, pendant 2 à 3 minutes. Puis couchez les bottes dans l'eau. Comme elles flottent, couvrez la surface de l'eau avec un linge pour maintenir la vapeur et permettre une cuisson plus uniforme. Ne faites pas trop cuire les asperges, elles doivent être un peu croquantes.

Asperges sauce mousseline

Pour 2 personnes

1 kg d'asperges blanches • 2 jaunes d'œuf • 10 cl de crème fraîche liquide • 125 g de beurre • jus d'1/2 citron • sel et poivre

1 fouet électrique (facultatif)

① Pelez, lavez et ficelez les asperges en deux ou trois bottes (voir la méthode page 232).
② Faites bouillir de l'eau salée dans une grande casserole, en salant à raison de 12 g de sel par litre d'eau. Plongez les bottes d'asperges et laissez-les cuire à gros bouillons pendant 20 à 25 minutes.
③ Préparez la sauce mousseline : faites monter au fouet, dans un bain-marie presque frémissant, les 2 jaunes d'œufs avec la crème, mélangez rapidement puis incorporez le beurre bien froid coupé en morceaux. Fouettez énergiquement, vous pouvez le faire au fouet électrique. Lorsque la sauce épaissit, salez, poivrez et ajoutez le jus de citron, puis mélangez à nouveau.
④ Lorsque les asperges sont cuites, égouttez-les, dressez-les dans un plat et servez-les accompagnées de la sauce mousseline.

Mangez ces asperges bouillantes avec la sauce mousseline tiède. Elles ouvriront avec talent un repas printanier.

Asperges sautées à cru aux fines herbes

Pour 2 personnes

300 g de pointes d'asperges vertes • 10 cl de bouillon de volaille • quelques gouttes de jus de citron • 1 petit bouquet de cerfeuil • 1 petit bouquet de ciboulette • 1 petit bouquet de persil plat • 4 cuil. à soupe d'huile d'olive • sel et poivre

① Pelez et lavez soigneusement les pointes d'asperges. Lavez, épongez et hachez les herbes pour en obtenir 1 petite cuillerée à soupe de chaque.

② Mettez 3 bonnes cuillerées à soupe d'huile d'olive dans une poêle et laissez chauffer. Lorsque l'huile est chaude, mettez-y les asperges, imprégnez-les bien de l'huile, puis mouillez avec le bouillon de volaille. Mettez un couvercle et laissez cuire pendant 3 minutes sur feu doux.
③ À mi-cuisson, salez, poivrez et ajoutez un peu d'eau si le bouillon s'est évaporé. Laissez cuire encore 3 minutes. Éteignez le feu, arrosez de quelques gouttes de jus de citron et parsemez d'herbes.
④ Dressez les asperges dans un plat et arrosez-les d'un filet d'huile d'olive.

Servez ces asperges en accompagnement de magrets de canard, d'une côte de bœuf ou d'œufs.

Crème d'asperge à l'oie fumée

Pour 4 personnes

1 kg d'asperges blanches • 30 g de beurre • 30 g de farine • 1,5 l de bouillon de volaille • 20 cl de crème fraîche liquide • 200 g de poitrine d'oie fumée coupée en fine julienne • 1 bouquet de cerfeuil • sel et poivre

1 mixeur

① Pelez, lavez et ficelez les asperges en deux ou trois bottes (voir la méthode dans mon tour de main page 232).
② Versez le bouillon de volaille dans une casserole et portez-le à ébullition. Plongez-y les bottes d'asperges et laissez-les cuire à frémissements pendant 20 minutes.
③ Pendant la cuisson des asperges, préparez le roux pour qu'il ait le temps de refroidir. En effet, pour réussir cette liaison il est important que le bouillon et le roux soient à température opposée lorsqu'on les réunit : soit le roux est chaud et le bouillon froid, soit le roux est froid et le bouillon chaud. Dans une grande casserole, faites fondre le beurre sans coloration, puis ajoutez la farine, mélangez bien et laissez refroidir.
④ Lorsque les asperges sont cuites, égouttez-les en prélevant le bouillon de cuisson bien chaud. Incorporez ensuite 1 litre de bouillon

d'un coup dans la casserole où le roux a refroidi, et délayez le roux. Versez enfin le reste du bouillon et laissez chauffer 2 à 3 minutes.

⑤ Coupez les pointes d'asperges et réservez-les. Plongez les queues dans le bouillon, portez à frémissements pendant 2 à 3 minutes.

⑥ Versez le bouillon et les queues d'asperges dans un mixeur et mixez pendant quelques secondes. Vérifiez l'assaisonnement, salez et poivrez si nécessaire. Puis incorporez la crème fraîche et mixez à nouveau.

⑦ Dans une soupière, disposez les pointes d'asperges et la julienne de poitrine d'oie, versez le velouté dessus et parsemez de quelques pluches de cerfeuil avant de servir.

Asperges sauce mousseuse aux herbes

Pour 2 à 3 personnes

1 kg d'asperges blanches • 2 échalotes • 5 cl de vin blanc • 1 filet de vinaigre de vin • 10 cl de crème fraîche • 1 jaune d'œuf • 1 petit bouquet de cerfeuil • 1 petit bouquet de ciboulette • 1 petit bouquet de persil plat • sel et poivre

1 mixeur • 1 fouet • 1 chinois

① Pelez, lavez et ficelez les asperges en deux ou trois bottes (voir la méthode dans mon tour de main page 232).

② Faites bouillir de l'eau salée dans une grande casserole, en salant à raison de 12 g de sel par litre d'eau. Plongez les bottes d'asperges et laissez-les cuire pendant 20 à 25 minutes à gros bouillons. Quand elles sont cuites, égouttez-les et retirez les ficelles.

③ Coupez les asperges en deux en séparant les pointes des queues. Réservez les pointes en les maintenant au chaud. Mettez les queues dans un mixeur et mixez-les.

④ Pelez et hachez les échalotes. Mettez-les dans une casserole avec le vin blanc et le vinaigre. Mélangez et laissez réduire à sec.

⑤ Dès que les échalotes ont réduit, ajoutez 7 cl de crème fraîche, faites bouillir, puis ajoutez la purée d'asperges et laissez bouillir à nouveau pendant 2 à 3 minutes à petit feu.

⑥ Dans une casserole dans un bain-marie, mettez le reste de crème avec le jaune d'œuf et fouettez. Dès que cette crème devient mousseuse, versez-y la sauce échalotes-asperges, salez, poivrez et mélangez bien.
⑦ Passez cette sauce au chinois si nécessaire. Lavez, épongez et hachez les herbes pour en obtenir 1 cuillerée à soupe de chaque. Ajoutez-les à la sauce et mélangez.
⑧ Dressez les pointes d'asperges dans un plat et nappez-les de cette sauce mousseuse aux herbes. Servez aussitôt.

Ces asperges accompagnent parfaitement les poissons.

Charles Barrier

La gastronomie a quelques grands maîtres dont nous sommes fiers, Charles Barrier est l'un d'eux. Mon ami Charles a longtemps tenu à Tours l'un des meilleurs restaurants de France, il est vrai qu'il est un cuisinier hors pair. Nous lui devons quelques tours de main à nul autre pareil. Toute sa vie, il a fait honneur à la cuisine classique et aura marqué les trente dernières années de la gastronomie française. Je suis heureux qu'il ait accepté de présenter à mes côtés quelques recettes pour cuisiner le saumon, sans nul doute l'une de ses spécialités.

Le saumon

• Le saumon s'est démocratisé depuis quelques années ; on le mangeait surtout poché avec une sauce mousseline ou un beurre blanc, ou froid accompagné d'une sauce mayonnaise, ou encore braisé au champagne.

• La tendance aujourd'hui est plutôt de le rôtir au four ou à la broche, soit entier, soit coupé en grosses darnes, ou encore de le faire cuire en filets découpés façon escalopes dans une poêle anti-adhésive sans aucune matière grasse.

• Les escalopes de saumon se font en découpant finement un filet désarêté et en aplatissant le morceau obtenu entre deux feuilles d'aluminium.

• N'oubliez jamais que le saumon doit être très peu cuit pour conserver tout son moelleux.

▶ Le tour de main de Robuchon

Assaisonnement pour un saumon froid, poché, rôti ou même grillé : la veille, faites mariner dans une bouteille de l'huile d'arachide avec un peu de poisson fumé – comme de l'anguille, sans en retirer les arêtes ni la peau –, un zeste de citron vert ou jaune, un petit peu d'aneth, 2 à 3 grains de poivre noir. Versez quelques gouttes de cette huile juste avant de déguster le poisson, cela lui donnera un agréable petit goût fumé, ajoutez un peu de fleur de sel et un tour de moulin à poivre.

Saumon grillé au beurre blanc

Pour 2 personnes

2 darnes de saumon de 150 g • **50** g d'échalotes grises • **15** g d'oignons • **1** pointe d'ail haché • **10** cl de vinaigre de vin blanc • **300** g de beurre • **1** bouquet de thym frais • **2** cuil. à soupe d'huile d'arachide • sel et poivre • fleur de sel

1 fouet

① Préparez le beurre blanc : pelez et hachez finement les échalotes et les oignons. Mettez-les dans une casserole et mouillez avec le vinaigre de vin blanc. Commencez la cuisson tout doucement pour que le vinaigre ne s'évapore pas avant que les échalotes et les oignons soient cuits. Laissez réduire presque à sec en remuant la casserole, puis ajoutez l'ail haché.

② Une fois que la préparation a réduit, incorporez petit à petit le beurre bien froid coupé en morceaux en fouettant. Salez. Maintenez ce beurre blanc au chaud, l'idéal est de le mettre dans un bain-marie tiède.

③ Imbibez le petit bouquet de thym d'huile d'arachide puis graissez les darnes de saumon en vous servant du thym comme d'un pinceau, cela donne au saumon un parfum agréable.

④ Faites chauffer un gril. Lorsqu'il est bien chaud, déposez les darnes de saumon dessus et faites-les griller pendant 2 à 3 minutes, selon leur épaisseur, de chaque côté.

⑤ Dressez ces darnes de saumon dans un plat, assaisonnez-les de sel et de poivre, ajoutez une pointe de fleur de sel et accompagnez du beurre blanc en saucière sur lequel on peut passer un tour de moulin à poivre.

Vous possédez maintenant le secret du fameux beurre blanc de Charles Barrier, qui a fait courir le monde.

Saumon au champagne

Pour 4 personnes

1 grosse darne de saumon de 1 kg • 20 cl de champagne • 2 carottes • 100 g de céleri rave • 4 oignons nouveaux • 100 g de champignons de Paris • 100 g de beurre • 2 échalotes • 1 cuil. à soupe de persil plat haché • 4 cuil. à soupe de crème fraîche • sel et poivre

1 cocotte • 1 plat allant au four • feuille d'aluminium

① Épluchez et lavez les carottes et le céleri-rave. Pelez les oignons. Passez les champignons sous l'eau courante après avoir retiré la partie terreuse des pieds. Coupez tous les légumes en fine julienne séparément. Pelez et hachez finement les échalotes.

② Préchauffez le four à 200 °C (thermostat 6).

③ Mettez 50 g de beurre dans une cocotte, ajoutez les carottes, les oignons et le céleri. Ajoutez une pointe de sel, mélangez à froid. Faites étuver doucement à couvert pendant 5 à 10 minutes (les légumes cuiront plus ou moins vite selon l'épaisseur de la julienne).

④ Mettez 1 noix de beurre dans une poêle avec les champignons et mélangez à froid. Faites-les colorer légèrement. Dès qu'ils sont cuits, ajoutez les échalotes hachées, mélangez, laissez cuire l'échalote. Incorporez cette préparation à la julienne de légumes, laissez finir la cuisson. Au bout de 5 à 10 minutes de cuisson, hors du feu ajoutez 1 cuillerée à soupe de persil plat haché.

⑤ Écaillez le saumon, assaisonnez l'intérieur de sel et de poivre et d'un peu de sel sur l'extérieur.

⑥ Répartissez la julienne dans le fond d'un plat allant au four, mouillez de 10 cl de champagne, recouvrez le tout d'une feuille d'aluminium, déposez la darne de saumon sur cette feuille et beurrez-la du reste du beurre.

⑦ Mettez ce plat au four pendant 30 minutes. Au bout de 15 minutes, arrosez la darne du beurre de cuisson.

⑧ La cuisson terminée, retirez la darne de saumon du plat et réservez-la. Retirez la feuille d'aluminium en laissant couler le beurre de cuisson sur les légumes, puis mettez le tout dans une cocotte. Ajoutez aux légumes le reste du champagne, mélangez et faites bouillir. Laissez réduire, ajoutez la crème, portez à nouveau à ébullition et vérifiez l'assaisonnement.

⑨ Retirez la peau du saumon. Dressez la darne de saumon dans un plat et versez une partie de la sauce. Mettez les légumes tout autour et servez le reste de sauce en saucière. Servez aussitôt.

Saumon en papillote

Pour 2 personnes

2 escalopes de saumon de 100 g • 500 g de petits légumes selon saison : • 1 carotte • 1 branche de céleri • 4 petits oignons • 6 pointes d'asperges vertes • 1 bonne cuil. à soupe de petits pois • 2 échalotes • 150 g de beurre • 2 cuil. à soupe de fumet de poisson • sel et poivre

1 cocotte • papier sulfurisé

① Épluchez, lavez et coupez la carotte, le céleri et les oignons en bâtonnets.

② Mettez 50 g de beurre dans une cocotte, ajoutez à froid tous les légumes et une pointe de sel. Allumez le feu, mélangez, couvrez et laissez cuire doucement pendant 7 minutes environ.

③ Préchauffez le four à 250 °C (thermostat 8-9).

④ Assaisonnez de sel et de poivre chaque côté des escalopes de saumon.

⑤ Découpez 2 feuilles de papier sulfurisé de 40 x 60 cm. Beurrez-les grassement avec le reste du beurre. Déposez une tranche de saumon sur une feuille, mettez la moitié des petits légumes dessus, arrosez d'1 cuillerée à soupe de fumet de poisson et pliez la papillote. Faites de même pour la seconde papillote. Si vous désirez avoir une jolie couleur dorée, beurrez l'extérieur des papillotes avec le beurre de cuisson des légumes.

⑥ Mettez-les au four pendant 7 minutes. Si vous aimez le poisson bien cuit, laissez-le 2 à 3 minutes de plus.

⑦ Sortez les papillottes du four, dressez-les dans un plat, découpez un « couvercle » dans les papillotes, ouvrez-les délicatement et servez sans attendre.

Le mieux est d'ouvrir les papillotes devant les convives pour que tous les arômes se dégagent à table.

Saumon à l'oseille

Pour 2 personnes

2 escalopes de saumon de 120 g • 8 cl de fumet de poisson • 50 cl de crème fraîche liquide • 30 g de beurre • 100 g d'oseille • sel et poivre

① Équeutez les feuilles d'oseille, lavez-les soigneusement et épongez-les.

② Faites chauffer modérément une poêle antiadhésive. Lorsqu'elle est chaude, déposez-y les escalopes de saumon du côté peau. Faites colorer pendant 3 minutes chaque côté de l'escalope : elle doit être saisie à l'extérieur et rester presque crue à l'intérieur. Pendant la cuisson du second côté, salez et poivrez le premier côté déjà cuit et seulement celui-là. Retirez le saumon de la poêle, déposez-le sur du papier absorbant et réservez-le au chaud.

③ Déglacez la poêle avec le fumet de poisson, ajoutez la crème et le beurre, mélangez et laissez réduire à peine de moitié. Ajoutez ensuite l'oseille, couvrez et laissez-la fondre pas plus de 1 minute. Rectifiez l'assaisonnement en sel si nécessaire.

④ Dressez un lit de crème à l'oseille dans un plat, déposez les escalopes de saumon dessus et donnez un tour de moulin à poivre. Servez aussitôt.

Quand elle est retirée, le côté peau du saumon est reconnaissable à sa petite couche de graisse, ce qui permet de poêler les escalopes sans autre matière grasse.

Patrick Fulgraff

« Au Fer Rouge »
(Colmar, Haut-Rhin)

Jeune homme malicieux, Patrick Fulgraff est l'épatant président des Jeunes Restaurateurs de France. Il sait parfaitement maîtriser son terroir, marier les saveurs et mettre en valeur une recette traditionnelle en y ajoutant son inégalable touche personnelle. Le talent créatif de Patrick Fulgraff a su donner des lettres de noblesse à la choucroute et inventer plusieurs recettes à base de chou plus réussies les unes que les autres.
Un arrêt au *Fer Rouge* achèvera délicieusement la visite du Vieux Colmar.

Le chou

• Le chou se range en deux groupes : le pommé et le cabus à feuilles très serrées qui peut être blanc, vert ou rouge et le chou frisé à feuillage cloqué.

• Un chou fraîchement cueilli doit être lourd par rapport à sa taille ; les feuilles doivent être brillantes et fermes, et crisser sous les doigts. La coupe du trognon doit être franche et sans brunissure.

• Comme beaucoup de légumes, le chou se conserve mal, il faut le faire cuire le plus vite possible après l'avoir acheté, et se souvenir qu'il réduit de plus de la moitié à la cuisson.

• Le chou donne lieu à de nombreuses préparations.

► Le tour de main de Robuchon

Comment préparer le chou vert ? Éliminez les grosses feuilles du pourtour. Coupez le trognon et partagez le chou en quartiers. Retirez le cône central en prenant soin de ne pas séparer les feuilles.

Lavez le chou à grande eau vinaigrée en écartant bien les feuilles pour faire sortir la terre et éventuellement les petites bêtes.

Plongez ensuite les quartiers de chou dans de l'eau bouillante bien salée. Laissez cuire à forte ébullition pendant 10 à 15 minutes.

Rafraîchissez les quartiers dans de l'eau glacée, afin de fixer la couleur et arrêter la cuisson, puis égouttez-les rapidement. Pressez-les fortement entre deux assiettes plates pour en extraire l'eau.

Il ne vous reste plus qu'à cuisiner le chou.

Soupe au chou vert et aux morceaux d'oie

Pour 4 personnes

1/2 chou vert • 1 oignon • 2 gousses d'ail • 80 g de beurre • 1 l de bouillon de volaille • 25 cl de crème fraîche liquide • 4 gésiers d'oie confits • 1/2 poitrine d'oie fumée • 1 bouquet de ciboulette ciselée • sel et poivre

1 mixeur

① Éliminez les grosses feuilles du pourtour du chou, coupez le trognon et partagez le chou en quartiers. Retirez le cône central en prenant soin de ne pas séparer les feuilles. Lavez les quartiers à grande eau vinaigrée en écartant bien les feuilles pour faire sortir la terre et les éventuelles petites bêtes. Émincez les quartiers de chou.

② Pelez et émincez finement l'oignon. Pelez et dégermez les gousses d'ail en les coupant en deux. Faites fondre 60 g de beurre dans une casserole, faites-y suer sans coloration l'oignon émincé et mélangez. Dès que l'oignon est translucide, ajoutez le chou émincé, mélangez, puis mettez les moitiés de gousse d'ail. Mouillez avec le bouillon de volaille et portez à ébullition. À l'ébullition, baissez le feu et laissez cuire à frémissements pendant 15 minutes à couvert.

③ Au bout de 15 minutes, versez la crème fraîche liquide dans la casserole et fouettez pour bien mélanger. Salez et poivrez si nécessaire. Portez à nouveau à ébullition et retirez du feu. Versez le tout dans un mixeur et mixez.

④ Coupez les gésiers en tranches épaisses en retirant la graisse. Escalopez finement la poitrine fumée.

⑤ Mettez les tranches de gésiers dans le fond d'une soupière, versez la soupe bien chaude dessus, déposez les tranches de poitrine fumée sur la soupe ainsi que le reste du beurre coupé en petites tranches, puis parsemez de la ciboulette ciselée.

⑥ Servez bien chaud.

Chou aux lardons et œufs au plat

Pour 2 personnes

1/4 de chou vert • 50 g de beurre • 1 cuil. à soupe d'huile d'arachide • 60 g de lardons • 2 œufs • 1 bouquet de ciboulette ciselée • sel et poivre • fleur de sel

① Éliminez les grosses feuilles du pourtour du chou, coupez le trognon et partagez le chou en quartiers. Retirez le cône central, en prenant soin de ne pas séparer les feuilles, et lavez-les à grande eau vinaigrée en écartant bien les feuilles pour faire sortir la terre et les éventuelles petites bêtes. Émincez le quartier de chou.
② Mettez 40 g de beurre à fondre dans une poêle puis ajoutez le chou émincé, salez et faites suer sans coloration tout doucement à couvert pendant 4 à 5 minutes. Retirez la casserole du feu.
③ Dans une autre poêle, versez l'huile d'arachide, laissez chauffer, puis faites-y blondir les lardons. Dès qu'ils sont blonds, égouttez-les dans une passoire et réservez-les.
④ Mettez le restant de beurre dans une poêle – l'idéal serait de prendre deux petites poêles du diamètre des œufs au plat –, laissez-le fondre et faites cuire les œufs au plat. (Il est préférable de les sortir du réfrigérateur quelque temps avant de les faire cuire.) Réchauffez le chou si nécessaire.
⑤ Dressez dans une assiette un petit lit de chou, posez l'œuf au plat dessus et, tout autour, la moitié des lardons. Parsemez de ciboulette ciselée, ajoutez un peu de fleur de sel sur l'œuf et un tour de moulin à poivre. Faites de même avec l'autre œuf et servez aussitôt.

Gratin au chou vert et à la tomate

Pour 4 personnes

1/2 chou vert • 4 tomates • 1 gousse d'ail • 1 échalote • 1 cuil. à soupe d'huile d'olive • 20 g de beurre • 25 cl de crème fraîche liquide • 100 g de gruyère râpé • 1 branche de thym frais • sel et poivre

1 plat à gratin

① Éliminez les grosses feuilles du pourtour du chou, coupez le trognon et partagez le chou en quartiers. Retirez le cône central en prenant soin de ne pas séparer les feuilles. Lavez les quartiers à grande eau vinaigrée en écartant bien les feuilles pour faire sortir la terre et les éventuelles petites bêtes.

② Mondez les tomates : retirez le pédoncule, pelez-les en les plongeant quelques secondes dans de l'eau bouillante. Coupez-les en deux, retirez les graines, puis coupez la chair en petits dés. Pelez la gousse d'ail, coupez-la en deux, dégermez-la et coupez-la en bâtonnets. Pelez et hachez l'échalote.

③ Mettez l'huile d'olive dans une poêle, ajoutez l'échalote hachée dans l'huile froide et faites suer sans coloration. Ajoutez ensuite les dés de tomates et mélangez. Parsemez d'ail et de thym, assaisonnez de sel et de poivre et laissez cuire pendant 7 minutes à frémissements.

④ Préchauffez le four à 250 °C (thermostat 8-9).

⑤ Coupez les 2 quartiers de chou en grosses lanières. Portez de l'eau à ébullition et salez (de l'ordre de 20 g de sel par litre d'eau). Plongez le chou dans l'eau bouillante et laissez-le cuire pendant 5 minutes, le chou doit rester un peu ferme. Plongez-le ensuite dans de l'eau glacée et égouttez-le dès qu'il est froid.

⑥ Beurrez un plat à gratin, étalez le chou au fond du plat et recouvrez des tomates concassées, en retirant la branche de thym. Nappez de crème fraîche, puis parsemez du gruyère râpé.

⑦ Enfournez et faites cuire pendant 10 minutes environ jusqu'à ce que le plat soit bien gratiné. Servez sans attendre.

Vous pouvez remplacer le chou par des courgettes, des aubergines ou tout autre légume de saison.

Huîtres au chou vert et au bacon

Pour 2 personnes

1/4 de chou vert • 8 huîtres de Marennes n° 2 • 8 tranches fines de bacon • 2 échalotes • 10 cl de crème fraîche liquide • 4 cl de vinaigre d'alcool blanc • 1 tomate • 1 botte de ciboulette • sel et poivre

① Éliminez les grosses feuilles du pourtour du chou, coupez le trognon et partagez le chou en quartiers. Retirez le cône central, en prenant soin de ne pas séparer les feuilles, et lavez-les à grande eau vinaigrée en écartant bien les feuilles pour faire sortir la terre et les éventuelles petites bêtes. Retirez les grosses nervures et les côtes des feuilles. Émincez les feuilles très finement.

② Portez de l'eau à ébullition en salant de 20 à 25 g de sel par litre d'eau. Plongez-y le chou émincé, laissez-le cuire à peine 3 minutes, il doit rester croquant, puis plongez-le dans de l'eau glacée. Égouttez-le dès qu'il est froid, sans quoi il perdrait son goût, et réservez-le à température ambiante.

③ Pelez et hachez finement les échalotes. Dans un récipient, mettez la crème froide, ajoutez les échalotes hachées, salez légèrement, poivrez, mélangez et incorporez le vinaigre doucement pour ne pas faire épaissir la crème. Vous pouvez préparer cette sauce à l'avance et la réserver au réfrigérateur : l'arôme des échalotes ressortira mieux.

④ Disposez les 8 tranches de bacon dans une poêle froide, pour ne pas les faire éclater, faites-les cuire sur feu moyen et faites-les colorer de chaque côté.

⑤ Mondez la tomate : retirez le pédoncule, pelez-la en la plongeant quelques secondes dans de l'eau bouillante ou en la passant sur la flamme du gaz. Coupez-la en deux, retirez les graines, puis coupez-la en petits dés. Lavez et ciselez la ciboulette.

⑥ Retirez les huîtres de leur coquille. Remplissez ces coquilles d'un lit de chou et déposez les huîtres dessus. Nappez de sauce à la crème fraîche, parsemez de dés de tomate et de la ciboulette ciselée, puis recouvrez des tranches de bacon et servez.

Guy Gedda

« Jardin de Perlefleurs » (Bormes-les-Mimosas, Var)

Guy Gedda s'est imposé comme le pape de la cuisine provençale et il n'a pas son pareil pour faire chanter les saveurs de sa région. Sa belle maison provençale et la jolie terrasse ombragée sont un havre de fraîcheur en été. Comme nous aimions venir nous régaler des spécialités de notre ami en admirant la vue sur le village ! J'écris « aimions » car Guy Gedda a, à notre grand regret, décidé de changer d'occupation et de fermer son restaurant. Je lui ai demandé de nous livrer ses secrets autour du miel au travers de recettes qui auraient enchanté Frédéric Mistral.

Le miel

• Le miel est élaboré par les abeilles à partir du nectar des fleurs. Sa consistance, sa couleur et sa saveur dépendent des plantes butinées et, bien sûr, du climat et de la saison. La couleur n'a pas d'incidence sur la qualité, alors que, contrairement à une idée reçue, un miel cristallisé est souvent meilleur.

• Le miel d'acacia est le plus répandu, il est translucide et son goût est délicat ; le miel de bruyère est savoureux ; le miel de lavande et celui de romarin véhiculent toutes les senteurs de la Provence ; le miel de sarrasin est parfait pour confectionner le pain d'épice et celui de trèfle est riche en vitamines.

• Le miel se conserve hors du réfrigérateur entre 10 et 15 °C, protégé de ses deux ennemis, la chaleur et l'humidité qui peuvent, l'une comme l'autre, provoquer une fermentation.

• Inutile de conserver un miel dans lequel des bulles seraient apparues, le goût en serait considérablement altéré.

▶ Le tour de main de Robuchon

Mes petits légumes au miel

Au printemps, les jeunes légumes poussent dans les jardins et les agneaux naissent dans les prés. Profitez de ces cadeaux que vous fait la nature.

Pour 2 personnes :
3 petites asperges vertes • 3 petits navets • 3 petites carottes • 3 petits fenouils • 3 oignons nouveaux • 50 g de beurre • 1 cuil. à soupe de miel de thym ou de romarin • sel

• Pelez et lavez les asperges, les navets et les carottes. Lavez les fenouils. Épluchez les oignons. Faites cuire les légumes séparément quelques minutes dans de l'eau bouillante salée. Ils doivent être croquants sauf les oignons qui doivent être plus cuits.
• Dans une poêle, mettez à fondre le beurre avec le miel. Lorsque le beurre est légèrement blond, ajoutez les petits légumes cuits.
• Faites glacer ces petits légumes à feu doux en les enrobant bien dans ce beurre au miel, ils doivent être juste blonds, ajoutez 1 pointe de sel et servez-les sans attendre.

Servez ces petits légumes nouveaux avec de l'agneau rôti : un vrai régal !

Salade de carottes au miel de romarin

Pour 2 à 4 personnes

6 carottes • **1** cuil. à soupe de miel de romarin • **3** cuil. à soupe de vinaigre de vin • **15** cl d'huile d'olive • **10** petits cornichons • **5** échalotes • **1** bouquet d'estragon • **1** cuil. à café de coriandre concassée • **5** feuilles de laurier • sel

1 robot

① Dans un récipient, délayez le miel avec le vinaigre, ajoutez 2 pincées de sel et mélangez en fouettant. Puis versez l'huile d'olive et mélangez à nouveau.

② Coupez les cornichons en rondelles. Épluchez les échalotes et hachez-les. Lavez l'estragon et ciselez-le jusqu'à obtenir 1 cuillerée à soupe. Pelez, lavez et râpez les carottes en très fine julienne. Réservez le tout séparément.

③ Jetez les cornichons émincés, les échalotes hachées, l'estragon et la coriandre dans la sauce au miel. Ajoutez les carottes râpées et mélangez bien. Ajoutez ensuite les feuilles de laurier entières et mélangez à nouveau.

④ Entreposez au réfrigérateur pendant 2 à 3 heures. Retirez les feuilles de laurier avant de déguster ou laissez-les en décoration.

Vous pouvez servir ces carottes en entrée, mais nous les servons volontiers avec des sardines crues qu'elles accompagnent merveilleusement.

Crème brûlée au miel de châtaignier

Pour 4 personnes

1 grosse cuil. à soupe de miel de châtaignier • 4 jaunes d'œufs • 1/2 l de crème fraîche liquide • 150 g de confit de châtaignes • 1 bonne cuil. à soupe de cassonade

1 fouet • papier sulfurisé • 4 ramequins • 1 plat à gratin (pouvant contenir 4 ramequins)

① Mettez le miel et les jaunes d'œufs dans un récipient, mélangez au fouet, puis ajoutez la crème fraîche liquide et mélangez à nouveau.

② Préchauffez le four à 150 °C (thermostat 4-5). Remplissez les quatre ramequins de la crème, puis ajoutez 1 cuillerée à soupe de confit de châtaignes dans chacun de ces petits pots.

③ Découpez une feuille de papier sulfurisée à la forme de votre plat à gratin. Disposez-la au fond du plat, cela évitera les éclaboussures pendant la cuisson au bain-marie. Posez les ramequins dans le plat.

Puis remplissez le plat d'eau chaude, jusqu'aux 3/4 de la hauteur des ramequins, en prenant soin de ne pas en mettre dans les pots. Mettez au four pendant 45 à 50 minutes.

④ À la sortie du four, saupoudrez chaque pot de crème d'un peu de cassonade et passez sous le gril du four pendant 2 à 3 minutes, juste le temps que le sucre caramélise. Laissez refroidir et servez.

Si vous ne trouvez pas de confit de châtaignes, vous pouvez le remplacer par de la crème de marrons ou des marrons glacés émiettés.

Blancs de poulet aux pignons et au miel de sapin

Pour 2 personnes

1 grosse cuil. à soupe de miel de sapin • 2 blancs de poulet • 40 g de beurre • 12 champignons de Paris • 100 g de pignons de pin • 3 cuil. à soupe de porto • 1 bouquet de persil plat • 10 à 12 cl de crème fraîche liquide • sel et poivre

① Assaisonnez chaque côté des blancs de poulet de sel et de poivre. Faites fondre le beurre dans une poêle puis faites-les colorer de chaque côté. Retirez-les de la poêle et réservez-les. Jetez le beurre de cuisson sans gratter les sucs collés au fond.

② Retirez la partie terreuse des pieds de champignons. Passez les champignons sous l'eau courante, essuyez-les dans du papier absorbant et émincez-les.

③ Remettez les blancs de poulet dans la poêle, déglacez avec le porto. Retournez les blancs de poulet, puis ajoutez le miel et délayez-le. Ajoutez les champignons émincés, mélangez bien, ajoutez les pignons et laissez le tout colorer.

④ Quand la fricassée a pris une jolie couleur dorée, ajoutez 8 à 10 cl d'eau, laissez réduire, puis ajoutez la crème fraîche liquide. Laissez réduire à nouveau aux 3/4 jusqu'à ce que vous obteniez une sauce onctueuse, ajoutez le persil haché et servez.

Vous pouvez également réaliser cette recette avec de la dinde ou du veau.
Servez ces blancs de poulet avec du riz pilaf au curry.

Pain d'épice

Pour 8 personnes

125 g de miel de bruyère • **60** g de sucre roux • 1 cuil. à soupe de rhum • **3** g de cannelle en poudre • **5** g d'anis vert en poudre • **1** g de quatre-épices en poudre • **2** g de badiane en poudre • **2** g de noix muscade en poudre • 1 g de girofle en poudre • **125** g de farine de seigle complète • **125** g de farine • **3/4** de cuil. à café de levure en poudre • **3/4** de cuil. à café de bicarbonate de soude • 1 œuf • **60** g de beurre fondu • sel

1 robot • 1 moule à cake antiadhésif

① Dans un récipient, délayez le miel avec 10 cl d'eau chaude, ajoutez ensuite le sucre roux, le rhum, les épices et une pincée de sel. Mélangez bien.
② Dans un robot à pétrir, mettez les deux sortes de farines, la levure, le bicarbonate de soude et mélangez. Ajoutez l'œuf et pétrissez. Incorporez tout doucement le mélange de miel et d'épices et pétrissez bien à nouveau. Ajoutez alors, tout en mélangeant à vitesse rapide, le beurre fondu. Pétrissez pendant 2 à 3 minutes.
③ Préchauffez le four à 160 °C (thermostat 4).
④ Versez la pâte à pain d'épice dans un moule antiadhésif ou dans un moule beurré. Enfournez et faites cuire pendant 50 bonnes minutes.
⑤ Vérifiez la cuisson en enfonçant la lame d'un couteau dans le pain d'épice, si la lame ressort propre, le pain est cuit. Retirez du four et laissez refroidir à température ambiante.
⑥ Dégustez ce pain d'épice froid. Il sera encore meilleur au bout de 2 à 3 jours passés au réfrigérateur, enveloppé dans du film étirable ; sortez-le alors 1 heure avant de le déguster.

Ferran Adria

« El Bulli »
(Rosas, Espagne)

Ferran Adria s'est fait un devoir de revisiter les grands classiques de la cuisine espagnole et de laisser parler son imagination illimitée. On comprend aisément lorsque l'on est chez lui pourquoi les Espagnols parcourent des centaines de kilomètres et pourquoi les Français n'hésitent pas à franchir la frontière pour se rendre dans son restaurant. Lui, le grand spécialiste du poisson, était le partenaire idéal pour préparer avec moi des recettes autour des sardines.

La sardine

• La sardine est le plus économique et le plus populaire des poissons. Elle est fragile et il faudra bien faire attention à choisir un poisson à l'odeur fraîche, discrète et agréable ; les écailles doivent être brillantes et bien adhérentes et l'œil vif et convexe. Évitez dans tous les cas les sardines au ventre déchiré ou affaissé et préférez les petites sardines, leur goût sera plus délicat.

• Sachez que l'odeur prononcée qui peut se dégager à la cuisson provient de la tête et de l'arête ; pour éviter cet inconvénient, faites préparer vos sardines en filets.

• Les sardines sont également délicieuses en conserve, à l'huile, à la tomate ou au vin blanc ; j'avoue avoir un penchant particulier pour les sardines à l'huile qui de plus se bonifient en vieillissant.

▶ Le tour de main de Robuchon

Mes toasts de sardines

Je sers souvent cette recette simple et facile à mes amis. En apéritif, c'est excellent.

Pour 4 à 6 personnes :
300 g de sardines à l'huile (en boîte) • 1 baguette fraîche ou grillée • 150 g de beurre ramolli • 4 carrés de fromage frais demi-sel • 4 bonnes cuil. à soupe de moutarde forte • poivre

• Retirez les arêtes des sardines. Mettez leur chair dans un récipient, ajoutez-y le beurre ramolli et mélangez.
• Rajoutez les carrés de fromage, la moutarde, poivrez, puis malaxez bien le tout.
• Servez cette préparation étalée sur des petits toasts de baguette frais ou grillés.

Si vous recevez des amis sans cérémonie, chacun pourra lui-même tartiner cette préparation.

Sardines au lait d'amandes

Pour 2 personnes

4 petites sardines • 150 g d'amandes pelées et concassées • 25 cl d'eau • 4 gousses d'ail • 6 croûtons • 1 cuil. à soupe de miel • 1 cuil. à soupe de cerfeuil en petites feuilles • 40 cl d'huile d'olive • 1 cuil. à soupe de vinaigre de Xérès • sel et poivre

1 mixeur • 1 chinois fin

① Mettez les amandes dans un récipient, recouvrez-les d'eau, entreposez au réfrigérateur pendant au moins une nuit.
② Versez les amandes et l'eau dans laquelle elles ont macéré dans le bol du mixeur. Ajoutez 2 pincées de sel et mixez.

③ Passez cette purée d'amandes au chinois fin, en pressant bien avec une louche pour récupérer le maximum de préparation et obtenir ainsi un lait d'amandes. Réservez-le au réfrigérateur.
④ Épluchez, dégermez et émincez les gousses d'ail. Mettez 3 gousses émincées dans une casserole avec 10 cl d'huile d'olive. Faites chauffer, retirez du feu dès frémissements et laissez refroidir à température ambiante de façon à ce que l'huile s'infuse du parfum de l'ail.
⑤ Dans une autre casserole, mettez 20 cl d'huile d'olive et la quatrième gousse d'ail, faites chauffer et laissez blondir ces lamelles d'ail. Égouttez-les sur du papier absorbant et réservez-les. Dans la même huile, faites frire les croûtons et égouttez-les dès qu'ils sont blonds.
⑥ Levez les sardines en filets. Badigeonnez-les au pinceau de miel côté peau. Si le miel n'est pas assez liquide, faites-le chauffer un peu pour qu'il se liquéfie.
⑦ Mettez un peu d'huile d'olive dans une poêle, faites-la chauffer puis déposez-y les filets côté peau ; salez. Faites-les juste saisir et retirez-les dès que les côtés commencent à blanchir, les sardines doivent être à peine cuites.
⑧ Versez le lait d'amandes dans un plat de service, disposez les sardines dans le plat, les croûtons et l'ail confit tout autour, arrosez d'un filet d'huile d'ail, de vinaigre de Xérès, saupoudrez de cerfeuil, poivrez et servez.

Ce plat se déguste tiède (le lait d'amandes froid et les sardines chaudes) en entrée. En Catalogne, ces sardines font partie des « tapas », petites bouchées ou plats servis dans les bars en fin de journée.

Sardines en escabèche

Pour 2 personnes

4 petites sardines • 150 g de fèves écossées • 12 petits oignons blancs • 1 cuil. à soupe d'huile d'olive • 2 pincées de paprika • sel • gros sel

Pour l'escabèche :
la tête et les arêtes des sardines • 1/4 l d'huile d'olive • 1 oignon • 1 morceau de poireau • 1 morceau de céleri • 1 carotte • 1 feuille de laurier • 2 brindilles de thym • quelques grains de poivre blanc • 2 cuil. à soupe de vinaigre de Xérès • sel et poivre du moulin

1 chinois ou 1 passoire fine

① Préparez l'escabèche : coupez tous les légumes en petits dés. Mettez 2 cuillerées à soupe d'huile d'olive dans une poêle, laissez-la chauffer, puis faites-y revenir les arêtes et les têtes de sardines. Ajoutez les légumes coupés en dés, le thym, le laurier et le poivre en grains. Versez le reste de l'huile d'olive et laissez cuire à petits frémissements pendant 10 minutes.

② Laissez tiédir l'escabèche pendant 10 à 15 minutes, ajoutez-y le vinaigre de Xérès, 2 pincées de sel, un tour de moulin à poivre et 2 cuillerées à soupe d'eau. Portez à nouveau à ébullition. Au premier bouillon, retirez du feu, versez la préparation dans un saladier, laissez refroidir et entreposez au moins 1 journée au réfrigérateur. Vous pouvez préparer l'escabèche 2 jours à l'avance.

③ Le lendemain, faites blanchir les petits oignons dans une casserole d'eau bouillante salée. Laissez-les cuire 3 à 4 minutes après la reprise de l'ébullition, puis rafraîchissez-les dans de l'eau glacée et égouttez-les dès qu'ils sont froids.

④ Plongez les fèves dans une autre casserole d'eau bouillante salée et portez à ébullition. Au bout de 2 minutes, retirez-les, rafraîchissez-les dans de l'eau glacée et égouttez-les dès qu'elles sont froides. Pelez les fèves, séparez-les en deux et retirez le germe.

⑤ Passez l'escabèche au chinois, sans la presser.

⑥ Levez les sardines en filets. Mettez un peu d'huile d'olive dans une poêle, faites poêler les filets côté peau et salez. Faites-les juste saisir et retirez-les dès que les côtés commencent à blanchir, les sardines doivent être à peine cuites.

⑦ Dressez les fèves, les oignons et les sardines dans un plat. Mettez quelques grains de gros sel et une pointe de paprika sur les sardines, versez un peu d'escabèche sur le tout et servez.

Vous pouvez servir ces sardines en tapas ou en entrée.

Sardines aux tagliatelles de mangue

Pour 2 personnes

5 petites sardines • 2 mangues pas trop mûres • 2 gousses de vanille • 10 g de poivre rose • 25 g de sésame • 10 g de graines de badiane • 25 g de moutarde en grains • 10 cl d'huile d'arachide • 1 cuil. à soupe d'huile de piment (huile d'olive dans laquelle quelques piments ont macéré) • 1 bouquet de basilic • 1 cuil. à soupe d'huile d'olive • sel

1 mixeur

① Fendez les gousses de vanille en deux dans la longueur et récupérez les graines. Mettez dans un mixeur le poivre rose, le sésame, les graines de badiane, la moutarde, l'huile d'arachide et les graines de vanille. Mixez le tout. Cette huile d'épices peut être préparée à l'avance, conservez-la au réfrigérateur à l'abri de la lumière, vous pourrez même la garder 1 mois.

② Lavez et ciselez finement le basilic. Pelez les mangues, coupez chacune d'elles en 6 fines tranches, puis en fines bandes en forme de tagliatelles.

③ Dressez ces tagliatelles dans un plat, assaisonnez-les de l'huile de piment et de basilic.

④ Levez les sardines en filets. Mettez l'huile d'olive dans une poêle, faites poêler les filets côté peau et salez. Faites-les juste saisir et retirez-les dès que les côtés commencent à blanchir, les sardines doivent être à peine cuites.

⑤ Servez ce plat directement dans les assiettes : disposez harmonieusement dans chaque assiette les tagliatelles de mangue, versez quelques gouttes (pas plus !) d'huile de piment dessus, posez les sardines à côté des tagliatelles, arrosez d'huile d'épices tout autour et servez.

Vous pouvez servir ces sardines en tapas ou en entrée.

Sardines en salade

Pour 2 personnes

4 petites sardines • **50** g de thon séché (facultatif) • **4** filets d'anchois • **4** tomates • **6** gousses d'ail • **10** cl d'huile d'olive • **1** poivron séché • **50** g de fruits secs (noisettes, pignons, amandes) • **1** petit bouquet de persil plat • **1** cuil. à soupe de vinaigre de Xérès • **1** salade frisée jaune • **1** artichaut • **25** fèves • **12** olives noires • sel

1 mixeur

① Préchauffez le four à 200 °C (thermostat 6).

② Lavez les tomates. Sur la plaque du four, posez les tomates non pelées et les gousses d'ail également non pelées. Arrosez de 2 cuillerées à soupe d'huile d'olive et mettez au four pendant 15 à 20 minutes. La cuisson terminée, pelez les tomates, retirez le pédoncule, les graines et le jus en les pressant dans la main. Pelez les gousses d'ail.

③ Mettez les tomates, les gousses d'ail, la moitié du poivron, les fruits secs dans un mixeur et mixez. Ajoutez 2 cuillerées à soupe de persil plat et une bonne pincée de sel et mixez à nouveau. Incorporez petit à petit, tout en mixant, l'huile d'olive puis le vinaigre de Xérès. Versez cette sauce tomate dans une saucière et réservez-la au réfrigérateur.

④ Retirez les feuilles et le foin de l'artichaut crus. Ne conservez que le cœur et coupez-le en fines lamelles. Lavez la frisée et essorez-la. Préparez les fèves comme indiqué page 264.

⑤ Dressez la salade dans un saladier, disposez les fèves, les lamelles d'artichaut, les olives noires, le thon et les anchois dessus.

⑥ Levez les sardines en filets. Mettez un peu d'huile d'olive dans une poêle, faites poêler les filets côté peau et salez. Faites-les juste saisir et retirez-les dès que les côtés commencent à blanchir.

⑦ Dressez les sardines sur la salade, assaisonnez de la sauce tomate et servez.

Cette salade est typique de la Catalogne. Si vous ne trouvez pas de thon séché, remplacez-le par quelques anchois.

Paul Pauvert

« Les Jardins de la Forge »
(Champtoceaux, Maine-et-Loire)

Paul Pauvert, maître cuisinier de France, fait preuve d'une grande maîtrise de la cuisine bourgeoise. Il a le tour de main pour réussir une sauce ou un beurre blanc. Son restaurant est bien situé juste en face du château médiéval illuminé le soir. Y dîner confortablement installé dans la salle à manger aux couleurs douces est un moment de bonheur assuré. Sachant combien Paul Pauvert avait la technique pour mettre en valeur les produits du Val-de-Loire, j'étais curieux de connaître ses recettes pour consommer les navets.

Le navet

• Comme ils sont bons et parfumés, les petits navets de printemps !

• Vous les trouvez sur les marchés ficelés en bottes : ils doivent être de forme régulière et de couleur pâle avec un collet rosé ou légèrement violet.

• Choisissez toujours des navets fermes et lourds, à peau lisse et assurez-vous de leur fraîcheur en observant les fanes qui doivent être vertes et rigides ainsi, lorsque vous le couperez, il devra laisser échapper une goutte de jus.

• Attention, tous les navets n'ont pas le même goût : ceux qui sont plats et ronds sont fréquemment plus tendres que les longs, plus filandreux.

• Si un navet dégage une odeur trop forte, il est à rejeter car il risque d'être piquant. De même, un navet dont la chair est filandreuse ou spongieuse est à éliminer immédiatement car il sera indigeste.

• Les navets absorbant la graisse, ils sont la garniture idéale des viandes grasses, tels l'agneau, le porc, le canard, voire le foie gras.

▶ Le tour de main de Robuchon

Mes petits navets nouveaux étuvés au jus

Pour 4 personnes :
400 g de petits navets nouveaux • 8 g de sucre en poudre • 40 g de beurre • 30 cl de bouillon de volaille • 5 à 10 cl de jus de volaille • 1 cuil. à soupe de persil plat concassé • sel

• Choisissez des petits navets nouveaux bien calibrés (de même grosseur). Épluchez-les, mettez-les dans un récipient avec le sucre et une pincée de sel fin et mélangez bien à la main. Il faut que les navets aient « absorbé » le sucre et le sel.

• Faites fondre le beurre dans une cocotte. Dès qu'il devient blond et moussant, disposez les petits navets côte à côte sans qu'ils se chevauchent et faites-les colorer de chaque côté.

• Dès qu'ils sont bien dorés, arrosez-les avec 10 cl de bouillon de volaille et faites-les étuver à couvert sur feu doux jusqu'à l'absorption du bouillon. Rajoutez alors 10 cl de bouillon de volaille et attendez qu'il soit absorbé avant de verser le dernier tiers de bouillon. Laissez étuver à nouveau, toujours à couvert.

• Quand tout le bouillon est absorbé, les navets sont cuits. Arrosez-les de quelques cuillerées à soupe de jus de volaille et portez à frémissements.

• Dès que le jus est chaud, parsemez d'une cuillerée à soupe de persil plat concassé et servez aussitôt.

Pendant la cuisson, les petits navets doivent toujours être humides. Si le bouillon réduit trop rapidement, mouillez avec un peu d'eau jusqu'à la fin de leur cuisson. Ces petits navets accompagnent parfaitement un canard ou un poulet rôtis, par exemple.

Petits navets au miroir de cabernet d'Anjou rosé

Pour 4 personnes

8 navets avec leurs fanes • **50** g de sucre semoule • **2** cuil. à soupe de vinaigre de vin blanc • **3/4** de bouteille de cabernet d'Anjou rosé • **15** cl de crème fraîche liquide • **15** g de pignons de pin • sel et poivre

1 mixeur

① Mélangez dans une casserole 2 cuillerées à soupe d'eau avec le sucre semoule. Faites chauffer jusqu'à ce que le caramel blondisse, puis ajoutez le vinaigre – en prenant garde de ne pas vous faire brûler par les projections. Portez à ébullition et laissez réduire pendant 1 minute. Ajoutez ensuite le cabernet d'Anjou, portez à ébullition et laissez réduire jusqu'à ce que la sauce devienne sirupeuse. Laissez refroidir la sauce miroir au réfrigérateur pendant 1 heure environ.

② Retirez les fanes de navets et lavez-les. Faites-les blanchir en les plongeant dans de l'eau bouillante salée, à raison de 12 g de sel par litre. Faites-les bouillir pendant 30 secondes. Puis plongez-les dans de l'eau glacée, égouttez-les dès qu'elles sont froides et pressez-les bien entre vos mains de façon à en extraire le maximum d'eau.

③ Épluchez les navets, plongez-les dans de l'eau bouillante salée (12 g de sel par litre). Faites-les cuire pendant 10 minutes, rafraîchissez-les ensuite dans de l'eau glacée et égouttez-les dès qu'ils sont froids. Évidez les navets pour pouvoir les farcir et réservez la pulpe.

④ Versez la crème fraîche dans une casserole, portez-la à ébullition et laissez-la réduire de moitié. Laissez-la refroidir à température ambiante.

⑤ Dans le mixeur, mettez la pulpe et les fanes de navets et mixez. Ajoutez la crème fraîche réduite et refroidie, assaisonnez de sel et de poivre et mixez à nouveau.

⑥ Poivrez l'intérieur des petits navets évidés et garnissez-les de la préparation froide.

⑦ Nappez le fond d'un plat de service de la sauce miroir au vin, disposez les navets farcis dessus, parsemez des pignons de pin pour avoir une jolie présentation. Servez ce plat froid.

Vous pouvez préparer la sauce la veille.

Navets et moules au safran

Pour 4 personnes

4 navets • 600 g de moules • 20 cl de muscadet • 1/4 l de crème fraîche liquide • 2 pincées de safran • 48 petites câpres • sel et poivre • fleur de sel

① Grattez et nettoyez les moules. Mettez-les dans une casserole, arrosez-les du muscadet, poivrez et portez à ébullition jusqu'à ce que toutes les moules soient ouvertes. Décortiquez-les et réservez-les au réfrigérateur.

② Récupérez et filtrez le vin de cuisson. Versez-le dans une casserole, ajoutez le safran, portez à ébullition et laissez réduire de 2/3. Ajoutez alors la crème fraîche et faites réduire jusqu'à l'obtention d'une sauce onctueuse. Poivrez et laissez refroidir la crème au safran à température ambiante.

③ Épluchez les navets, coupez-les en fines lamelles puis chaque lamelle en deux. Mettez les lamelles de navets dans une casserole d'eau bouillante salée, portez à ébullition pendant 1 à 2 minutes. Puis plongez-les dans de l'eau glacée et égouttez-les dès qu'elles sont froides. Poivrez-les.

④ Pour une jolie présentation, nappez le fond de chaque assiette de la crème de safran, faites une rosace des lamelles de navets en les faisant se chevaucher, disposez harmonieusement les moules tout autour et les câpres au centre de la rosace. Parsemez de fleur de sel et servez.

Flan de navets

Pour 4 personnes

8 navets ronds avec leurs fanes • 4 jaunes d'œufs • 1/4 l de crème fraîche liquide • 70 g de beurre • 2 gousses d'ail • noix de muscade en poudre • sel et poivre • gros sel

1 plat à gratin • 1 plat plus grand pouvant contenir le plat à gratin • papier sulfurisé

① Retirez les fanes de navets et lavez-les. Épluchez les navets et coupez-les en fines lamelles. Plongez-les dans de l'eau bouillante salée, à raison de 12 g de sel par litre. Dès la première ébullition, retirez les lamelles de navets et plongez-les dans de l'eau glacée. Égouttez-les quand elles sont froides.
② Renouvelez ces opérations avec les fanes de navets. Pressez-les bien entre les mains de façon à en extraire le maximum d'eau.
③ Dans un récipient, mélangez les jaunes d'œufs avec la crème fraîche. Assaisonnez de sel, de poivre et d'une pincée de noix de muscade.
④ Pelez les gousses d'ail, coupez-les en deux et dégermez-les. Servez-vous de l'une d'elles pour ailler un plat à gratin, puis beurrez ce plat.
⑤ Dans une poêle, faites fondre le beurre jusqu'à ce qu'il devienne couleur noisette. Ajoutez la seconde gousse d'ail et les fanes de navets. Faites-les revenir quelques instants en les enrobant bien de beurre. Salez légèrement, poivrez puis réservez-les sur une assiette.
⑥ Préchauffez le four à 150 °C (thermostat 3-4).
Dans le fond du plat à gratin, disposez une couche de lamelles de navets en les faisant légèrement se chevaucher, poivrez, puis recouvrez d'une couche de fanes. Recommencez ces trois opérations en terminant par une couche de navets que vous poivrez également. Versez ensuite l'appareil à flan par-dessus.
⑦ Tapissez le grand plat de papier sulfurisé (pour éviter les projections d'eau), posez le plat à gratin dedans, remplissez aux 3/4 le grand plat d'eau et enfournez. Faites cuire le flan au bain-marie pendant 15 minutes. Mettez ensuite le four sur position gril, le temps que le flan gratine.
⑧ Servez sans attendre.

Ce plat peut accompagner une viande ou un poisson ou se servir seul.

Navets et mimosas aux huîtres

Pour 4 personnes

8 navets • 2 douzaines d'huîtres (n° 2) • 1 échalote • 2 œufs durs • 1 petit bouquet de persil plat • 20 g de beurre • 1/4 l de crème fraîche liquide • sel et poivre

1 fouet • 1 plat allant au four • papier absorbant

① Épluchez les navets et évidez-les pour pouvoir les farcir. Plongez les navets évidés dans de l'eau bouillante salée pendant 5 minutes. Rafraîchissez-les dans de l'eau glacée et égouttez-les dès qu'ils sont froids. Réservez-les (utilisez la pulpe pour une autre préparation).

② Retirez les huîtres de leur coquille, égouttez-les et réservez leur jus. Hachez-les. Pelez et hachez l'échalote. Lavez le persil plat, essorez-le et hachez-le. Écalez les œufs durs et hachez séparément les jaunes et les blancs.

③ Faites fondre le beurre dans une casserole sur feu doux. Faites-y suer l'échalote, puis les huîtres pendant 1 minute. Ajoutez les jaunes, les blancs d'œufs et le persil en mélangeant à chaque fois. Poivrez cette mimosa aux huîtres mais ne salez pas, les huîtres étant salées. Attention, les huîtres cuisent vite et ne doivent pas être trop cuites.

④ Dans une autre casserole, faites réduire le jus des huîtres aux 2/3. Puis ajoutez la crème fraîche, faites encore réduire de moitié en fouettant et poivrez bien. La sauce doit être onctueuse, réservez-la.

⑤ Préchauffez le four à 150 °C (thermostat 3-4).

Beurrez un plat allant au four. Disposez les navets dedans, partie évidée vers le haut, garnissez-les de la mimosa et passez-les au four juste le temps de les tiédir. Quand ils sont tièdes, salez et poivrez si nécessaire.

⑥ Nappez le fond d'un plat de service de la sauce crème, disposez les navets dessus et servez.

Jacques Sénéchal

« Les Célébrités »
(Hôtel Nikko, Paris, XVe)

L'hôtel Nikko peut se vanter d'offrir à sa clientèle et aux Parisiens gourmets deux excellents restaurants. Si l'un donne l'occasion de découvrir les spécialités japonaises, l'autre propose une carte exceptionnelle que nous devons à Jacques Sénéchal. Ce grand professionnel excelle dans la tradition classique mais cela ne veut pas dire pour autant qu'il n'ose pas quelques intéressantes innovations. Pour cuisiner l'agneau, viande traditionnelle par excellence, la présence de Jacques Sénéchal me semblait particulièrement à propos.

L'agneau

• L'agneau est un des symboles de la fête de Pâques. Bonne occasion pour se régaler avec une viande goûteuse et fondante à souhait.

• L'agneau n'est autre qu'un jeune mouton qui n'a pas plus de quatorze mois. Il est appelé agneau de lait ou agnelet s'il a moins de cinq semaines.

• Un bel agneau se reconnaît à ses formes rebondies. La chair doit être blanche pour l'agneau de lait, délicatement rosée, brillante et d'une graisse claire pour l'agneau sevré. Plus la chair devient rouge, plus l'agneau est en passe de devenir mouton.

• La selle, le carré et le gigot sont les morceaux les plus nobles.

• Sachez qu'un bon gigot doit peser entre 2 kg et 2,5 kg, pas plus (os compris), ainsi sera-t-il tendre et très fin au goût. Un gigot doit toujours être cuit avec son os, il n'en sera que meilleur.

• Il serait impardonnable de parler d'agneau sans citer l'agneau de pré-salé. Ce plat de roi est malheureusement rare car peu de moutons ont l'opportunité de brouter de l'herbe recouverte par la mer à marée haute comme c'est le cas, par exemple, dans la baie du Mont-Saint-Michel.

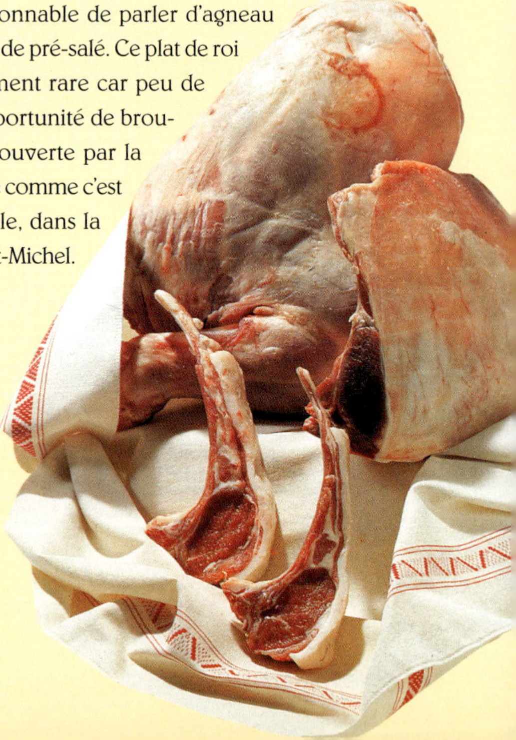

▶ Le tour de main de Robuchon

Ma persillade pour gigot d'agneau

Certains piquent l'agneau d'ail. Je préfère le servir avec une persillade. En revanche, il est conseillé de mettre une ou plusieurs gousses d'ail en peau, au fond du plat de cuisson, avec les os et les parures, pour faire le jus.

Pour un gigot de 2 kg à 2,5 kg :
5 à 6 cuil. à soupe de chapelure • 1 beau bouquet de persil plat • 1 gousse d'ail • 1 brindille de thym • sel et poivre

•Quand le gigot est cuit (après 12 à 15 minutes par livre), laissez-le reposer au moins 15 minutes. Il faut toujours faire reposer le gigot pour qu'il soit bien onctueux.

•Pendant ce temps, préparez la persillade. Lavez le persil plat, essorez-le et hachez-le pour en obtenir 3 cuillerées à soupe. Pelez et hachez très finement la gousse d'ail. Effeuillez le thym.

•Dans un récipient, mélangez bien la chapelure, le persil et la gousse hachés, les feuilles de thym, du sel et du poivre. Prenez un peu de persillade dans la main et faites-la adhérer au gigot en tapotant légèrement dessus. Puis glissez le gigot dans le four, position gril, juste le temps que la persillade soit légèrement dorée, et servez sans attendre.

Gigot d'agneau rôti

Pour 4 personnes

1 gigot d'agneau de 1,5 kg (avec les parures et les os) • **3** gousses d'ail • **1** tomate • **1** branche de romarin • **1** branche de thym • **75** g de beurre • **1** petite botte de cresson • **3** cuil. à soupe d'huile • **1** cuil. à soupe de vinaigre • sel et poivre

1 grand plat allant au four • feuille d'aluminium

① Préchauffez le four à 210 °C (thermostat 6-7).

② Disposez les parures et les os d'agneau dans le fond d'un grand plat allant au four. Écrasez, sans les peler, les gousses d'ail avec la paume de la main et mettez-les dans le plat. Lavez la tomate, coupez-la en deux et mettez-la également dans le fond du plat. Ajoutez le brin de romarin et le thym effeuillé. Posez le gigot dans le plat, salez-le, poivrez-le des deux côtés et badigeonnez-le du beurre.

③ Enfournez et faites-le cuire de 35 à 45 minutes (comptez 12 à 15 minutes de cuisson par livre). Retournez le gigot et arrosez-le de son jus de cuisson toutes les 5 ou 10 minutes environ.

④ Lavez bien et essorez le cresson. Préparez la vinaigrette : faites fondre une pincée de sel dans le vinaigre, ajoutez l'huile et du poivre, mélangez bien.

⑤ Quand le gigot est cuit, retirez-le du four, déposez-le sur une grande assiette, salez-le et poivrez-le des deux côtés. Recouvrez-le d'une feuille d'aluminium, pour qu'il ne refroidisse pas, et laissez-le reposer pendant 20 à 25 minutes.

⑥ Jetez le gras de cuisson du plat, sans gratter les sucs. Déglacez le plat avec 4 à 5 cuillerées à soupe d'eau et versez le jus obtenu dans une casserole. Faites-le bouillir, dès l'ébullition baissez la température et laissez cuire 10 minutes environ.

⑦ Récupérez le petit jus rendu sur l'assiette par le gigot, versez-le dans la casserole, mélangez et filtrez cette sauce dans une saucière.

⑧ Posez le gigot sur un plat de service, mettez le bouquet de cresson à côté du gigot, parsemez-le de sel fin et de quelques gouttes de sauce de gigot. Servez avec la vinaigrette en saucière.

Côtes d'agneau Champvallon

Pour 3 personnes

6 belles côtes d'agneau • 1,250 kg de pommes de terre (BF 15) • 100 g de beurre • 5 gros oignons • 1 gousse d'ail • 1 bouquet de persil plat • 2 branches de thym • 1/2 l de bouillon de volaille • 1 bouquet garni • sel et poivre

1 grand plat allant au four • feuille d'aluminium

① Faites fondre 30 à 40 g de beurre dans une poêle. Déposez-y les côtes d'agneau et faites-les colorer des deux côtés. Assaisonnez-les et réservez-les sur une assiette.

② Pelez et émincez les oignons. Pelez et hachez la gousse d'ail. Lavez le persil, essorez-le et séparez les pluches.

③ Dans une cocotte, faites suer les oignons dans 50 g de beurre, sans coloration. Ajoutez la gousse d'ail et faites chauffer encore quelques minutes.

④ Pelez les pommes de terre, émincez-les, lavez-les et égouttez-les. Mettez-les dans un saladier et ajoutez les oignons, les 3/4 du persil plat en pluches, du sel et mélangez bien.

⑤ Préchauffez le four à 220 °C (thermostat 7). Beurrez un plat de cuisson avec le reste de beurre. Étalez la moitié des pommes de terre dans ce plat et poivrez-les. Disposez ensuite les côtes d'agneau, recouvrez-les du reste des pommes de terre, parsemez du reste de pluches de persil et de fleur de thym. Mouillez du bouillon de volaille froid, du jus rendu dans l'assiette par les côtes d'agneau, glissez le bouquet garni dans le plat et faites cuire au four de 1 heure à 1 heure 30.

⑥ Tassez en cours de cuisson. Si les pommes de terre colorent trop, recouvrez le plat d'une feuille d'aluminium jusqu'à la fin de la cuisson. Servez.

Filet d'agneau à l'estragon et aux girolles

Pour 2 personnes

1 carré d'agneau désossé et quelques parures • 100 g de petites girolles • 75 g de beurre • 1 gousse d'ail • 1 branche de thym • 1/4 l de crème fraîche liquide • 2 branches d'estragon • 1 échalote • 1 bouquet de persil plat • sel et poivre • fleur de sel

1 poêlon • feuille d'aluminium • 1 pinceau

① Salez le filet d'agneau. Écrasez, sans la peler, la gousse d'ail de la paume de la main.

② Mettez 50 g de beurre dans un poêlon, faites-le fondre, ajoutez les parures d'agneau et la gousse d'ail et faites-les colorer. Ajoutez ensuite le filet d'agneau, effeuillez le thym dessus et ajoutez la branche. Faites colorer le filet en le retournant régulièrement. Lorsqu'il est cuit, mais encore rosé, retirez-le du feu, déposez-le sur une assiette, poivrez-le et réservez-le, recouvert d'une feuille d'aluminium pour qu'il ne refroidisse pas.

③ Jetez la graisse du poêlon, sans gratter les sucs et les parures, déglacez-le avec la crème fraîche en grattant bien les sucs sur les bords du poêlon, ajoutez les branches d'estragon, portez à ébullition et faites réduire de moitié.

④ Coupez la partie terreuse du pied des girolles. Brossez soigneusement les champignons au pinceau. Pelez et hachez l'échalote (vous n'utiliserez qu'une moitié). Faites fondre le reste de beurre dans un autre poêlon, faites-y revenir les girolles, sans trop les cuire, avec la demi-échalote hachée.

⑤ Filtrez la crème à l'estragon sur les girolles (en retirant les parures et la gousse d'ail). Mélangez, salez et poivrez. Lavez le persil, essorez-le et concassez-le. Parsemez-en la moitié sur les girolles et retirez du feu.

⑥ Nappez le plat de service de la sauce aux girolles, déposez le filet d'agneau dessus et assaisonnez-le de fleur de sel et de poivre. Parsemez du reste de persil et servez.

Ce plat doit être préparé au dernier moment et servi chaud. Pensez donc à faire chauffer le plat de service et les assiettes.

Navarin d'agneau aux primeurs

Pour 4 personnes

1,2 kg de sauté d'agneau (dans l'épaule de préférence) • 8 oignons nouveaux • 8 carottes nouvelles • 8 navets nouveaux • 3 grosses tomates • 100 g de petits pois à écosser • 8 pommes de terre nouvelles • 1 bouquet garni • 3 gousses d'ail • 22 cl d'huile d'olive • sel et poivre • gros sel

1 cocotte

① Faites chauffer 20 cl d'huile d'olive dans une cocotte, mettez-y les morceaux de viande et faites-les colorer sur toutes les faces. Quand la viande est bien dorée, égouttez-la et assaisonnez-la de gros sel et de poivre.
② Pelez les oignons, épluchez les carottes et les navets. Sans retirer la graisse et les sucs de la cocotte, versez 1 cuillerée à soupe d'huile d'olive et faites rissoler les oignons. Dès qu'ils sont colorés, ajoutez les carottes, les navets et le bouquet garni et faites-les colorer également.
③ Plongez les tomates quelques secondes dans de l'eau bouillante, retirez leur peau, coupez-les en deux, épépinez-les et coupez-les en petits dés. Pelez les gousses d'ail et hachez-les.
④ Quand les petits légumes sont colorés, salez-les et poivrez-les. Ajoutez la viande par-dessus, puis les tomates et l'ail haché et mélangez bien. Déglacez ensuite avec 1/2 litre d'eau et portez à ébullition. Aux premiers bouillons, baissez le feu, couvrez et laissez mijoter pendant 1 heure.
⑤ Épluchez les pommes de terre et lavez-les. Mettez-les dans une casserole d'eau froide salée, portez à ébullition et, aux premiers bouillons, égouttez-les.
⑥ Après 1 heure de cuisson du navarin, ajoutez-y les pommes de terre, couvrez et laissez mijoter encore 30 minutes.
⑦ Écossez les petits pois. Plongez-les dans de l'eau bouillante salée (12 g de sel par litre d'eau) et faites-les cuire pendant 2 à 3 minutes dès la reprise de l'ébullition. Plongez-les ensuite dans de l'eau glacée et égouttez-les dès qu'ils sont froids.
⑧ Au bout de 1 heure 30 de cuisson, le navarin est prêt. Ajoutez les petits pois, couvrez et faites chauffer pendant 1 à 2 minutes, juste pour réchauffer les petits pois. Servez dans la cocotte.

Michel del Burgo

« Le Bristol »
(Paris, XIIIe)

Notre jeune chef arrive tout droit de Carcassonne où il régnait en maître sur la cuisine de *La Barbacane*, l'exceptionnel restaurant du bel hôtel de la Cité. Nous pouvons lui faire confiance pour hisser le restaurant de l'hôtel Bristol au rang des meilleures tables parisiennes. Cet hôtel, un des plus beaux du monde, méritait bien d'avoir un chef cuisinier prometteur. Lui, qui a inscrit sur sa carte le gros gnocchi de peau de courgettes au caillé de brebis, était le partenaire idéal pour cuisiner avec moi les courgettes.

La courgette

• La courgette fut longtemps un légume que l'on ne trouvait que sur les marchés provençaux, elle est aujourd'hui sur les étals de la France entière. Originaire, comme ses cousines les courges, d'Amérique du Sud, la courgette est cultivée maintenant un peu partout dans le monde.

• Il existe plusieurs variétés de courgettes : les rondes, les oblongues, les vertes de couleur plus ou moins foncée et parfois marbrée ou striée, les jaunes et les vertes très pâles presque blanches.

• Pour choisir une bonne courgette, prenez de préférence un légume de petite taille, bien ferme au toucher avec une peau brillante, sans traces ni éraflures et avec un pédoncule bien fixé. Si la peau est légèrement râpeuse sous les doigts, on est alors assuré d'avoir une courgette récemment cueillie.

• Si vous faites pousser des courgettes dans votre jardin, n'oubliez pas que la fleur de courgette se mange : on en fait des beignets succulents en entrée.

• Les courgettes ne se gardent pas très longtemps au réfrigérateur, au bout de quelques jours, elles ramollissent et finissent par moisir.

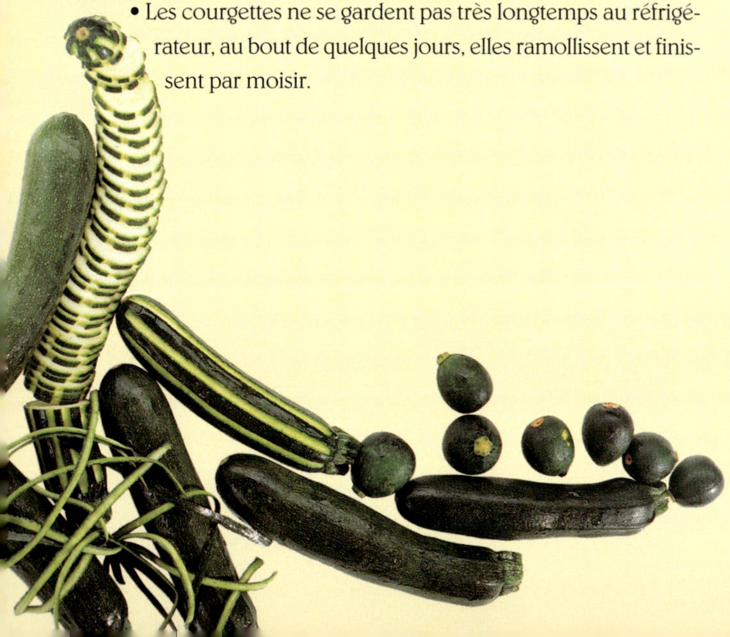

▶ Le tour de main de Robuchon

Mes courgettes frites

Pour 6 personnes :

500 g de courgettes • 80 g de farine • 2 œufs • 120 g de chapelure • 2 cuil. à soupe d'huile d'arachide • huile de friture • sel et poivre • fleur de sel

1 friteuse

• Lavez les courgettes, essuyez-les et coupez-les en fines lamelles de 5 mm environ.

• Mettez la farine dans une assiette creuse. Battez les œufs et l'huile dans une deuxième assiette pour obtenir une panure à l'anglaise. Salez-la et poivrez-la. Versez enfin la chapelure dans une troisième assiette.

• Passez une à une les lamelles de courgettes dans la farine, secouez-les pour en retirer l'excédent, puis plongez-les dans la panure à l'anglaise et, pour finir, passez-les dans la chapelure. Les lamelles de courgettes sont prêtes à être frites.

• Plongez-les, par petites fournées de 10, dans de l'huile de friture à 180 °C. Laissez-les colorer pendant 2 à 3 minutes, le temps qu'elles soient bien dorées et croustillantes.

• Retirez-les de la friture avec une écumoire et posez-les sur du papier absorbant. Salez avec de la fleur de sel et servez.

Vous pouvez déguster ces courgettes frites en apéritif ou en garniture d'une viande rôtie.

Crème glacée de courgettes

Pour 4 personnes

650 g de courgettes • 10 cl d'huile d'olive • 150 g d'oignons • 2 gousses d'ail • 1/4 l de bouillon de volaille • 1 cuil. à café de sucre semoule • 1/4 l de crème fraîche liquide • 1 pincée de noix muscade • sel et poivre

1 mixeur • film étirable

① Lavez les courgettes et essuyez-les. Coupez-les en morceaux, retirez les graines, mais ne les épluchez pas. Pelez les oignons et émincez-les. Pelez les gousses d'ail, coupez-les en deux et retirez le germe.
② Versez 5 cl d'huile d'olive dans une cocotte, faites-y suer les oignons sans coloration. Puis ajoutez les gousses d'ail et les courgettes. Salez et faites suer tout en mélangeant jusqu'à ce que les courgettes commencent à ramollir. Mouillez alors avec le bouillon de volaille, portez à ébullition, ajoutez le sucre et laissez cuire pendant 3 minutes à petite ébullition, en continuant à remuer de temps en temps. Incorporez ensuite les 3/4 de la crème fraîche et portez à nouveau à ébullition pendant 2 à 3 minutes.
③ Versez toute cette préparation dans le bol du mixeur et mixez. Rectifiez l'assaisonnement en sel et en poivre, ajoutez la noix muscade et le reste de crème fraîche et mixez à nouveau.
④ Versez cette crème de courgettes dans un saladier, recouvrez-le de film étirable et réservez-le au réfrigérateur au moins 1 heure.
⑤ Lorsque la crème est froide, servez-la en l'arrosant d'un filet d'huile d'olive.

Une entrée rafraîchissante pour un repas estival.

Risotto crémeux aux courgettes et jambon de pays

Pour 4 personnes

1 kg de courgettes • **120** g de riz rond • **8** tranches de jambon de pays • **3** gousses d'ail • **15** cl d'huile d'olive • **1** brindille de thym • **10** cl de crème fraîche liquide • **1** oignon • **80** g de beurre • **40** cl de bouillon de volaille • **25** g de parmesan râpé • sel et poivre

① Lavez les courgettes, essuyez-les et coupez-les en tronçons. Évidez l'intérieur des courgettes en ne conservant que la peau avec 5 mm à 1 cm de chair. Coupez-les ensuite en petits dés. Écrasez les gousses d'ail de la paume de la main, sans les peler.
② Versez 5 cl d'huile d'olive dans une cocotte, ajoutez les dés de courgettes et les gousses d'ail et faites suer sur feu doux. Salez au bout de 1 minute de cuisson et laissez suer encore 2 à 3 minutes jusqu'à ce que les dés de courgettes soient cuits, juste croquants. En fin de cuisson, ajoutez le thym effeuillé.
③ Égouttez les courgettes, retirez également les gousses d'ail de la cocotte. Réservez le tout à température ambiante.
④ Mettez un petit saladier dans un plus grand rempli de glaçons. Versez la crème fraîche bien froide dans le petit saladier et montez-la en crème fouettée pas trop ferme. Réservez-la au réfrigérateur.
⑤ Pelez l'oignon et hachez-le finement. Dans une cocotte, mettez 5 cl d'huile d'olive et 30 g de beurre, laissez fondre et ajoutez l'oignon haché. Faites-le cuire pendant 2 minutes, juste le temps qu'il devienne mou. Versez alors le riz non lavé et mélangez-le pendant 1 minute pour bien l'enrober de la matière grasse. Mouillez avec 10 cl de bouillon de volaille.
⑥ Faites cuire le riz, sans cesser de remuer, jusqu'à complète absorption du bouillon. Versez le reste du bouillon en plusieurs fois, en remuant régulièrement, jusqu'à ce que le riz soit cuit. Salez le riz à mi-cuisson. En fin de cuisson, ajoutez le beurre restant, un filet d'huile d'olive, le parmesan et les courgettes. Mélangez bien le tout. Retirez du feu et incorporez délicatement la crème fouettée.

⑦ Posez les tranches de jambon de pays sur la plaque du four et glissez-la quelques secondes sous le gril du four, juste pour les tiédir.
⑧ Dressez le risotto dans un plat, disposez les tranches de jambon de pays sur le dessus en chiffonnade, arrosez d'un filet d'huile d'olive et servez sans attendre.

Le risotto se mange aussitôt prêt et ne se réchauffe surtout pas.

Fleurs de courgettes en beignet, sauce tartare

Pour 4 personnes

8 à 12 fleurs de courgettes • 5 cl de crème fraîche liquide • 20 g de cornichons • 10 g de câpres • 1 échalote • 2 œufs durs • 1 petite botte de persil plat • 100 g de mayonnaise • 100 g de farine pour tempura • 20 cl d'eau • sel et poivre • fleur de sel • huile de friture

1 fouet • 1 pinceau • 1 friteuse

① Mettez un petit saladier dans un plus grand rempli de glaçons. Versez la crème fraîche bien froide dans le petit saladier et montez-la en crème fouettée, assez ferme. Réservez-la au réfrigérateur.
② Coupez les cornichons en dés. Hachez les câpres. Pelez et hachez l'échalote. Écalez les œufs durs, retirez les jaunes et hachez-les. Lavez le persil, essorez-le et ciselez-le.
③ Mettez la mayonnaise dans un récipient, ajoutez les cornichons, l'échalote, les câpres, le persil, les jaunes d'œufs et mélangez bien. Incorporez délicatement la crème fouettée et réservez cette sauce tartare à température ambiante, sans quoi la mayonnaise tournerait.
④ Faites la pâte à frire japonaise en fouettant dans un récipient la farine avec 15 cl d'eau froide.
⑤ Retirez le pistil des fleurs de courgettes. Coupez les fleurs du reste de la courgette, ouvrez-les, étendez-les et nettoyez-les très délicatement avec un pinceau ou un linge humide. Coupez-les ensuite en deux ou trois (pour avoir à chaque fois 1 ou 2 pétales).

⑥ Avec un pinceau, badigeonnez, sans excès, chaque côté des fleurs de courgettes de la pâte à frire japonaise. Plongez-les ensuite dans une friture à 150-160 °C. Dès qu'elles sont dorées, égouttez-les sur du papier absorbant, salez-les au sel fin et à la fleur de sel.
⑦ Disposez-les dans un plat et accompagnez de la sauce tartare en saucière. Servez en apéritif ou en entrée.

La farine pour tempura se trouve maintenant dans la plupart des grandes surfaces et épiceries.

Courgettes au caillé de brebis, gaspacho de tomate

Pour 4 personnes

800 g de courgettes • **125** g de lait caillé de brebis • **4** gousses d'ail • **15** cl d'huile d'olive • **800** g de tomates • **1/2** concombre • **1/2** poivron • **1** échalote • **2** jaunes d'œufs • **1** petit bouquet de basilic • sel de céleri (facultatif) • tabasco (facultatif) • sel et poivre • fleur de sel

1 mixeur • 1 passoire fine ou 1 chinois

① Préparez les courgettes et 3 gousses d'ail comme cela est indiqué page 290.
② Versez 5 cl d'huile d'olive dans une cocotte, ajoutez les dés de courgettes et les gousses d'ail. Salez légèrement et faites suer sans coloration pendant 2 minutes. Égouttez ensuite les courgettes, retirez également les gousses d'ail. Réservez le tout au réfrigérateur.
③ Plongez les tomates quelques secondes dans l'eau bouillante, pelez-les, épépinez-les et coupez-les en morceaux. Épluchez le concombre, retirez les graines et coupez-le en morceaux. Passez le poivron sous le gril du four, retirez la peau, épépinez-le et coupez-le en morceaux. Pelez l'échalote et ciselez-la. Pelez la dernière gousse d'ail et hachez-la.
④ Mettez les jaunes d'œufs dans le bol du mixeur et mixez tout en versant 5 cl d'huile d'olive en filet. Ajoutez la gousse d'ail et l'échalote, mixez, puis liez ce mélange avec quelques morceaux de tomates, tou-

jours en mixant. Quand la liaison est faite, ajoutez le reste des tomates, le concombre et le poivron, ainsi que le jus qu'ils ont rendu, mixez à nouveau. Assaisonnez de poivre et de sel, voire de sel de céleri et de tabasco, mixez une dernière fois. Passez le gaspacho dans une passoire fine et réservez-le au réfrigérateur pendant au moins 1 heure.

⑤ Dans un récipient, écrasez le caillé de brebis à la fourchette, ajoutez les dés de courgettes et écrasez à nouveau. Incorporez 1 cuillerée à soupe d'huile d'olive, le basilic ciselé, une pincée de fleur de sel et de poivre et mélangez.

⑥ Mettez cette préparation au centre d'un plat creux, versez le gaspacho tout autour, arrosez d'un filet d'huile d'olive et servez.

Roger Vergé

« Le Moulin de Mougins »
(Mougins, Alpes-Maritimes)

On ne peut qu'être reconnaissant et admiratif devant Roger Vergé lorsqu'on a la chance de déjeuner ou de dîner au *Moulin de Mougins* où tout est charme et bon goût. On se régale d'une cuisine ensoleillée due à Serge Chollet et chacun sait que la grande compétence de Roger Vergé est derrière. Ce seigneur de la cuisine française qui a été l'un des premiers à faire chanter les saveurs du Midi était tout désigné pour évoquer le poivron avec moi .

Le poivron

• Le poivron n'est autre qu'une variété de piment mais il ne possède pas le même goût fort et piquant.

• Les couleurs qu'arborent les poivrons sont vives et attrayantes : ils sont verts, rouges, jaunes, orange ou encore violets. Un bon poivron doit être ferme, brillant et lisse et sans tache.

• Le poivron carré doux, dit d'Amérique, est le meilleur. Charnu, vif en couleur, parfumé, il a quatre lobes très marqués, il est rouge ou vert et on le trouve tout au long de l'année. On dit que plus sa couleur est prononcée plus il a du goût.

• En hiver, le poivron mûri en serre est beaucoup plus fade.

• La peau du poivron contient de la cellulose difficile à digérer, il est donc toujours préférable de peler le légume avant de le cuisiner.

▶ Le tour de main de Robuchon

Le procédé le plus classique pour ôter la peau du poivron est de le passer, piqué au bout d'une fourchette, quelques instants sur une flamme, puis de le peler avec un petit couteau pointu. C'est une bonne façon pour faire 1 ou 2 poivrons, mais pour en peler plusieurs je vous recommande de procéder ainsi : préchauffez le four à 240 °C (thermostat 8), enfournez les poivrons lavés dans le four chaud en les retournant deux fois sur chaque face en cours de cuisson. Au bout de 20 minutes, retirez-les du four, mettez-les dans un saladier, recouvrez le saladier de film étirable et laissez-les ainsi pendant 20 minutes. L'astuce est là, le temps travaille pour vous : la vapeur dégagée par les poivrons décolle la peau, ce qui va permettre de l'enlever plus facilement avec un petit couteau pointu.

Le meilleur est le plus simple !

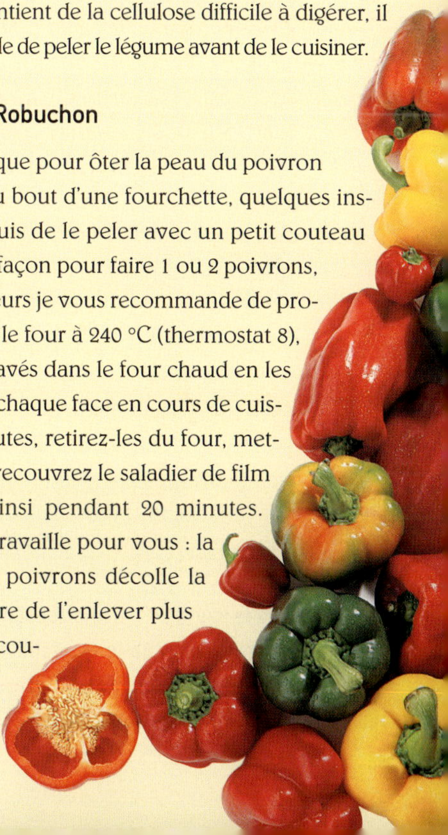

Soupe de poivrons doux

Pour 4 personnes

3 poivrons rouges • 2 oignons • 4 cuil. à soupe d'huile d'olive • 1 brindille de thym • 50 cl de bouillon de volaille • 1 cuil. à café de sucre • 50 g de beurre • sel et poivre

1 mixeur • 1 chinois (facultatif)

① Retirez le pédoncule des poivrons en appuyant dessus avec le pouce. Coupez les poivrons en deux, égrenez-les, retirez les petites membranes blanches et émincez la chair. Pelez et émincez les oignons.

② Mettez l'huile d'olive dans une cocotte, ajoutez les oignons et laissez-les fondre sans coloration. Dès que les oignons sont translucides – au bout de 3 à 4 minutes –, ajoutez les poivrons émincés et le thym, mélangez et laissez cuire sur feu doux pendant 5 à 10 minutes.

③ Ajoutez ensuite le bouillon, le sucre, 2 cuillerées à café de sel, du poivre, et portez à ébullition pendant 10 minutes, pas plus, à couvert.

④ Retirez la brindille de thym, versez la préparation dans un mixeur, ajoutez le beurre et mixez. Pour une soupe plus fine, vous pouvez la passer au chinois.

⑤ Servez cette soupe chaude, l'hiver, ou froide, l'été, selon votre goût.

Pour recevoir des amis, présentez-leur trois soupes de couleurs différentes. Il suffit de réaliser la même recette avec des poivrons verts et des poivrons jaunes.

Tartines de poivrons doux à la tapenade

Pour 4 personnes

3 poivrons rouges • 1 petit bouquet de basilic • 15 cl d'huile d'olive • 4 tranches de pain de campagne • 100 g de tapenade • 20 g de câpres • sel et poivre du moulin

① Préchauffez le four à 240 °C (thermostat 8).

② Lavez le basilic, essorez-le et effeuillez-le. Versez 4 cuillerées à soupe d'huile d'olive dans un récipient, ajoutez les feuilles de basilic et laissez infuser à température ambiante.

③ Toastez les tranches de pain, puis arrosez-les d'un filet d'huile d'olive.
④ Lavez les poivrons, posez-les sur la plaque du four et faites-les cuire pendant 20 à 30 minutes en les retournant deux fois sur chaque face. Mettez-les dans un récipient, couvrez-le de film étirable et laissez reposer à température ambiante pendant 20 minutes. Enlevez ensuite la peau des poivrons, elle se retire alors très facilement. Coupez les poivrons en quatre, égrenez-les, puis coupez-les en grosses lanières de 1 cm de largeur environ.
⑤ Tartinez de tapenade les tranches de pain, disposez les lanières de poivron dessus, salez légèrement, décorez avec les câpres dessus et assaisonnez de quelques gouttes d'huile de basilic (sans feuilles). Posez les tartines sur la plaque du four et glissez sous le gril 5 minutes, juste le temps de les réchauffer.
⑥ Quand les tartines de poivrons sont chaudes, arrosez-les à nouveau d'un filet d'huile de basilic, avec quelques feuilles de basilic cette fois, donnez un tour de moulin à poivre et servez aussitôt.

Salade de poivrons rouges à l'orange

Pour 4 personnes

3 poivrons • 2 oranges • le jus d'1/2 citron • 1 fenouil • 6 cl d'huile d'olive • 1 bouquet de coriandre • sel et poivre du moulin

1 presse-agrumes

① Pelez les poivrons à l'aide d'un économe. Coupez-les ensuite en deux, égrenez-les puis émincez-les. Lavez les oranges. Coupez un chapeau d'environ 1/3 de l'orange. Puis coupez 4 ou 5 fines rondelles (de 3 mm d'épaisseur environ) dans la partie la plus renflée de l'orange. Pressez les extrémités et réservez le jus. Lavez le fenouil et émincez-le. Lavez la coriandre et essorez-la.
② Faites dissoudre dans un récipient 1/2 cuillerée à café de sel avec le jus d'orange, puis ajoutez le jus de citron et l'huile d'olive, poivrez et mélangez. Réservez cette sauce.
③ Mélangez les poivrons et le fenouil dans un saladier, salez, poivrez, arrosez de la moitié de la sauce huile-jus d'agrumes.
④ Disposez les oranges sur la salade, parsemez de pluches de coriandre, donnez un tour de moulin à poivre, arrosez du reste de la sauce et servez.

Pour réussir cette recette – et pour peler plus facilement les poivrons –, choisissez-les bien fermes, pas trop plissés et à la peau épaisse.

Tian d'aubergines et de poivrons doux

Pour 4 personnes

4 poivrons rouges • **3** aubergines • **2** gousses d'ail • **10** feuilles de basilic • **8** cl d'huile d'olive • **4** filets d'anchois • **50** g de petites olives noires de Nice dénoyautées • sel et poivre

1 plat à gratin à bord haut et droit • film étirable

① Préchauffez le four à 200 °C (thermostat 6).

② Lavez les aubergines, pelez-les avec un économe et coupez-les en rondelles de 4 à 5 mm. Badigeonnez la plaque du four d'huile d'olive et parsemez-la de sel fin. Disposez les rondelles d'aubergines sur la plaque, salez-les, arrosez-les d'un filet d'huile d'olive et enfournez. Laissez-les cuire pendant 10 minutes, le temps qu'elles ramollissent, puis réservez-les hors du four.

③ Pelez et hachez les gousses d'ail. Lavez, essorez et ciselez le basilic. Faites tiédir 4 cl d'huile d'olive dans une casserole, ajoutez les filets d'anchois et écrasez-les avec une fourchette. Hors du feu, ajoutez les gousses d'ail et le basilic, mélangez et réservez à température ambiante.

④ Augmentez la chaleur du four à 240 °C (thermostat 8). Lavez les poivrons, posez-les sur la grille du four et laissez-les cuire pendant 20 à 30 minutes. Mettez-les ensuite dans un récipient, recouvrez-le de film étirable et laissez reposer à température ambiante pendant 20 minutes. Enlevez ensuite la peau des poivrons, elle se retire alors très facilement. Coupez les poivrons en quatre et égrenez-les.

⑤ Baissez la température du four à 200 °C (thermostat 6). Disposez les poivrons et les aubergines dans un plat à gratin en les intercalant à la verticale et en les serrant bien. Salez, poivrez et mettez au four pendant 45 minutes.

⑥ Au bout de 30 minutes de cuisson, disposez les olives noires sur le plat et laissez cuire encore 15 minutes.

⑦ À la sortie du four, nappez le plat du mélange huile-ail-basilic-anchois pour une petite touche de fraîcheur, poivrez et servez aussitôt.

Émile Jung
« Le Crocodile »
(Strasbourg, Bas-Rhin)

À l'enseigne de ce crocodile, rapporté d'Égypte par l'aide de camp du général Kléber et que l'on voit toujours, suspendu dans la salle, on trouve un restaurant élégant et gastronomique. Confortablement installé, on se régale d'une grande cuisine classique que l'on doit à Émile Jung, l'un des grands cuisiniers d'Alsace. Comme on le sait, les pâtes aux œufs sont une spécialité alsacienne, alors nul mieux que lui n'était désigné pour préparer une farandole de pâtes avec moi.

Les pâtes

• Les pâtes sèches sont faites avec de la semoule de blé dur mélangée avec de l'eau, certaines contiennent des œufs mais pas toutes. Les pâtes industrielles de bonne qualité se reconnaissent à leur aspect lisse, régulier, à leur teinte ivoire tirant sur le jaune et à leur cassure bien nette.

• Les pâtes se présentent sous des formes innombrables dont les plus courantes sont les spaghettis, les tagliatelles et les macaronis, elles font aussi l'objet de préparations diverses telles que les lasagnes ou les raviolis.

▶ Le tour de main de Robuchon

Pour réussir la cuisson des pâtes, souvenez-vous de 3 chiffres : 1, 10 et 100, c'est-à-dire, 1 l d'eau, 10 g de gros sel pour 100 g de pâtes. Remplissez une marmite d'eau, ajoutez 2 cuillerées à soupe d'huile – moi je mets de l'huile d'olive –, pour éviter que les pâtes ne collent à la cuisson, et portez à ébullition.Quand l'eau bout, salez et jetez les pâtes sans les casser, même s'il s'agit de spaghettis ou de larges macaronis, elles vont ramollir et entrer sans problème dans la casserole. Ensuite seulement, remuez-les à l'aide d'une fourchette pour qu'elles ne s'agglutinent pas. Faites-les cuire à découvert. On prétend qu'à Naples, le fait d'avoir posé un couvercle sur les pâtes familiales serait une cause de divorce recevable par les juges ! Les pâtes sont cuites lorsqu'elles sont « al dente », c'est-à-dire qu'elles offrent une résistance sous la dent. Le mieux pour vérifier la cuisson est de les goûter. Une fois cuites, pour éliminer le maximum d'amidon, sortez les pâtes de l'eau à l'aide d'une écumoire, mais ne versez pas l'eau de cuisson dessus. Roulez-les immédiatement dans du beurre, de l'huile ou de la crème, sans quoi elles s'amalgament.

Pâte à spätzeles

Pour 5 personnes

300 g de farine de froment • 3 œufs • 25 g de beurre • 3 râpées de noix muscade • sel fin

1 fouet • 1 passoire à gros trous

① Dans un récipient, mélangez au fouet la farine avec les œufs, 5 cl d'eau, une pincée de sel, la noix muscade. Vous devez obtenir une pâte assez ferme, souple, homogène et coulante, assouplissez la pâte si nécessaire avec un peu plus d'eau. Laissez-la reposer pendant 30 minutes à température ambiante.

② Remplissez une grande casserole d'eau, faites-la bouillir et salez-la. Passez la pâte à spätzeles à travers une passoire à gros trous en raclant bien le fond à l'aide d'une spatule, de façon à faire tomber la pâte en forme de grosses gouttes dans l'eau à ébullition.

③ Laissez les spätzeles cuire dans l'eau à ébullition pendant 1 minute, retirez-les ensuite de l'eau avec une écumoire, rafraîchissez-les dans de l'eau glacée et égouttez-les dès qu'elles sont froides.

④ Mettez le beurre à fondre dans une poêle, ajoutez les spätzeles, salez-les et mélangez-les. Servez-les dès qu'elles sont chaudes.

Vous pouvez faire revenir ces pâtes plus longtemps jusqu'à ce qu'elles soient rissolées. Elles accompagnent parfaitement un gibier à poil.

Coudes rayés aux bigorneaux et aux bouquets

Pour 4 personnes

200 g de coudes rayés (grosses pâtes rondes) • **400** g de crevettes grises • **16** bouquets cuits • **500** g de bigorneaux cuits • **2** tomates • **3** gousses d'ail • **1** bouquet d'estragon • **20** cl de crème fraîche liquide • **20** cl de lait • sel et poivre

1 chinois très fin

① Lavez les tomates et coupez-les en quartiers. Pelez les gousses d'ail et hachez-les finement. Lavez l'estragon, essorez-le et ciselez-le (gardez-en quelques feuilles pour la décoration du plat).

② Dans une cocotte, mettez les crevettes grises, les tomates, l'estragon, l'ail et mouillez avec la crème fraîche et le lait. Portez à frémissements pendant 10 minutes.

③ Faites bouillir de l'eau dans une casserole, salez-la et plongez-y les pâtes. Mélangez aussitôt et laissez cuire pendant 8 minutes à frémissements en remuant de temps en temps. Dès que les pâtes sont cuites, rafraîchissez-les dans de l'eau froide et égouttez-les quand elles sont froides.

④ Passez le contenu de la cocotte dans une casserole à travers un chinois très fin en pressant bien pour en extraire tous les sucs.

⑤ Décortiquez les bouquets. Décortiquez également les bigorneaux.

⑥ Mettez les pâtes dans la sauce, réchauffez-les sur feu doux et mélangez bien. Ajoutez les bigorneaux, poivrez, puis ajoutez les bouquets et mélangez à nouveau délicatement. Versez le tout dans un plat de service, décorez avec quelques feuilles d'estragon et servez.

Vous pouvez laisser un peu de carapace au bout des queues des bouquets et quelques bigorneaux dans leur coquille pour une plus belle présentation du plat.

Tulipes et foies de lapin aux poireaux

Pour 4 personnes

250 g de tulipes (petites pâtes) • 4 foies de lapin • 2 poireaux • 1 carotte • 10 cl de vin blanc sec • 1 bouquet de persil plat • 30 cl de crème fraîche liquide • 1 cuil. à soupe d'huile d'arachide • 1 pincée de curry • sel et poivre

① Pelez la carotte et lavez-la. Avec un économe, faites 4 rubans de carotte : passez l'économe sur la carotte de haut en bas, comme pour la peler, vous obtenez alors de longues bandes . Plongez-les 30 secondes dans de l'eau bouillante, rafraîchissez-les dans de l'eau froide puis égouttez-les.

② Salez l'eau dans laquelle ont cuit les rubans de carottes, portez à ébullition, plongez-y les pâtes, laissez-les cuire pendant 5 à 6 minutes, puis rafraîchissez-les dans de l'eau froide et égouttez-les dès qu'elles sont froides.

③ Épluchez les poireaux, lavez-les soigneusement et émincez-les. Versez le vin blanc dans une cocotte et portez-le à ébullition. Ajoutez ensuite la crème fraîche, les poireaux émincés, le curry et une pincée de sel et laissez cuire à ébullition pendant 7 à 8 minutes.

④ Versez les pâtes dans cette crème et faites-les réchauffer sur feu doux en mélangeant bien.

⑤ Assaisonnez de sel et de poivre les deux côtés des foies de lapin. Versez l'huile d'arachide dans une poêle, laissez-la chauffer sur feu doux, ajoutez les foies et faites-les cuire toujours sur feu doux, ils ne doivent pas trop colorer et être rosés.

⑥ Versez les pâtes dans un plat creux, disposez les foies harmonieusement dessus, les rubans de carotte et quelques pluches de persil. Servez aussitôt.

Lasagnes au saumon

Pour 4 personnes

6 lasagnes de 8 x 16 cm • **360** g de saumon cru (coupé en fines tranches de la taille des lasagnes) • **60** g de parmesan râpé • 1 petit bouquet de basilic • 1 petit bouquet de menthe • 1 cuil. à café de baies roses • sel et poivre

Pour la marinade :
2 citrons • quelques grains de poivre vert • **6** cl d'huile d'olive • sel et poivre

1 fouet • 1 pinceau • 1 couteau long et aiguisé

① Préparez la marinade : pressez les citrons, versez le jus dans un récipient, assaisonnez de sel, de poivre et d'un peu de poivre vert écrasé et mélangez. Ajoutez l'huile d'olive et mélangez bien au fouet.
② Plongez les lasagnes dans de l'eau bouillante salée, laissez-les cuire à ébullition pendant 6 minutes environ en prenant garde qu'elles ne collent pas entre elles. Dès qu'elles sont cuites, rafraîchissez-les dans de l'eau froide, puis égouttez-les et posez chaque lasagne bien à plat sur un linge.
③ Lavez le basilic et la menthe et essorez-les. Hachez le basilic.
④ Badigeonnez au pinceau les feuilles de lasagne avec la marinade, recouvrez chacune d'elles d'une tranche de saumon, badigeonnez ce saumon d'un peu de marinade, parsemez de parmesan râpé, de basilic haché et d'un peu de poivre. Superposez ensuite ces feuilles de lasagne les unes sur les autres et recouvrez de la dernière lasagne que vous badigeonnez de marinade et saupoudrez du reste de parmesan râpé. Posez le tout sur une assiette et réservez pendant 1 heure au réfrigérateur jusqu'à ce que les lasagnes soient bien froides.
⑤ Quand elles sont froides, avec un couteau bien aiguisé, égalisez les bords pour avoir un rectangle bien net, partagez-le en deux dans la largeur, puis coupez chacun de ces morceaux à nouveau en deux, dans la diagonale de façon à avoir en tout 4 triangles.
⑥ Posez ces triangles sur un plat, agrémentez tout autour d'un peu de marinade, des baies roses et de feuilles de menthe.
⑦ Servez alors cette entrée très rafraîchissante.

Pour que les lasagnes ne collent pas, mettez de l'huile dans l'eau de cuisson.

Éric Lecerf

« L'Astor »
(Paris, VIIIe)

Éric Lecerf fait partie de cette génération de cuisiniers doués et rigoureux. Jeune chef depuis peu du restaurant de l'hôtel *Astor* à Paris, tout récemment rénové, son passage très remarqué au *Chapon Fin* à Perpignan laisse augurer le meilleur. Cette expérience sous le soleil du Midi lui a donné l'occasion de maîtriser avec talent les spécialités méditerranéennes. Il me semblait, de ce fait, être le partenaire idéal pour présenter des recettes de fèves.

Les fèves

• Les fèves peuvent être fières de faire partie de l'histoire ancienne : elles étaient déjà cultivées dans l'Antiquité. On les trouve représentées sur des hiéroglyphes et elles faisaient partie des présents offerts au roi David.

• Les fèves se mangent à toutes les étapes de leur maturité, mais leur goût est différent selon les saisons. Fraîches, fin avril début mai, on peut les manger tout simplement à la croque au sel comme dans le Midi, on les désigne alors souvent du charmant nom de fevettes. Plus tard dans la saison, on les consomme « dérobées », c'est-à-dire après avoir ôté la petite pellicule qui les recouvre. Plus la saison avance, plus cette peau s'épaissit et devient indigeste, d'où la nécessité absolue de l'enlever.

• Avant de les acheter, n'hésitez pas à tâter les cosses afin de vérifier si elles sont bien remplies car les cosses sont trompeuses, elles peuvent être gonflées et vides.

▶ Le tour de main de Robuchon

Après les avoir écossées, et pour retirer la peau de fèves, il suffit que vous les plongiez dans de l'eau bouillante salée à raison de 12 g de gros sel par litre d'eau. Laissez-les bouillir pendant 30 secondes, puis, à l'aide d'une écumoire, plongez-les aussitôt dans de l'eau glacée. Égouttez-les dès qu'elles sont froides.

Il est alors très aisé de retirer la peau. Pour affiner encore leur préparation, retirez également le petit germe qui donne de l'amertume.

Vous pouvez apprêter les fèves de façons différentes mais, à mon avis, la sarriette est le condiment indispensable.

Salade de fèves aux amandes fraîches

Pour 4 personnes

1 kg de fèves (soit 250 g de fèves écossées) • 250 g d'amandes fraîches • 1 poignée de frisée • 1 poignée de trévise • 1 poignée de cresson • 1 poignée de mâche • 1 poignée de roquette • 1 poignée de riquette • 1 petit bouquet de cerfeuil • 1 petit bouquet de sauge • 1 petit bouquet d'estragon • 1 petit bouquet d'aneth • 1 petit bouquet de basilic • 1 petit bouquet de marjolaine • 1 petit bouquet de persil plat • 1 petit bouquet de menthe • 2 cuil. à soupe de vinaigre de Xérès • 5 cuil. à soupe d'huile d'olive • sel et poivre

① Écossez les fèves. Plongez-les dans une casserole d'eau bouillante salée. Laissez-les bouillir pendant 1 petite minute, rafraîchissez-les dans de l'eau glacée pendant 30 secondes, égouttez-les et pelez-les. Décortiquez les amandes.

② Versez le vinaigre dans un grand saladier. Salez, poivrez et fouettez. Ajoutez l'huile d'olive et fouettez à nouveau pour que la sauce soit bien émulsionnée.

③ Lavez toutes les salades et les herbes et essorez-les. Coupez-les et mettez-les dans le saladier. Ajoutez les fèves et les amandes (gardez-en quelques-unes pour la décoration) et mélangez soigneusement pour que la sauce soit bien répartie.

④ Parsemez le dessus de la salade des fèves et des amandes réservées, aspergez de quelques gouttes de vinaigre et servez.

Étuvée de fèves aux oignons et petits lardons

Pour 2 à 4 personnes

1 kg de fèves (soit 250 g de fèves écossées) • 16 petits oignons blancs • 120 g de lardons fumés • 45 g de beurre • 1 cuil. à café de sucre en poudre • 1 branche de thym • 2 cuil. à soupe d'huile d'olive • fleur de sel • sel et poivre

① Pelez les oignons. Faites fondre 30 g de beurre dans une casserole, ajoutez les petits oignons, sucrez, salez et mélangez. Couvrez et laissez cuire pendant 15 à 20 minutes à feu doux, en remuant toutes les 2 à 3 minutes, jusqu'à ce que les oignons soient facilement traversés par une fourchette.

② Écossez les fèves. Plongez-les dans une casserole d'eau bouillante salée. Après quelques secondes, rafraîchissez-les dans de l'eau glacée, égouttez-les puis pelez-les.

③ Faites fondre le reste du beurre dans un poêlon. Faites-y blondir les lardons, qui doivent rester tendres, et retirez du feu. Enlevez la graisse tout en en conservant 1 cuillerée à soupe. Remettez sur feu doux, ajoutez les oignons et les fèves dans le poêlon. Réchauffez toujours à feu doux, parsemez d'une bonne pincée de thym effeuillé, poivrez, arrosez d'un filet d'huile d'olive et salez légèrement à la fleur de sel. Servez aussitôt.

Cette étuvée sera délicieuse en accompagnement d'un lapin sauté ou d'un foie de veau.

Crème de fèves à la sarriette

Pour 4 personnes

1,5 kg de fèves à écosser (soit **350** g de fèves écossées) • **500** g de petits pois à écosser (soit 200 g de petits pois écossés) • **1** botte de sarriette • **80** cl de bouillon de volaille • **4** g de sucre semoule • **6** cl de crème fraîche liquide • **80** g de beurre • sel et poivre

1 mixeur • 1 chinois

① Écossez les fèves. Plongez-les dans une casserole d'eau bouillante salée. Laissez-les cuire pendant 3 minutes, rafraîchissez-les dans de l'eau glacée, laissez-les refroidir et égouttez-les. Pelez-en 4 cuillerées à soupe pour la garniture finale.

② Écossez les petits pois. Plongez-les dans une casserole d'eau bouillante salée. Laissez-les cuire 3 minutes, rafraîchissez-les dans de l'eau glacée, laissez-les refroidir et égouttez-les. Effeuillez la sarriette.

③ Portez le bouillon de volaille à ébullition. Versez-y le sucre, les fèves non pelées, les petits pois et la moitié de la sarriette. Portez de nouveau à ébullition.

④ Transvasez dans le bol d'un mixeur et mixez. Ajoutez la crème fraîche et incorporez le beurre coupé en petits morceaux. Rectifiez l'assaisonnement en sel et en poivre et mixez à nouveau. Passez cette crème de fèves au chinois pour enlever toutes les petites peaux.

⑤ Mettez les fèves que vous aviez réservées dans une soupière, versez la crème par-dessus et parsemez du reste de sarriette. Servez bien chaud.

Fricassée de fèves, d'artichauts et d'asperges

Pour 4 personnes

1 kg de fèves à écosser (soit **250** g de fèves écossées) • **1** botte d'asperges vertes • **4** artichauts poivrade • **1/2** citron • **1** cuil. à soupe de beurre • **1** petite botte de sarriette • fleur de sel • sel et poivre

① Écossez les fèves. Plongez-les dans une casserole d'eau bouillante salée. Après 30 secondes, rafraîchissez-les dans de l'eau glacée, laissez-les refroidir, égouttez-les puis pelez-les.

② Pelez les asperges, coupez-les pour n'avoir qu'une courte tige sous les têtes. Plongez-les dans une casserole d'eau bouillante salée. Laissez-les cuire 2 minutes, elles doivent être encore croquantes. Rafraîchissez-les dans de l'eau glacée, laissez-les refroidir puis égouttez-les.

③ Retirez les grosses feuilles des artichauts. Pressez 1/4 de citron dans un saladier d'eau froide. Plongez-y les artichauts. Coupez-les en quatre, enlevez le foin et citronnez-les avec le reste du citron. Remettez-les à tremper dans le saladier au fur et à mesure.

④ Faites fondre 1 bonne cuillerée à soupe de beurre dans une poêle à feu doux. Égouttez les artichauts et faites-les blondir dans le beurre jusqu'à ce qu'ils soient dorés et cuits (facilement traversés par une fourchette). Ajoutez les asperges et les fèves. Mélangez, parsemez de quelques feuilles de sarriette, poivrez, salez à la fleur de sel et servez.

Un rôti de veau révélera toute sa saveur avec cette fricassée printanière.

Benoît Witz

« La Bastide de Moustiers »
(Moustiers-Sainte-Marie, Alpes-de-Haute-Provence)

Benoît Witz est un jeune cuisinier très doué, il est le chef de la ravissante *Bastide de Moustiers* dans les Alpes-de-Haute-Provence créée par Alain Ducasse il y a quelques années. Chaque jour, il propose deux menus mettant en valeur les légumes du potager et ceux provenant des marchés d'alentour. La cuisine de Benoît Witz est sincère et authentique, elle sait aussi bien donner ses lettres de noblesse aux saveurs méditerranéennes que mettre en valeur les produits de saison. Nous avons choisi d'évoquer ensemble les fraises.

Les fraises

• Longtemps symbole du retour des beaux jours, les fraises sont aujourd'hui sur les étals des fruitiers presque toute l'année. En hiver elles proviennent d'Israël, du Sénégal, du Zimbabwe ou du Kenya. Au printemps, préférons les fraises françaises : les plus parfumées sont les « pajaro », jolies fraises rouge vif en forme de cœur ; les gariguettes, petits fruits fuselés, sont, elles aussi, parfumées et juteuses ; et les très rares « mara des bois » sont petites mais si bonnes.

• Les fraises doivent être choisies bien rouges, brillantes et sans taches avec une collerette d'un vert franc, elles ne doivent avoir ni le ventre blanc, ni le nez vert, car une fois cueillies les fraises ne mûrissent plus.

• Les fraises sont fragiles, elles tournent par temps d'orage ou pourrissent facilement à l'humidité. Pour les conserver dans de bonnes conditions, il est recommandé de les entreposer dans le bas du réfrigérateur.

► Le tour de main de Robuchon

Dans toute préparation de fraises, il faut éviter de trop les manipuler. Pour les laver, plongez-les rapidement par petites quantités dans de l'eau fraîche. Remuez-les délicatement et égouttez-les. Séchez-les ensuite sur du papier absorbant. Répétez plusieurs fois cette opération pour laver toutes les fraises. Et c'est seulement à ce moment-là qu'il faut les équeuter car, si vous retirez la queue avant de les laver, elles se gorgeraient d'eau et perdraient de leur saveur. Quant aux façons de les accommoder, il en existe de nombreuses. Mais sachez que les faire mariner dans un soupçon de vinaigre de vin renforce leur saveur.

Quelle que que soit la préparation, crues ou cuites, les fraises sont un enchantement pour le palais.

Soupe de fraises au marasquin

Pour 4 personnes

900 g de fraises • **30** cl de marasquin • 1 branche de rhubarbe • **65** g de sucre semoule • 1 bottillon de menthe • 1 citron • 1 soupçon de sucre glace • 1 filet d'huile d'olive

1 mixeur • film étirable • 1 presse-agrumes

① Épluchez la rhubarbe et taillez-la en 4 bâtonnets d'environ 10 cm de long. Versez le sucre semoule dans une casserole, arrosez-le de 25 cl d'eau et portez à ébullition. Plongez la rhubarbe dans ce sirop, sortez du feu et laissez macérer jusqu'à complet refroidissement.

② Lavez les fraises, épongez-les et équeutez-les. Passez-en 300 g dans le mixeur pour obtenir 30 cl de pulpe. Coupez le reste des fraises en deux dans la longueur. Versez la pulpe de fraises et le marasquin dans un saladier et mélangez. Ajoutez les fraises et mélangez délicatement. Couvrez le saladier de film étirable et laissez macérer pendant 30 minutes au réfrigérateur.

③ Lavez la menthe, essorez-la et effeuillez-la. Pressez le citron. Mettez les feuilles de menthe dans un saladier et arrosez-la de 2 cuillerées à soupe de jus de citron. Poudrez de sucre glace, arrosez d'un filet d'huile d'olive et mélangez.

④ Disposez les bâtonnets de rhubarbe sur la soupe de fraises, répartissez les feuilles de menthe sur le dessus et poudrez de sucre glace juste avant de servir.

Avec des mouillettes de brioche bien dorée, c'est excellent.

Poêlée de fraises, blancs-mangers à l'amande amère

Pour 4 personnes

600 g de fraises • **100** g d'amandes • **4** feuilles de gélatine • **40** cl de lait • **80** g de sucre semoule • 1 gousse de vanille • 1 goutte d'extrait d'amandes amères • **200** g de crème fraîche liquide • **20** g de beurre • 1 trait de kirsch • **3** cuil. à soupe de vinaigre balsamique

1 mixeur • 1 chinois • 4 moules individuels

① Décortiquez les amandes. Fendez la gousse de vanille en deux dans la longueur. Versez le lait dans une casserole, jetez-y la vanille avec 50 g de sucre et les amandes. Portez à ébullition. Sortez du feu, couvrez et laissez infuser pendant 30 minutes.

② Plongez les feuilles de gélatine dans un bol d'eau froide pendant 3 à 4 minutes pour qu'elles ramollissent.

③ Quand le lait est refroidi, retirez la gousse de vanille et mixez. Ajoutez l'extrait d'amandes amères et mixez à nouveau. Incorporez les feuilles de gélatine et laissez-les dissoudre (surtout, ne mixez pas !). Passez la préparation au chinois, pressez à l'aide d'une louche et réservez à température ambiante.

④ Fouettez la crème fraîche bien froide jusqu'à ce qu'elle soit ferme en mettant le saladier dans un récipient plus grand contenant des glaçons, elle montera plus facilement.

⑤ Dès que la préparation commence à gélifier, incorporez-y délicatement la crème fouettée. Transvasez dans 4 petits moules individuels et réservez au réfrigérateur pendant au moins 1 heure. Vous pouvez réaliser les blancs-mangers la veille.

⑥ Lavez les fraises, égouttez-les, épongez-les et équeutez-les. Faites fondre le beurre dans une grande poêle. Dès qu'il devient noisette, versez-y le reste du sucre et laissez-le fondre dans le beurre. Ajoutez les fraises et faites-les rôtir sans trop les faire cuire en les retournant délicatement. Déglacez avec le kirsch et le vinaigre balsamique. Faites rouler les fraises dans la poêle pour bien les enrober du sirop et sortez-les avec une écumoire.

⑦ Démoulez les blancs-mangers dans un plat, répartissez les fraises autour et nappez-les de sauce.

Au moment de la dégustation, les fraises doivent être bien chaudes et les blancs-mangers bien froids.

Confiture de fraises

Pour 4 pots de 350 g

1 kg de fraises • 1 kg de sucre cristallisé • 1 citron jaune • **60** g d'amandes fraîches

1 presse-agrumes • 1 thermomètre à sirop

① Lavez le citron. Prélevez-en le zeste avec un économe et hachez-le. Faites blanchir le zeste en le plongeant dans de l'eau bouillante. Dès la reprise de l'ébullition, sortez-le et plongez-le dans de l'eau glacée. Faites-le blanchir une seconde fois, pour enlever de l'amertume tout en conservant l'arôme. Pressez le citron et réservez le jus.
② Préparez un sirop : versez 25 cl d'eau dans une casserole, ajoutez le sucre et portez à ébullition à environ 115 °C. Maintenez cette température pendant environ 6 minutes, jusqu'à ce que le sucre soit « au boulé ».
③ Lavez les fraises, égouttez-les, épongez-les et équeutez-les. Versez-les dans le sirop et mélangez délicatement pour ne pas les abîmer, elles doivent rester entières. Laissez cuire à petits frémissements pendant 20 minutes. Écumez la mousse blanche à l'aide d'une écumoire. Retirez les fraises avec une écumoire et réservez-les dans une passoire.
④ Décortiquez les amandes et mettez-les dans le sirop avec le zeste, le jus de citron et le jus rendu par les fraises. Portez à ébullition et laissez réduire pendant 20 minutes à 104 °C.
⑤ Répartissez les fraises dans les pots de confiture stérilisés. Vérifiez la cuisson du sirop en en versant une cuillerée à soupe sur une assiette : le sirop ne doit pas s'étaler. Versez le sirop dans les pots en répartissant les amandes.
⑥ Fermez les pots, retournez-les et laissez-les refroidir ainsi pour que le vide se fasse. Retournez les pots de confiture et entreposez-les dans un endroit tempéré. Attendez au moins 1 semaine avant de consommer la confiture.

Elle se conservera au frais et à l'abri de la lumière pendant quelques mois.

Croquembouche de fraises aux gaufres

Pour 4 personnes

750 g de fraises • 100 g de sucre cristallisé • 4 gaufres fraîches • sucre glace

film étirable • 1 passoire fine

① Lavez les fraises, égouttez-les, épongez-les, puis équeutez-en 500 g.

② Versez les fraises équeutées dans un saladier et poudrez-les de 50 g de sucre cristallisé. Recouvrez le saladier de film étirable et posez-le dans une casserole d'eau à 65 °C environ (pas frémissante mais pas froide). Laissez mijoter au bain-marie, toujours à la même température, pendant 1 heure 30.

③ Versez le contenu du saladier dans une casserole à travers une passoire en prenant bien soin de ne conserver que le jus. Jetez les fraises qui ont alors perdu tout leur goût.

④ Faites réchauffer les gaufres et tiédir le jus de fraises.

⑤ Mettez les gaufres sur les assiettes de service. Répartissez les fraises non équeutées dessus, saupoudrez du reste de sucre cristallisé, poudrez de sucre glace et servez avec le jus de fraises tiède en saucière.

Chaque convive trempera la gaufre dans le jus de fraises.

Table

Produits et tours de main de Joël Robuchon

Recettes des chefs invités

Index

Adresses

Alain Ducasse
Alain Ducasse
59, avenue Raymond-Poincaré
75016 Paris
Tél. : 01 47 27 12 27

Bernard Loiseau
La Côte d'Or
2, rue d'Argentine
21210 Saulieu
Tél. : 03 80 90 53 53

Georges Blanc
Georges Blanc
01540 Vonnas
Tél. : 04 74 50 90 90

Reine Sammut
La Fenière
Route de Cadenet
84160 Lourmarin
Tél. : 04 90 68 11 79

Alain Dutournier
Le Carré des Feuillants
14, rue de Castiglione
75001 Paris
Tél. : 01 42 86 82 82

Philippe Groult
L'Amphyclès
78, avenue des Ternes
75017 Paris
Tél. : 01 40 68 01 01

Hélène Darroze
Hélène Darroze
4, rue d'Assas
75006 Paris
Tél. : 01 42 22 00 11

Roland Mazère
Le Centenaire
Rocher de la Penne
24620 Les Eyzies-de-Taylac
Tél. : 05 53 06 68 68

Jean-Marie Amat
Saint-James
3, place Camille-Hostein
33270 Bouliac
Tél. : 05 57 97 06 00

Gérard Besson
Gérard Besson
5, rue du Coq-Héron
75001 Paris
Tél. : 01 42 33 14 74

Marc Haeberlin
L'Auberge de l'Ill
2, rue de Collonges
68970 Illhaeusern
Tél. : 03 89 71 89 00

Jacques Thorel
L'Auberge bretonne
2, place Duguesclin
56130 La Roche-Bernard
Tél. : 02 99 90 60 28

Philippe Jousse
Alain Chapel
Route nationale 83
01390 Mionnay
Tél. : 04 78 91 82 02

Philippe Braun
Laurent
41, avenue Gabriel
75008 Paris
Tél. : 01 42 25 00 39

Jacques et Laurent Pourcel
Le Jardin des Sens
11, avenue Saint-Lazare
34000 Montpellier
Tél. : 04 99 58 38 38

Antoine Westermann
Buerehiesel
4, parc de l'Orangerie
67000 Strasbourg
Tél. : 03 88 45 56 65

Pierre Hermé
Ladurée
16, rue Royale
75008 Paris
Tél. : 01 42 60 21 79

Jean-Luc Poujauran
Boulangerie Poujauran
20, rue Jean-Nicot
75007 Paris
Tél. : 01 47 05 80 88

Serge Zagori
Glacier
3, rue du Havre
75008 Paris
Tél. : 01 43 87 40 83

Sylvain Vandenameele
La Poularde de Houdan
24, avenue de la République
78550 Houdan
Tél. : 01 30 59 60 50

Guy Martin
Le Grand Véfour
17, rue de Beaujolais
75001 Paris
Tél. : 01 42 96 56 27

Régis Marcon
L'Auberge des Cimes
43290 Saint-Bonnet-le-Froid
Tél. : 04 71 59 93 72

Jacques Guillo
Auberge Grand'Maison
1, rue Léon-Le-Cerf
22530 Mûr-de-Bretagne
Tél. : 02 96 28 51 10

José Moll
La Sort
Avenida de Madrid, n°1
30724 Moraira – Espagne
Tél. : (00 34) 65 74 51 35

Christian Parra
La Galupe
Place du Port
64240 Urt
Tél. : 05 59 56 21 84

Fernand Mischler
Auberge du Cheval Blanc
4, route de Wissembourg
67510 Lembach
Tél. : 03 88 94 41 86

Patrick Fulgraff
Au Fer Rouge
52, Grand'Rue
68000 Colmar
Tél. : 03 89 41 37 24

Guy Gedda
Jardin de Perlefleurs
100, chemin de l'Orangerie
83230 Bormes-les-Mimosas
Tél. : 04 94 64 99 23

Ferran Adria
El Bulli
Cala Montjoi
17480 Rosas
Gerona – Espagne
Tél. : (00 34) 72 25 76 51

Paul Pauvert
Les Jardins de la Forge
1, place des Piliers
49270 Champtoceaux
Tél. : 02 40 83 56 23

Jacques Sénéchal
Les Célébrités
Hôtel Nikko, 61, quai de Grenelle
75015 Paris
Tél. : 01 40 58 21 29

Michel del Burgo

Le Bristol

112, rue du Faubourg-Saint-Honoré

75008 Paris

Tél. : 01 53 43 43 40

Roger Vergé

Le Moulin de Mougins

424, chemin du Moulin

06250 Mougins

Tél. : 04 93 75 78 24

Émile Jung

Le Crocodile

10, rue de l'Outre

67000 Strasbourg

Tél. : 03 88 32 13 02

Éric Lecerf

L'Astor

11, rue d'Astorg

75008 Paris

Tél. : 01 53 05 05 20

Benoît Witz

La Bastide de Moustiers

La Grisolière, Quartier Saint-Michel

04360 Moustiers-Sainte-Marie

Tél. : 04 92 70 47 47

Notes

Notes

Notes

Notes

Notes

Notes

Notes

Notes

Notes

Notes

Crédits photographiques

Photos recettes et produits :

Dominique Azambre/Option Photo

Stylisme culinaire :

Éric Trochon

Shopping :

Avec le concours gracieux des porcelaineries Bernardaud

Philippe Asset/Option Photo : 81

Photos portraits :

Gérard Bedeau : 10, 24, 38, 45, 52, 59, 66, 74, 82, 90, 98, 106
115, 124, 132, 140, 148, 156, 165, 174, 182, 191, 198, 206, 215, 223, 231,
238, 245, 252, 260, 269, 277, 285, 294, 301, 308, 314

Conception graphique et réalisation :

Heike Börner

Achevé d'imprimer
en Espagne par Gráficas Estella, S.A.
Dépot légal Édit.: 7057-11/2000
Librairie Générale Française - 43, quai de Grenelle - 75015 Paris

ISBN : 2-253-16557-3

31/6557/8